워렌 버핏의 8가지 투자전략과
대한민국 스노우볼 30

| 가장 **완벽한** 해설 가장 **엄선된** 스노우볼 |

워렌 버핏의
8가지 투자전략과
대한민국
스노우볼 30

INVESTMENT
STRATEGY &
SNOWBALL

류종현 지음

한국주식가치평가원

서문

이 책은 주식투자의 최종 마라토너이자 최고 우승자인 워렌 버핏에 대한 단순한 스토리텔링이 아니라, 워렌 버핏의 지혜를 실제 투자에서 활용하고 심지어는 실제 대한민국 주식시장 종목 선정에서 그의 관점을 참고하고자 하는 사람, 일거수일투족이 궁금한 단순 팬이 아니라 투자철학 및 투자전략 측면에서 그를 제대로 알고자 하는 사람 등, 투자의 거장으로부터 실제 투자 지식과 지혜를 배우고자 하는 모든 개인·기관 주식투자자들에게 부족하나마 가치투자업계의 작은 공인으로서 필자가 바치는 책입니다.

기존 버핏의 책은 대부분 미국인이 미국 주식시장 투자전략 및 종목 관점에서, 혹은 철저히 버크셔 해서웨이나 버핏의 개인사적 측면에서 썼으며, 또한 전업작가나 친척 등 버핏의 주변인들이 저술한 경우가 많았습니다.

　이에 반해서, 본서를 집필한 필자는 아직 버핏같은 투자의 현인은 아니지만 국내외 주식 투자를 병행하는 100% 대한민국 주식투자자의 입장이며, 비록 글을 재미나게 쓰는 전업작가는 아니지만 대한민국의 주식가치평가 전문가이자 가치투자업계의 작은 공인이기도 합니다.

　버핏의 재미난 일생 이야기에 포커스를 맞춘 책을 찾으신다면 이 책이 아닐 수 있습니다. 실제 워렌 버핏의 곁 오마하에서 오래 그를 지켜봐 온 지인이나 친척, 그의 팬이 쓴 책을 찾으신다면 역시 본서가 아닙니다. 처음부터 끝까지 흥미롭게 읽히는 전업작가가 풀어놓는 재미 위주의 스토리텔링이나, 버핏과의 점심경매에 성공한 사람이 그 에피소드를 치장하여 들려주는 책과도 거리가 멉니다.
　위 책들을 찾으신다면 버핏에 대해 이미 출간된 무수히 많은 다른 책들 중에서 찾으시면 됩니다.

　하지만 대한민국의 개인투자자와 기관투자자가 책으로부터 배움을 얻을 수 있는, 즉 실제로 버핏의 투자스승과 투자철학, 진일보하고 성숙한 8가지 측면의 가치투자전략을 배울 수 있는 책을 찾고 있다면 본서를 필히 일독하시기 바랍니다.
　더불어 그가 한국인이었다면 관심을 가지고 분석하고 매수했을 대한민국의 스노우볼 종목들이 어떤 기업들인지 알고자 하신다면 역시 본서를 최우선적으로 참조하시기 바랍니다.

본서는 버핏의 가치투자 시장 전략이하 '가치투자' 생략, 종목 전략, 산업 전략, 사업분석 전략, 재무분석 전략, 경영분석 전략, 가치분석 전략, 포트폴리오 전략 등 여러 가지 측면의 가치투자 전략을 검토, 정리했습니다.

그뿐 아니라 워렌 버핏 가치투자 철학의 기본 및 이를 확립해준 스승의 가르침 등을 위 8가지 측면의 가치투자 전략에 앞서서 충분히 설명하고자 노력했습니다.

그리고 책의 마지막 챕터는 장기간의 재무손익실적과 기업이 영위하는 사업내용의 특질, 향후 기업가치 상승의 지속성 예측 등 여러 가지 측면에서, 워렌 버핏이 선호할 만하고 중장기적으로 복리수익률을 올려줄 종목들, 즉 '워렌 버핏이 선정, 분석, 투자했을 대한민국 스노우볼 30선'을 소개하는 데 할애했습니다.

이전에 필자가 저술했던 스노우볼 관련 책은 이제 벌써 키친사이클을 두 번이나 지나서 시간적으로 이미 철 지난 책이 되었기에, 특별히 6년 전 스노우볼 종목 리스트를 완전히 대체할 수 있는, 다소 바뀐 리스트를 본서에 싣기로 했습니다. 스노우볼 후보군은 향후 경기사이클 한두 번을 거치면서 활용할 수 있을 정도로 수명이 긴 우량기업 리스트이기도 하지만, 그 자체로 현재 주가가 비싸다 혹은 싸다는 이야기는 아닙니다.

그저 시가총액이 크고 덩치가 큰 대기업이 아니라, 혹은 그저 단기적으로 성장테마를 타고 오르는 중소형주가 아니라, 지속적으로 적정 주가가 내재가치 상승하는 이 책의 스노우볼 후보군들을 여러분들의 투자후보군에 넣고, 각 종목들의 현재주가가 적정주가보다 내재가치 하락할 때마다 적극적으로 비중을 늘리면서 여러 종목에 분산투자하신다면, 주식시장의 등락에 무관하게 중장기적으로 백전백승할 것입니다.

워렌 버핏이 주주서한을 통해 직접 이야기했듯이, 투자를 배우는 사람이라면 기업의 가치를 평가하는 방법, 그리고 주가와 비교해 생각하는 방법, 이 두 가지를 잘 공부하고 배우시면 됩니다.

필자는 가치투자자협회 부회장 등 몇몇 기관의 사외 이사 및 고문을 맡아오면서, 반드시 중장기적으로 시장을 이길 수밖에 없는 가치투자자의 관점에서 기업분석, 재무분석, 가치평가 및 거시/계량운용전략 등 여러 가지 책과 교육 등을 펴내어 왔습니다.

본서 역시 버핏에 대한 수많은 책들 중에서 대한민국 주식투자자들이 소장하고 싶은 좋은 책이 될 수 있도록, ㈜한국주식가치평가원을 설립한 이후 7년 만에 버핏의 전략과 종목에 대한 책을 지금에서야 세상에 내놓게 되었습니다.

워렌 버핏의 투자철학은 물론 체계적인 투자전략과 중요한 핵심 요소들과 개념들을 공부하듯이 또 배우듯이 읽고자 하는 대한민국의 모든 주식투자자들, 그리고 부족하지만 필자의 설명을 통해 버핏을 분석, 참조, 학습하고자 하는 모든 주식투자자들께, 미리 크나큰 감사를 드립니다.

모든 독자들의 성공 투자를 기원하면서, 이 책을 한 분 한 분 독자들께 바칩니다.

가치투자자협회 부회장, ㈜한국주식가치평가원 대표이사

류종현 배상

CONTENTS

서문 ▪ 005

PART 1. 워렌 버핏의 투자철학과 스승

Chapter 1. 워렌 버핏의 가치투자철학
  1. 투자구루의 탄생, 재능과 열정 ▪ 020
     재능, 소명, 자신의 영역/ 우승마 예상과 투자

  2. 워렌 버핏 투자철학의 큰 틀 ▪ 024
     버핏의 1, 2, 3원칙/ 버핏의 할인본능/ 일생일대의 투자, 코카콜라

  3. 전기와 후기 투자철학 ▪ 028
     워렌의 초기 집중투자/ 버크셔 모델과 복리수익

  4. 자기신뢰에 기반한 투자철학 ▪ 031
     버핏의 지침, 내면의 점수판/ 깊은 지혜와 단순한 모형

  5. 워렌 버핏의 핵심 체크리스트 ▪ 035
     워렌 버핏의 핵심 체크리스트/ 체크리스트 심층 해설

Chapter 2. 워렌 버핏의 배움과 스승
  1. 첫 번째 스승, 벤저민 그레이엄 ▪ 048
     그레이엄의 교훈과 버핏 자신의 의견/ 내재가치 수렴과 인내

2. 그레이엄의 산업, 종목 분석 ▪ 054
　산업분석 유의점/ 재무제표 분석 지침/ 업계비율과 실적통계/
　미래이익 추정과 예외/ 미래이익 위한 추세 중요성

3. 성장주와 이류 종목에 대한 그레이엄의 의견 ▪ 066
　성장주 분석, 매수/ 이류 종목 유의점과 투자기회/ 우량주, 성장주,
　할인종목 투자방침

4. 그레이엄의 보수적 가치평가 ▪ 073
　투자와 투기/ 가치평가 적합 종목/ 가치 범위/ 안전마진/ 저평가 매수기회/
　싸구려 종목의 중심가치/ 성장주 배수 제한/ 포뮬러 투자

5. 버핏의 성장에 기여한 현인들 ▪ 093
　확장 및 집중하는 버핏의 투자 격자구조

PART 2. 워렌 버핏의 8가지 투자전략

Chapter 1. 시장전략 : 역발상 가치투자 시장전략

1. 약세장과 종목 악재 ▪ 106
　약세장 투자/ 악재 매수/ 시장 진입, 후퇴 기준

Chapter 2. 산업전략 : 산업구조 분석과 능력범위 투자

1. 산업구조와 현장 ▪ 116
　산업구조와 산업매력도/ 산업현장 정보

2. 산업수명주기와 버핏의 능력범위 ▪ 125
성숙기술 기업의 장점/ 산업변화 분석/ 순환형 기업 투자/ 기술기업 투자

Chapter 3. 종목 전략 : 종목 정보, 선택과 집중

1. 상장사와 능력 범위 ▪ 138
기업 리스트, 기업 지식/ 투자자의 스크라이크존/ 역량 내 기업의 장기분석

2. 정보 수집 ▪ 148
고급정보? 사업보고서와 현장 조사!

Chapter 4. 사업분석 전략 : 경쟁우위와 경제적 해자

1. 지속적 경쟁우위와 소비자독점형 사업 ▪ 154
지속적 경쟁우위/ 소비자독점형 경쟁우위 사업/ 상품형 기업

2. 경제적 해자의 요소와 침식 ▪ 161
경제적 해자의 개념과 필요성/ 무형자산/ 고객전환 비용/ 네트워크 효과/
원가 우위/ 규모의 경제/ 경제적 해자의 침식

Chapter 5. 재무분석 전략 : 재무손익수치와 ROE

1. 버핏의 재무손익수치 검토 ▪ 180
재무보고서 탐독/ 자기자본순이익률/ 매출액순이익률/ 자본적 지출과
유보금/ 기타 재무손익 주요 항목

2. 버핏의 ROE 검토 ▪ 194
ROE 펀더멘털 평가

Chapter 6. 경영분석 전략 : 경영 평가

1. 버핏의 경영평가 ▪ 200

　경영진의 정직성/ 경영진의 합리성/ 경영진의 독립적인 통찰력

Chapter 7. 가치분석 전략 : 내재가치와 가치평가

1. 가치분석 투자의 원칙과 버핏 ▪ 210

　내재가치와 저가매수/ 버핏의 가치평가법에 대하여

2. 주식가치평가 ▪ 218

　기업의 수익성과 주식가치평가/ 주식가치평가의 핵심개념, 수익률과 리스크/
　수익률과 리스크의 유의점/ 상대평가와 절대평가의 차이/ 다음 단계에 대해서

Chapter 8. 포트폴리오 전략 : 확률 기반 집중 포트폴리오

1. 집중적 분산투자와 확률적 투자 ▪ 232

　4할대 투자성공법/ 집중적 분산투자/ 확률과 투자

PART 3. 워렌 버핏의 발언과 조언

PART 4. 대한민국 스노우볼 30선

스노우볼 30선에 대하여

1. 스노우볼 1 ▪ 278
2. 스노우볼 2 ▪ 283
3. 스노우볼 3 ▪ 287
4. 스노우볼 4 ▪ 292
5. 스노우볼 5 ▪ 297
6. 스노우볼 6 ▪ 302
7. 스노우볼 7 ▪ 307
8. 스노우볼 8 ▪ 312
9. 스노우볼 9 ▪ 316
10. 스노우볼 10 ▪ 321
11. 스노우볼 11 ▪ 325
12. 스노우볼 12 ▪ 330
13. 스노우볼 13 ▪ 335
14. 스노우볼 14 ▪ 340
15. 스노우볼 15 ▪ 345
16. 스노우볼 16 ▪ 350
17. 스노우볼 17 ▪ 355
18. 스노우볼 18 ▪ 360
19. 스노우볼 19 ▪ 365

20. 스노우볼 20 ■ 370

21. 스노우볼 21 ■ 374

22. 스노우볼 22 ■ 379

23. 스노우볼 23 ■ 384

24. 스노우볼 24 ■ 389

25. 스노우볼 25 ■ 394

26. 스노우볼 26 ■ 399

27. 스노우볼 27 ■ 404

28. 스노우볼 28 ■ 409

29. 스노우볼 29 ■ 414

30. 스노우볼 30 ■ 419

재무손익, 기타 투자용어 정리 ■ 425

KISVE 가치투자 성공체계 ■ 433

PART 1

워렌 버핏의 투자철학과 스승

Chapter 1

워렌 버핏의 가치투자철학

투자구루의 탄생,
재능과 열정

재능, 소명, 자신의 영역

워렌 버핏은 투자로 숨 쉬고 투자로 일생을 보낸 인물이다. 투자로 숨 쉬고 일생을 보냈다는 말은 단순히 과장된 표현에 그치는 것이 아니다. 워렌 버핏은 실제로 그랬다.

그는 비행기를 타고 출장을 갈 때도 투자의사결정을 위한 각종 사업보고서와 전문지, 자료 등을 기내에서 읽으며 창 밖 구경에 빠져들지도 사람들과의 일상적 대화에 끼어들지도 않았다. 또한 사무실이나 외부가 아닌 집 안에서조차 가족에게 신경을 쓰지 않고 끊임없이 투자를 위한 자료에 파묻혀 살았다. 그는 자료를 읽고 사색에 잠기는데 아이들의 소리가 방해가 될 때만 아이들의 존재를 눈치 채고 부인에게 아이들을 조용히 시킬 것을 요구했으며, 자료를 연구조사하며 허기진 위장을 채우고 마른 목구멍을 적시기 위해 머리를 많이 쓰는 사람이라면 당분과 수분이 절실해지는 것이 당연하다 아내가 있는 곳을 찾아다닐 뿐이었다.

워렌 버핏은 그러한 일생의 과정에서 워렌 버핏 자신의 첫 번째 아내와 두 번째 아내, 모든 아이들, 버크셔 해서웨이[1]의 비서 및 직원들 모두가 자신의 업무를 방해하지 않도록 요구했고 이것을 지키지 않은 비서와 직원은 해고당했다 또한 모두가 워렌 버핏을 방해하지 않았다.

가족 중에서 워렌 버핏의 일생에 가장 큰 영향을 미쳤던 수잔 첫 번째 부인의 표현에 의하면, '마치 일상생활로부터 버핏의 의식을 빼앗아가는 영적인 사명이 주식투자를 말함 항상 워렌 버핏을 사로잡고 있는 듯 했다'고 말한다.

워렌 버핏이 일하는 과정, 모습은 자신이 세상에서 가장 재능 있는 분야를 찾은 후 성스러운 사명에 따라 다른 모든 것들보다 우선하여 임무를 수행하는 듯한 착각을 줄 정도로, 주변 사람들이 보기에 깊은 집중력과 오랜 몰입을 동반했던 것이다. 지인에게 온 편지를 순식간에 읽거나 아들이 쓴 생일카드를 펴는 즉시 금방 내용을 파악하고 접어버리거나 하는 등, 투자의

---

1) 버크셔 해서웨이BERKSHIRE HATHAWAY INC. : 본래 섬유회사였으나 워렌 버핏이 매입한 후 여러 회사를 거느린 지주회사 격으로 변모되었다. 현재까지 최대주주는 워렌 버핏이며 금융, 소비재, 인프라 등 분야를 가리지 않고 우량하고 비싸지 않은 기업들을 지속적으로 매입하고 있다. 평생에 걸친 워렌 버핏의 누적수익률은 동일 기간 동안 버크셔 해서웨이의 가치상승률, 주가상승률과 같다고 해도 무방하다.

사결정과 무관한 일상에는 서운할 정도로 감정을 절제하고 걸어되었다고까지 표현할 수도 있지 않을까 적은 시간을 할애하는 면도 있었지만, 투자자로서는 냉정하고 계산적인 기질이 더없이 안성맞춤인 기질이었다.

기질만이 아니라 일상 자체가 항상 사업보고서를 읽고 기업의 재무 상태와 실적, 사업내용 등을 꿰고 있었기 때문에, 월가의 지인들이 어떤 종목의 실적이나 주가, 미래 전망 등이 이러쿵저러쿵 하며 추천할 때, 오히려 말을 꺼낸 사람보다 그 기업의 본질적인 실적, 영업통계나 실제 업황추이 등에 대해서 버핏이 더 정확하면서도 간단하게 답변하곤 했다.

우승마 예상과 투자

이런 워렌 버핏이 탄생하기까지 어린 시절의 특출한 에피소드들은 실로 다양하다. 그가 강점을 지녔던 한 가지 요소를 사례로 언급하고자 한다.

주말에 교회에서 다른 사람들이 성가를 부를 때 어린 버핏이 성경 속 인물들 독실한 교인이자 선한 성인들 의 수명이 평균적으로 생각보다 길지 않다고, 교회라는 종교적 공간에서도 수학적이고도 통계적 결론을 낸 일화는 유명하다. 이는 워렌 버핏이 어릴 때부터 정보를 수집하고 계산하는 것에 흥미가 크고 또 능했기 때문이다. 어린 시절에 유별난 계산 욕구를 보여준 그는, 소년 시절에 경마장에서 말들의 정보를 수집하고 우승확률을 계산함으로써, 우승마 예상지를 만들어서 팔기도 했다.

  투자자의 싹을 보여주었던 어린 시절부터 투자자로 성장한 이후에 이르기까지 그는 사실을 수집하고, 사실에 기반하여 확률을 예측하는 '투자 의사결정' 과정을 익숙하고 자연스럽게 고도로 갈고닦아 오게 된다. 그 결과 기업이 영위하는 사업내용과 사업의 장기적인 실적과 전망, 그 사업의 가치를 평가하는 일련의 과정이 그에게는 밥을 먹는 것처럼 자연스럽고 쉬우며 또한 길지 않은 시간 안에 이룰 수 있게 된 것이다. 지금 그는 투자의 거장이자 달인이며 투자경력에 있어서는 최장의 현업 투자자이고 보유자산의 규모에 있어서는 최고의 우승자라고 할 수 있다.

워렌 버핏 투자철학의 큰 틀

버핏의 1, 2, 3원칙

어떤 사람이 첫 해에 투자원금의 50%에 해당하는 손실을 입고 돈을 잃고 다음 해에 50% 수익을 낸다면 돈을 번다면 어떻게 될까. 이 경우 투자원금이 1억 원이라고 하면 첫 해에 5천만 원으로 원금이 줄어든 뒤, 다음 해에 7천 5백만 원으로 증가하게 된다. 결국 투자원금인 1억 원을 회복하지 못한 것이다. 투자원금인 1억 원을 회복하려면 둘째 년도에 100% 수익을 내야만 하는 것이다. 5천만 원에서 1억 원으로

그렇기 때문에 워렌 버핏은 첫 번째 투자원칙으로 '돈을 잃지 말라'라고 한 것이다. 워렌 버핏의 가치투자철학은 우선 지켜내고, 다음으로 최선의 수익기회를 얻어내는 것이다. 일단 시작부터 지켜내지 못한다면 원금 회복의 기간은 생각보다 길어지기 때문이다.

두 번째 투자원칙으로 강조하는 것 역시 '첫 번째 투자원칙을 잊지 말아야 한다'는 것이다. 그만큼 원금손실을 입지 말라는 첫 번째 원칙이 중요한 것이다.

세 번째 원칙은 '빚을 지지 말라'는 것이다. 장기적으로 주가가 내재가치에 합리적이고 근본적인 적정 주가에 접근할지언정 단기적으로는 주가가 어찌될지 아무도 알 수 없기 때문이다. 빌린 돈으로 투자하는 사람은 이미 주식시장에서 시간과의 싸움에서 지고 시작하기 때문에 종목 선정뿐 아니라 매매 타이밍까지 정확해야 하는 불리함, 상대적으로 인내심을 발휘하기보다는 성급한 예측에 기대려 하고 성과의 불확실성을 키우게 된다.

버핏의 할인본능

또한 워렌 버핏은 싸게 사는 것을 엄청나게 좋아하고 또 실행한다. 수많은 보통 사람들도 물건을 싸게 사는 것을 좋아하지만 워렌 버핏이 싸게 사는 것을 좋아하는 것과는 그 차원이 다르다. 워렌 버핏은 좀 싸게 사고자 하는 정도가 아니라 가능하면 싸게 사고자 하는 것이며, 지금부터 향후 몇 년에 이르기까지 원하는 가격이 오지 않으면 절대 사지 않으려고 한다. 또한, 싸고 비싸고에 대한 개인적인 명확한 기준을 세우고 다른 주체들의 의견에는 일체 귀를 기울이지 않는다. 이는 '누가 어떤 종목이 싸다고 하더라'는 말에 귀 기울이는 일반투자자와는 급이 다른 할인본능이라고 할 수 있다.

워렌 버핏의 할인본능은 주식시장 장내에서만 이루어지는 것이 원하는 가격대가 올 때까지 매수하지 않는 아니다. 그는 블록딜을 통해 대주주로부터 직접 주식을 매입할 때에도 협상이 진행되면 진행될수록 더욱 매수가격을 낮추었다. 매도하고자 하는 협상주체가 힘이 빠질 정도로 노련하게 천천히 가격을 낮추어가면서 물론 가격을 낮출만한 상대의 상황, 가격을 낮추게 하기 위한 버핏의 집요한 설득 등이 선행되지만 원하는 가격대에 이를 때까지 계약을 미루었던 것이다.

일생일대의 투자, 코카콜라

마음에 드는 종목을 오래도록 지켜보다가 해당 종목에 악재가 발생하여 주가가 하락하는 등 원하는 가격대에 왔다면 비로소 매수하는 워렌 버핏의 수많은 일화 중 코카콜라를 들어본다.

워렌 버핏은 코카콜라를 오래도록 지켜보았다. 탁월한 수익성을 유지하면서도 전 세계로 판로와 점유율을 넓혀나가는 이 훌륭한 기업은 그가 지켜본 이래 항상 너무 비싼 주가로 거래되고 있었다. 평균적인 종목들이나 주식시장 전체와 비교해서 비싼 것은 물론이고 코카콜라의 탁월한 사업성을 감안해도 항상 너무 비싼 주가에 머무르고 있었다. 그렇게 관찰만 하고 있던 그에게, 코카콜라가 펩시콜라와 가격경쟁을 벌이면서 수익성이 하락하여 주가가 꽤나 하락하는 기회가 왔다. 저평가를 알리는 자사주 매입이 발생하고 대형 기업사냥꾼이 코카콜라를 노리는 등, 이미 주가가 상당히 하락한 후에도 주당 39달러를 뚫고 37달러를 향해 하락하고 있던 코카콜라는 워렌 버핏의 눈에도 들어왔다.

물론 그 당시에도 주식시장 평균, 보통 종목에 비해서는 상대적으로 주가가 비쌌지만, 코카콜라의 높은 수익성과 균형 잡힌 성장성, 향후 창출 가능한 현금흐름의 현재 가치 등을 계산할 수 있는 워렌 버핏에게는 당시 코카콜라가 매수할 만큼 싼 주가에 있다는 것이 보였다. 오래도록 관찰만 해온 워렌 버핏은 코카콜라 주식을 본격적으로 매수하기 시작했다.

위 사례는 원금을 잃지 않을 종목 확실한 수익성을 유지할 사업, 원금을 잃지 않을 주가 내재가치보다 싼 가격에 매수 그리고 스노우볼 투자전략3. 전기와 후기 투자철학에서 언급 등 여러 가지 워렌 버핏다운 요소가 혼재되어 있는 매수 사례이며, 워렌 버핏이 쌓아온 투자철학이 녹아들어 있는 사례이기도 하다.

03
전기와 후기 투자철학

워렌의 초기 집중투자

워렌 버핏의 투자철학은 큰 관점에서 변함이 없었지만, 보다 세부적으로는 전기와 후기에 조금 변했다 사실 진보, 발전했다고 할 수 있다.

좋은 기업을 싸게 사고자 하는 것이 그의 투자철학이자 원칙이라고 한다면, 싼 것을 가려내는데 우선 집중한 것이 전기, 좋은 것을 가려내는데 에너지를 더욱 쏟은 것이 후기라고 할 수 있다.

워렌 버핏 전기의 투자철학에는 벤저민 그레이엄의 1부 2장에서 주로 다룬다 투자철학이 큰 영향을 미쳤다. 그의 가르침에 따라서 비정상적으로 싼 종목들을 찾되, 여러 가지 재무손익적인 기준에 의해 자세히 분석할만한 종목들을 우선 걸러내고, 걸러진 종목들 중 실제 자산가치나 업황 등으로 판단하여 매우 저평가된 몇 개의 종목 때로는 한두 종목에 대부분의 자금을 투입했다. 비록 벤저민 그레이엄은 망할 가능성이 적고 주가가 매우 저평가된 종목들에 상당한 수준으로 분산투자할 것을 강조했지만, 워렌 버핏은 특유의 사업분석 및 확률분석 능력으로 실적과 저평가 정도 등 모든 측면에서 보다 확실한 종목들에 집중투자한 것이다. 이러한 분석범위와 투자 집중도 차이를 제외하면, 탁월한 종목보다는 보다 싼 종목에 집중하라는 벤저민 그레이엄의 가르침에 따라서 투자한 시기를 '전기'로 볼 수 있고, 이때의 투자철학을 워렌 버핏의 전기 투자철학이라고 할 수 있다.

버크셔 모델과 복리수익

이에 비해서 후기의 투자철학은 벤저민 그레이엄을 딛고 서서 워렌 버핏 자신으로부터 발생한 진보, 즉 필립 피셔, 찰리 멍거 등의 영향을 받아 전기 투자철학에서 스스로 더 나아가고 발전된 형태를 띤다. 단순히 싼 주식을 매수해서 시간과의 싸움에서 지는 전략을 고수하기 보다는 사업내용이 좋지 못한 기업은 시간이 흐를수록 가치가 하락 애초에 장기적으로 수익이 증가할 기업에 투자하는 전략으로 전진한 것이다. 물론 사업내용이 형편없어서 수익이 감소할지도 모르는 기업에 비해서 수익이 꾸준히 증가할 기업은 주가가 많이 싸지는 않지만, 좋은 사업내용을 분석할 능력, 그러한 종목을 비교적 싸게 살 수 있는 계산능력만 있으면, 보유를 통해 자산이 복리로 증가한다는 압도적인 강점이 시간과의 싸움에서 이기는 있기 때문이었다.

또한 그는 개인적으로 보유하거나 타인으로부터 맡은 자본으로 주식을 단순히 매매하는 것을 넘어서서, 버크셔 해서웨이를 소유하고 버크셔 해서웨이를 중심으로 본격적으로 자본을 배분하기 시작했는데, 이 역시 자연스럽게 후기의 투자철학을 형성하게 된 요인으로 작용한다.

그는 소유하고 있는 중심 종목 버크셔 해서웨이 을 통해서 창출되는 현금흐름으로, 수익과 주가가 꾸준히 상승하는 우량종목들의 주식을 비교적 주가가 저평가된 일시적이고 드문 기회마다 매수했다. 또한 비중 있는 지분율로 매입한 종목들의 이익을 배당받아, 이 또한 새롭게 저평가된 우량기업의 지분을 확대하는데 활용했다.

실로 단순한 주식투자자에서 시작하여, 주식투자자일 뿐 아니라 자본배분가의 역할과 강점까지 아우르게 되면서, 그의 후기 투자철학은 더욱 빛을 발하게 된다.

자기신뢰에 기반한 투자철학

버핏의 지침, 내면의 점수판

최선, 최고의 투자철학을 갖추기 위해서는 지식과 지혜를 쌓는 과정 다음에 절대적인 자기신뢰가 필수적이다.

'배워야 할 중요한 것들은 이미 유치원에서 배웠다'라는 말이 한때 유행처럼 자주 인용된 적이 있다. 그 말은, '남을 괴롭히지 말아야 한다, 남의 물건을 주우면 경찰서에 갖다 주어야 한다, 횡단보도를 건널 때는 신호등을 지켜야 한다'는 등 남을 배려하는 자세, 소유권과 도둑질, 준법정신 등 아주 기본적인 사회적 개념들을 아주 어린 시절부터 배웠지만, 성인이 되어도 그런 기본원칙에 입각해서 일상생활을 하지 않는 실태를 꼬집는 부분이 있다.

투자도 마찬가지다. 가치투자의 철학과 개념, 태도 등을 이제 막 공부하기 시작한 투자자, 이제 기본개념을 대략 익히고 서서히 전략전술을 배워나가는 투자자, 주식시장의 순환단계, 특정 업종, 특정 투자전략 등 자신에게 최적화된 투자체계를 스스로 세워나가는 독립적 투자자, 스스로 큰 수익을 키워나갈 뿐 아니라 투자를 가르치거나 자본을 맡아 운용할 만한 전문투자자 등 다양한 단계의 투자자들이 있다. 하지만, 가장 핵심적이고 기본이 되는 것들은 후기보다는 중기에, 중기보다는 초기에 배운다. 즉, 초기에 올바른 방향으로 배우고 잘 이해한대로 초기부터 투자를 연습하면 현명한 가치투자자로 성공할 수 있는데, 초보자일수록 심지어는 중급 수준 이상이라도 감정적으로 스스로를 신뢰할 수 없기에 배운 대로 투자하지 못하고 중간 중간 크게 흔들리게 될 경우, 결국 장기수익률 성과도 생각보다 시원치 않은 경우가 많다.

'새롭게 나온 투자방법이나 투자상품 등이 더 좋은 것이다, 이 종목은 더 비싸게 주가가 올라갈 것이다, 지금 시장은 경기가 너무 나빠서 투자하기에 좋지 않다'는 등 다른 사람들이나 언론, 금융기관의 어리석은 말에 귀를 기울이지 않고, 자신의 판단을 지식과 지혜를 쌓아나가는 과정 속에서 전적으로 신뢰하는 투자자만이 올바른 투자철학을 실제 자신의 투자행위로 연결시킬 수 있는 것이다.

자기신뢰에 기반한 투자철학, 그것은 자신이 올바른 분석을 했는지, 올바른 투자의사결정을 했는지 여부를 판단하기 위한 기준을 자기 자신 속에서 찾는 것이다. 워렌 버핏은 이것을 '내면의 점수판'이라고 불렀는데, 다른 사람들이 생각하는 바에 의존해서 점수를 매기는 것이 줏대 없고 쓸모없는 외면의 점수판이라면, 외부의 생각과 의견과는 무관하게 독립적으로 점수를 매기는 것이 바로 내면의 점수판인 것이다.

깊은 지혜와 단순한 모형

또한 자기신뢰에 기반한 투자철학을 갖게 되면, 지식과 지혜를 늘려 나가면서도 투자분석 모형은 복잡하지 않게 유지할 수 있다.

주식시장을 평가하는 모델, 업종 별로 업황을 분석하는 모델, 업종 내 기업을 분석하는 사업적 요소와 재무적 요소, 주가적 요소_{적정주가, 가치평가} 등에 있어서 더 복잡하고 많은 단계를 거쳐 가고, 더 많은 가정과 예측을 동반할수록, 그 전체적인 과정 중 어느 하나라도 어긋날 가능성은 더욱 커지게 된다. 즉 투자의사결정에 오히려 오류가 자주 날 수 있는 것이다.

기본적인 가치투자 철학과 태도, 개념들과 자신에게 맞는 투자전략전술 등을 꾸준히 공부하고 쌓아왔다면, 너무 많은 변수와 너무 많은 예측이 필요한 복잡한 시스템은 필요가 없다.

자기신뢰에 기반한 투자철학을 갖춘 투자자는, 자신의 투자철학과 전략에 적합하고 적당한, 너무 간단하지도 복잡하지도 않은 수준의 분석모델과 분석과정을 선택할 수 있다. 쓸데없는 불안감으로 너무 세밀한 분석

결과 차이를 커다랗게 인식하는 오류나 너무 많은 것들을 예측하려고 하는 오류에서 벗어날 수 있는 것이다.

워렌 버핏의
핵심 체크리스트

워렌 버핏의 핵심 체크리스트

❶ 능력범위 내 투자, 즉 자신이 이해하는 산업, 관심이 있는 업종에 국한해서 투자해라.

❷ 해당 기업은 지속적으로 높은 ROE 자기자본이익률 와 ROA 총자산이익률 를 내고 있는가.

❸ 해당 기업이 지속적인 경쟁우위가 있는지, 그리고 제품이나 서비스가 특별한 소비자 독과점적 지위를 갖고 있는지 이해해야 한다.

❹ 해당 기업의 제품/서비스를 수요자들이 반드시 필요로 하고 또 지속적으로 반복 구매해야 하는가? 또한 해당 기업의 제품이나

서비스가 20년 후 필요가 없어지고 도태되거나, 다른 제품/서비스로 대체될 가능성이 있는가?

❺ 해당 기업의 제품/서비스는 시장에서 1등 내지는 2등인지 알아보라.

❻ 해당 기업은 장기 인플레이션 비율에 맞추어 가격을 올려왔는가?

❼ 해당 기업은 유형자산 기계장치, 공장 을 유지 보수하는 등 현상유지를 위해 주기적으로 큰 자본적 지출 CAPEX 이 요구되는가?

❽ 해당 기업에는 힘이 센 노조가 있는가?

❾ 해당 기업은 자금 운용을 보수적으로 하는가?

❿ 주주와 이해관계를 같이 하는 경영진 오너 포함 임을 확인하라.

체크리스트 심층 해설

❶ : 워렌 버핏은 능력범위 내 투자, 즉 워렌 버핏 자신이 이해하는 산업, 관심이 있는 업종에 국한해서 투자했으며 또 일반투자자들에게도 그렇게 조언하고 있다.

어차피 주식시장 전체가 극도로 침체되어 있는 예외적인 중기적인 저점 상황이 아니라면 이때는 물 반 고기 반 식으로 싼 주식이 많겠지만, 대부분의 불특정 시기에 대다수의 주식들은 별 투자매력이 없다. 그러므로 잘 알고 있고 확신이 있는 종목들에 집중하는 편이 주가가 떨어지기를 기다리고 매수하는 편이 생산적이며, 항상 모든 종목들에 관심을 열어두는 것은 오히려 비생산적이다.

❷ : 워렌 버핏은 지속적으로 높은 ROE 자기자본이익률 와 ROA 총자산이익률 를 내고 있는 기업을 최우선적인 투자대상으로 선호한다.

최소 과거 10년 정도의 ROE 자기자본이익률 와 ROA 총자산이익률 수치를 살펴보라. 성장하는 기업이라면 비교적 높은 ROE와 ROA를 유지만 해도 훌륭하지만, 성숙기에 접어든 기업이라면 ROE와 ROA를 유지하기 위해서 적정 수준의 배당이나 자사주 매입을 하는 편이 좋다. 그 어느 쪽에도 해당되지 않는다면 그 기업은 주주에게 복리수익을 주는 스노우볼 기업이라고 할 수 없다.

❸ : 워렌 버핏은 지속적인 경쟁우위가 있는 기업, 그리고 제품이나 서비스가 특별한 소비자 독과점적 지위를 갖고 있는 기업에 투자했다.

또한 자신이 이해하는 업종, 사업, 기업에 투자하라고 조언한 만큼, 가치투자자라면 해당 기업의 경쟁우위와 제품/서비스의 특별한 소비자 지위 등을 잘 파악하고, 그렇게 된 원인 역시 이해해야 한다. 해당 기업의 지속적인 경쟁우위와 제품/서비스의 독과점적 지위에 대해서, 그리고 그 원인에 대해서 어린아이에게도 쉽게 설명할 수 있을 때에야 비로소 투자자로서 그 기업의 강점을 제대로 이해했다고 볼 수 있다.

❹ : 워렌 버핏은 현재 기업의 제품/서비스를 수요자들이 반드시 필요로 하고 지속적으로 반복 구매하는지, 20년 후 도태되거나 대체될 가능성이 있는지 등을 반드시 검토하라고 했다.

만약 당신의 관심 기업의 제품/서비스를 수요자들이 반드시 필요로 하고 또 지속적으로 반복 구매해야 한다면, 해당 기업의 경쟁우위는 꾸준한 수익을 창출할 반짝 이익이 아니라 것이다. 또한 해당 기업의 제품이나 서비스가 20년 후에도 도태되거나 대체될 가능성이 없거나 매우 적다면, 더욱 장기적인 수익성으로 연결될 것이다. 이 경우 해당 기업이 향후 수십 년간 주주를 위해 창출할 이익을 모두 가치평가에 반영할 수 있다. 물론 그 반대의 경우 해당 기업은 현금흐름 지속성이 떨어지고 가치가 낮다. 왜냐하면 기업의 진정한 가치는 청산을 위한 자산의 가치가 아니라, 계속기업으로서 꾸준히 더 많은 이익을 창출하는 수익가치 및 성장가치에 있기 때문이다.

❺ : 워렌 버핏은 투자하려는 기업의 제품/서비스가 시장에서 1등 내지는 2등인지 확인했다.

아무리 수치적으로 현재 ROE가 평균보다 훨씬 높다고 하더라도 시장점유율 3~5위 혹은 그보다 낮은 순위의 제품/서비스를 판매하는 기업은 투자매력도가 낮다. 규모의 경제와 마진율, 부가가치나 오랜 브랜드 가치 등 여러 가지 측면에서 1~2등 제품/서비스를 판매하는 기업에 비해서 열위 상황에 있는데, 투자자가 굳이 3등 이하 제품/서비스를 판매하는 기업에 투자해야할 이유가 없는 것이다.

한편, 1~2등 제품/서비스의 지위가 얼마나 확고한지 체감하려면, 약은 약사에게, 식품이라면 식료품점 판매직원에게 최근만이 아니라 과거에도 계속 잘 팔렸었는지 앞으로도 꾸준히 잘 팔릴지 물어보는 편이 좋다.

❻ : 워렌 버핏은 기업이 장기 인플레이션 비율에 맞추어 가격을 올려왔는지 확인하고 그렇지 않은 기업의 경우 투자를 기피했다.

기본적으로 인플레이션은 원자재 가격과 인건비, 지대 등을 복합적으로 상승시킨다. 이는 자연스럽게 기업의 비용을 증가시키기 때문에 기업이 마진율을 유지하기 위해서는 가격을 올릴 수밖에 없다.

그럼에도 불구하고 특정 기업이 최소한 지난 10년 간, 가능하다면 15년 이상의 장기 추세를 살펴보아 인플레이션 비율보다 낮은 제품/서비스 가격상승율누적으로 비교하건, 연평균으로 비교하건 무관함을 보였다면, 해당 기업은 비용 상승분을 소비자에게 전가하지 못한 것이다.

비용이 상승한 만큼 가격으로 인상하는 것은 지극히 당연한 것이며, 이때 가격을 올리지 못하는 경우가 기업 입장에서는 뼈아픈 고통이 되는 것이다. 이 경우 마진 축소는 물론 단기적으로는 손익 문제, 중기적으로는 재무 안정성 문제, 장기적으로는 성장을 위한 재투자 문제 등 다양한 문제를 잉태하게 된다. 경쟁력 없는 기업은 서서히 쇠퇴, 축소되어 간다는 뜻이다.

이에 버핏은 가격을 올릴 수 있는 기업은 프랜차이즈 기업, 가격을 올리지 못하는 기업은 상품형 기업이라고 언급한 바 있다. 특별한 소비자 독과점 지위를 갖춘 프랜차이즈 기업이 주기적으로 가격을 올릴 수 있는 것은 가격을 올려도 수요가 감소하지 않기 때문이며, 이는 제품/서비스의 브랜드, 품질, 네트워크 효과 등 다양한 경쟁우위에 기인한다. 특별한 경쟁우위가 없어서 가격을 올리지 못하고 가격경쟁에 항상 시달리는 제품/서비스를 판매하는 기업은 상품형 기업으로, 가치투자자들이 굳이 투자할 이유가 없는 기업이다.

❼ : 해당 기업은 유형자산 기계장치, 공장을 유지 보수하는 등 현상유지를 위해 주기적으로 큰 자본적 지출 CAPEX 이 요구되는가? 만약 그렇다면 버핏은 그런 기업에 우선적인 관심을 주지 않는다.

한편, 필립 피셔는 오히려 커다란 성장을 위해 자본적 지출을 확대하는 기업에 투자를 마다하지 않았는데, 버핏은 자본적 지출 개념 자체를 부정적으로 인식하고 무조건 기피했다고 오해하는 투자자들이 많은 것 같다. 하지만 사실은 그와 전혀 다르다.

필립 피셔가 선호한 것은 성장을 위한 자본적 지출이며 현상유지를 위한 자본적 지출은 아니다. 필립피셔도 현상유지만을 위한 자본적 지출을 절대로 좋아했을

리 없다

　워렌 버핏 역시 현상유지를 위한 자본적 지출을 기피한 것이고, 더욱 큰 매출성장을 보장받거나 확보하고 자본적 지출을 하는 것은 좋은 개념이기는 하지만, 본인의 〈능력 범위〉 밖에 있는 성장 산업 주식들에 굳이 투자하지 않았을 뿐이다.

　결론적으로, 매출액과 생산량의 극적인 확대를 위한 목적이 아니라, 제품의 일부 부품 업그레이드나 생산라인의 주기적인 전환을 위해서 공장에 추가되는 비용, 빠르게 소모되는 기계장치의 감가속도 등 현재의 매출을 유지하기 위해서 현상 유지를 위한 대규모 자본적 지출이 주기적으로 필요한 기업은, 주주를 위해 현금을 효율적으로 창출하기 어렵기에 매력적인 투자처가 아니다.

　❽ : 워렌 버핏은 힘이 센 노조가 있는 기업은 기피하는 경향을 보였다.

　다만, 이는 버핏만이 아니라 투자자라면 응당 그럴 수밖에 없는 속성이라고 할 수 있다.
　커다란 자본적 지출CAPEX 이 필요한 기업일수록 상당한 수준의 고정비 유형자산의 감가상각비 등 가 발생하게 마련인데, 고정비가 큰 기업에서 힘이 센 노조가 있을 경우, 정당한 주주의 몫을 노조가 다소 많이 가져가는 경향이 있다.

버핏은 물론 중장기적 투자관점을 지닌 대부분의 가치투자 전문가들이 노조가 강한 기업에 투자하는 것을 극도로 꺼리는 이유이다.

기업성장의 과실을 기여분 대비해서 비율에 맞게 평등하게가 아니라 배분하는 것은 옳은 일이다. 하지만, 예를 들어 경영전략의 훌륭한 전환에 의해서이건, 훌륭한 신규 인수합병에 의해서이건 노동자들이 추가로 직접 기여하지 않은 요인에 의해서 당기순이익이 증가한 경우에도, 주기적인 파업을 통해 더 큰 이익배분을 얻어내는 노조가 있다면 노동의 시간당 생산성 증분에 기반한 추가임금 요구는 적정하지만 결코 중장기적으로 보유할 만한 기업은 아닐 수 있다.

❾ : 워렌 버핏은 자금 운용을 보수적으로 하는 기업을 선호한다.

기업이 중장기적으로 이익을 늘려가려면 가장 기본적인 것이 재무적인 안정성이다. 즉 영업사이클마다 주기적인 업황 위축을 견디기 위해 기본적으로 부채를 많이 가져가는 편은 좋지 않으며, 특히 호황기에 무리한 인수합병을 위해서 부채를 늘리는 기업은 좋지 않다.

마치 주식이 제 가치보다 낮을 때 매수하는 것이 가치투자의 기본인 것처럼, 기업지분의 인수가격이 제 가치보다 낮은 불황기에 감당할 수 있는 자금 범위 내에서 인수합병을 하는 것이 제대로 된 자금운용 전략이며, 그를 위해서는 평상시에 적정 수준 이하의 부채비율을 유지해야 한다.

❿ : 마지막으로 워렌 버핏은 투자기업의 최고경영진 오너 포함 이 주주와 이해관계를 같이 하는지 검토했다.

해당 기업의 오너가 기본적으로 모든 주주들과 이해관계를 함께 할 수 있도록 충분한 지분율을 보유하고 있는가, 기업의 경영계획이나 실적 등 여러 가지 내부정보를 때때로 과대광고 및 허위광고, 홍보하면서 각종 주가 희석행위 전환사채 발행, 유상증자 실시 등 를 하거나 보유 주식수를 증감시키지는 않는가, 기타 과거 오랜 기간 동안 주주를 골탕 먹인 적은 없는가 등을 검토해 보아야 한다. 그렇지 않고서는 그 기업을 믿고서 중장기적으로 주식을 매집하기 조심스럽다.

물론 위와 같은 버핏의 체크리스트들을 통과한 후에도 해당 기업의 주가가 쌀 때 매수하거나 비중을 확대해야 한다. 하지만 가치평가, 적정주가, 안전마진 등 주식을 싸게 매수하기 위한 다양한 개념들은 이후 다른 챕터에서 다룰 예정이다.

한편, 개별 종목들에 대한 버핏의 체크리스트 외에도 투자자들이 신경을 써야 할 부분을 다음과 같이 언급하고자 한다.

<u>첫째, 지속적인 경쟁우위를 가진 우량기업들의 리스트를 평소에 어느 정도 가지고 있어야 한다.</u>

둘째, 매수/비중확대/유지/비중축소/매도 등 투자의사결정을 할 때는, 즉흥적인 감정이나 직관, 판단으로 행동하지 말고 냉정하게 미리 수립된 계획 전략표 을 따라야 한다는 것이다.

위 두 가지를 미리 신경 써서 준비했을 때 비로소

1) 지속적인 경쟁우위를 가진 기업들 중에서 일부가

2) 일시적인 문제로 시장 자체의 폭락, 자연스러운 업황사이클 순환, 극히 예외적인 특별손실 등 주가가 크게 빠졌을 때,

미리 수립된 계획에 따라서 매수/비중확대 등 투자의사결정을 할 수 있는 것이다.

Chapter 2

워런 버핏의 배움과 스승

첫 번째 스승, 벤저민 그레이엄

그레이엄의 교훈과 버핏 자신의 의견

워렌 버핏이 가치투자에 대해서 본격적으로 배우고 습득한 것은 컬럼비아 대학교에서 벤저민 그레이엄을 만난 이후부터이다.

1894년 영국 런던에서 태어나서 1914년에 월스트리트에 입성한 벤저민 그레이엄은 20세기 초반의 대공황을 몸으로 겪은 1세대 가치투자자로서 무엇보다도 '안전마진'의 확보, 즉 주식을 싼 가격에 헐값 주식, 혹은 담배꽁초 주식이라고 비유할 만큼 매수할 것을 강조했다.

그리고 싼 주식을 감별하기 위해서, 주먹구구식 주가분석이 아니라 기업의 재무제표 재무상태표, 손익계산서, 현금흐름표 등를 연구하고 분석하는 등 주로 계량적인 수치를 분석하는, 보수적 가치평가 및 가치투자 기법을 완성시켰다.

그레이엄의 투자론 강의로부터 워렌 버핏은 아래와 같은 세 가지 주요 원칙을 주의 깊게 받아들이고 정리했다.

1. 주식은 특정 기업의 작은 일부_{부분}를 소유할 수 있는 권리이다. 주식 한 주는 해당 기업 전체를 매수하려고 할 때 지불하고자 하는 금액의 작은 한 부분_{1/N}이다.

2. 안전마진을 이해, 활용하라. 투자행위는 각종 추정치와 불확실성 위에 세우는 건물과 같아서 충분한_{부족하지 않은} 안전마진을 설정해야 한다. 그래야 현명하게 판단하고 투자의사결정을 내렸으면서도 단지 일부의 실수 때문에 투자가 실패하는 것을 방지할 수 있다. 무엇보다 뒤로 물러서지_{투자 손실을 보지} 않아야 비로소 전진할 수 있다.

3. '미스터 마켓_{벤저민 그레이엄이 주식시장을 빗대어 표현한 말}'은 당신의 주인이 아니라 하인에 불과하다. 미스터 마켓은 매일 주식을 사고팔라고 제안한다. 때로 그가 제시하는 주가는 터무니없이 싸거나 비싸다. 미스터 마켓의 조울증으로 주가가 변한다고 해서 투자자의 판단이 흔들려서는 안 된다. 투자자는 단지 미스터 마켓의 제안들 중에서 싸게 살 기회나 비싸게 팔 기회를 기다리면 된다.

위와 같이 워렌 버핏은 벤저민 그레이엄으로부터 비로소 수치적으로 합리적이고 논리적으로 안전한 가치투자 체계를 전수받게 되었는데, 그 중에서도 특히 중요한 개념이 안전마진이었다. 그레이엄은 한 기업에 대해서 엄격하고 보수적인 가치평가를 하고 충분한 안전마진을 확보한 주식에 대해서만 투자를 했는데, 주식이 청산 가치 이하의 주가에 거래될 때 다수의 종목에 분산투자하는 것을 원칙으로 했다.

이러한 투자체계를 따르면서 버핏의 투자실력과 수익률이 모두 비약적인 발전과정을 걷게 되었으나, 그러한 버핏의 초기 가치투자 시기에도 그레이엄과 일치하지 않는 부분이 있었다.

첫째로 그레이엄은 많은 종목에 분산투자하라고 주로 강조했으나, 버핏은 철저히 분석하여 잘 아는 몇 개의 주식에 집중하는 모습을 보였다.

둘째로 그레이엄은 청산가치보다 낮은 주식에 집중하라고 가르쳤으나, 버핏은 청산가치보다 낮은 주식만 매수한 것이 아니라, 청산가치보다는 비싸더라도 사업구조가 탄탄하고 이익창출력이 강한 주식도 매수했다. 그럼에도 불구하고 아직 이 당시에는, 미래 수익가치보다는 저평가되었지만 현재 수익가치보다는 비싼 종목들에는 손도 대지 않았다

내재가치 수렴과 인내

특정 종목의 주가는 향후 어떻게 될 것인가? 내려갈 것인가, 올라갈 것인가?

위 질문에 단기적으로 답할 수 있는 사람은 이제껏 없었고 앞으로도 있을 수 없다. 하지만 최소한 중장기적인 시간을 두고 주가전망을 하라고 하면 매우 높은 확률로 맞출 사람들이, 소수일지언정 이제껏 있었고 지금도 있고 앞으로도 당연히 있을 것이다.

그것은 단기적으로는 거시경제적 돌발 변수, 주식의 수요와 공급, 거래량 등에 따라서 주가가 어느 방향으로, 얼마나 바뀌는지 매우 불규칙적으로 움직이지만, 결국 중장기적으로 주가는 내재가치에 수렴하기 때문이다. 내재가치를 정확히 평가할수록, 내재가치의 범위를 너무 좁게 잡지 않고 필요한 만큼 넓게 잡을수록, 그리고 보유기간을 길게 잡을수록 그 확률은 100%에 점점 수렴하게 되는데, 그러한 이유로 훌륭한 가치투자자들은 장기적으로 주가의 방향을 당연히 알 수 있었고 알 수 있다.

하지만 위와 같은 것도 이론적으로 경험적으로 가치투자를 어느 정도 이상 이해하는 투자자라면 지금에서야 거리낌 없이 주저하지 않고 확실하게 말할 수 있는 것이지만, 벤저민 그레이엄이 가치투자 이론을 보다 명확하게 수립하기 전에는 전혀 그렇지 않았다.

버핏 역시 그레이엄 밑에서 투자 실무를 배울 때, 결국 저평가된 주가는 그 주식의 내재가치까지 올라갈 것이라는 내재가치 자체의 개념에 대해서는 본서의 다른 챕터에서 다룰 것임 것을 어떻게 확신할 수 있는지 그레이엄에게 직접 물어본 적이 있다.

그레이엄은 다음과 같이 답변했다.

"긴 시간이 지나면서 증권은 점점 가치에 걸맞은 수준으로 거래되게 마련이고, 결국 그 증권의 내재가치에 접근하게 된다. 그 긴 시간이라는 것을 확실히 정할 수는 없으며 때때로 생각보다 몇 년이 늦어지기도 한다. 하지만 내가 실제 기록한 바에 따르면 대체로 저평가된 주식의 주가가 내재가치까지 상승하는 데 걸리는 기간은, 반년에서 2년 반 정도 사이였다."

"주식시장은 우리 가치투자자에게 선택권을 준다. 그리고 그 주식이 시장에서 저평가되어 소외되는 동안 투자자의 인내심과 끈기는 시험대에 오르고, 결국 시험을 통과하면 인내심과 끈기를 발휘하면 주가는 내재가치에 부합하게 된다. 가치투자자라면 주식시장의 일시적인 급등락으로부터 투자기회와 수익을 얻기 때문에 시장변동을 싫어하지 않는다."

이때 형성된 내재가치 적정한 주가 와 안전마진 얼마나 싸게 매수하는가 의 개념은 워렌 버핏이 평생 동안 누적적으로 큰 수익을 낼 수 있게 해 주었다. 실제로 지난 수십 년간 버핏에게는 주식의 가격변동이란 항상 더 낮은 주가에 더 많은 주식을 살 수 있는 좋은 기회일 뿐 전혀 위협적인 일이 아니었다.

그럼 이제부터 워렌 버핏의 첫 번째 스승, 벤저민 그레이엄이 버핏을 포함한 그의 제자들에게 가치투자를 가르치면서 강조했던 각종 증권 분석 요소, 가치평가와 내재가치의 개념, 투자전략 등을 간단히 알아보자.

02

그레이엄의 산업, 종목 분석

산업분석 유의점

그레이엄은 산업을 분석할 때, 과거의 특징과 동향이 미래에도 단순히 계속될 것이라고 가정하는 것은 틀릴 소지가 있다고 말했다. 최근에 업황이 최고치를 치고 있는 산업의 미래가 앞으로도 계속 장밋빛이라는 '증권사 애널리스트'의 분석은 종종 틀리게 마련이며 투자자에게 큰 손실을 준다. 또한 정말로 어떤 산업이 끊임없이 밝은 미래가 보장되는 특수한 상황에 있다고 할지라도, 장밋빛 산업분석은 좋아봤자 뒷북을 치는 정보일 뿐이다.

산업분석은 지금 대세가 되어 버린 분석 어조_{호황기 혹은 침체기}를 그대로 따라 하기보다는, 그와 분리하여 타당하고 _{때로는 다른} 냉정한 결론을 내릴 때 가장 적중률이 높고 또 유용하다. 대부분의 개인투자자들을 꼬드기는 역할을 하는 증권사들이 특정 산업에 대해서 오래도록 유지해온 분석 어조는, 실제로 제대로 진행한 산업분석 결과의 어조와는 매우 다른 경우가 다반사이다.

한편, 그레이엄은 산업분석을 할 때 톱다운 방식뿐 아니라 바텀업 방식도 함께 진행해야 더욱 해당 산업을 잘 이해할 수 있다고 강의했다. 즉, 특정 산업의 전반을 연구하고 이해하는 활동뿐 아니라, 해당 산업에 속한 개별 기업들에 대해서 소위 대표기업이라고 할만한 종목들 집중적으로 분석할 경우 역으로 기업을 통해 해당 산업 전반의 조건과 특징들을 더 잘 파악할 수 있다는 말이다.

필자 역시 기업분석을 강의할 때, 업종별 대표기업 두 개 이상을 분석하여 구체적인 정보를 이해한 후 산업의 특징과 구조 등으로 지식을 확장하거나, 산업의 전체적인 개요를 넓고 길게 훑어본 후 보다 구체적으로 대표기업 두 개 이상의 사업보고서를 분석하라고 조언한다.

다만, 추상적 사고력이 좋은 경우는 숲을 먼저 보고 나무를 보는 편이 좋고, 꼼꼼한 성격을 지닌 경우는 나무를 먼저 보고 숲을 나중에 보고 이해하는 편이 더 머리에 잘 이해되므로, 사람마다 자신에게 맞는 순서로 분석하면 된다.

재무제표 분석 지침

벤저민 그레이엄은 주가변동을 보는 대신 재무제표를 분석해야 한다고 말했다. 이는 과거 주가의 방향과 강도 등을 토대로 향후 주가의 전망을 확률적으로 추정하던 이 방법으로 오래 시장에 머무를수록 수익률은 점차 마이너스 100%에 수렴하게 됨 기술적 분석 방식이 아니라, 기업의 재무상태표와 손익계산서를 바탕으로 보수적이고 정량적인 기업의 내재가치를 평가하는 기본적 분석 방식이었으며, 벤저민 그레이엄은 이러한 가치투자 분야에서 선구자적 인물이었다.

그는 재무상태표와 손익계산서 중 항상 증권사에서 크게 관심을 보이는 것은 손익계산서이지만, 재무상태표가 사실 가장 중요하며 투자자들 사이에서 너무 등한시되고 있다고 비판했다.

벤저민 그레이엄이 재무상태표 분석에서 중요하게 생각하는 몇 가지 커다란 룰 지침 은 대략 아래와 같다.

1. 재무상태표를 통해서 매년 얼마만큼의 자본이 영업자산에 재투자되었는지, 추세적으로 매년 이익 중 몇 퍼센트 정도가 영업자산에 재투자되는지 파악해야 한다. 더불어 보통주 외 각종 우선주의 증감 유의미한 발행 규모 등도 분석해야 한다.

2. 운전자본의 비율이 대개 매출액 대비 비율로 파악 유지되거나 하락하고 있는지, 혹은 다소 급하게 증가하고 있는지 이 경우 위험할 수 있음 파악해야 한다. 이 부분을 통해 영업상 지위가 강화되거나 약화되는 것을 알 수 있다.

3. 손익계산서 상으로 증가한 이익이 정상적인 것인지 비정상적인 것인지 판단해야 한다. 이를테면 가장 최근의 매출채권 회전율, 재고자산 회전율, 대손충당금 설정비율 이 비율들이 변하면 비용과 손익이 변함 등이 지난 몇 년간의 추세에서 크게 벗어나서 이상 수치를 보이지는 않는지 비교할 수 있을 것이다.

4. 영업이익과 기타 지속적 이익을 창출하는 주요 자산항목들을 이익의 근원 파악하여 해당 기업의 수익력 가치를 가늠할 수 있고, 또한 손익과 무관하게 청산을 가정한 순자산 가치도 분석해야 한다. 그리하여 기업마다 수익력 가치와 순자산 가치 사이가 얼마나 벌어져 있는지, 어느 편이 내재가치에 가까운지 힌트를 얻어야 한다.

5. 각종 자본의 이익률, 이를테면 자기자본이익률 ROE, 총자산이익률 ROA, 영업자산이익률 ROIC 등 핵심 이익수치들을 구하기 위해 재무상태표 항목은 가장 기본이 된다.

한편 벤저민 그레이엄은 재무상태표에서 이익과 비용을 일으키는 자산 항목들이 결국 손익계산서를 만들어내기 때문에, 손익계산서 역시 중요하며, 10년 정도의 <u>필요하고 또한 가능할 경우 그 이상도</u> 손익계산서 분석이 필요하다고 말했다.

<u>손익계산서 분석의 커다란 지침으로는</u>
첫째, 분석기간 동안 해당 기업의 진정한 영업이익과 순이익은 어떤 추이를 보였는지 파악해야 한다.

그렇게 파악하기 위해서 분석가는 결과적으로 주어진 회계수치를 다소 수정하고 재해석해야 하는데, 특히나 비반복적이라고 확실히 판단되는 <u>예외적이고 일시적인</u> 수익이나 손실 항목을 배제해야 한다. 또한 과도하거나 과소하게 설정한 충당부채, 유무형자산의 비합리적인 감가상각 방식 등을 찾아내고 이를 합리적인 수준으로 바꾸어서 계산해야 한다.

둘째, 기업의 과거 실적 <u>이를테면 매출액, 영업이익, 순이익 등</u>이 미래에도 얼마나 유지될 수 있을지 분석하고 보수적으로 추정해야 한다. 그러기 위해서는 업황 등락 사이클보다 긴 장기 실적을 분석해야 하는데, 이 경우에도 비반복적인 항목을 배제하는 등 보다 큰 실적흐름을 파악하려고 노력해야 한다.

셋째, 손익계산서는 직접적으로 수익력에 기반한 가치평가의 근거이며,

가장 본질적인 실적에 가장 타당한 가치평가 방법을 적용하여 내재가치를 구해야 한다.

즉, 첫째와 둘째 지침을 준수하면서 합리적으로 그리고 보수적으로 현재와 미래의 실적을 추정하고, 이에 따라 수익력에 기반한 내재가치를 계산할 수 있다.

업계비율과 실적통계

벤저민 그레이엄은 분석하고자 하는 기업의 재무손익비율을 해석할 때, 업계 내의 다른 경쟁사들과 수치를 비교하는 것은 물론이고 업계 전체 혹은 업계 평균 의 수치와 비교하는 것 역시 유용하다고 강조했다.

왜냐하면 업계 전체 혹은 주요 경쟁사들의 재무손익비율과 관심기업의 비율을 비교하면, 관심기업의 재무손익비율들이 상대적으로 우월한지 열위한지를 판단할 수 있기 때문이다.

다양한 비율들은 제각기 다른 중요도와 효용이 기업의 특성을 비율로 판단 가능함 있지만, 특히 수익성 측면에서 가장 중요한 비교지표로 그레이엄은 매출액순이익률과 자기자본순이익률을 꼽았다. 이후 워렌 버핏도 대동소이하게 이 두 가지 지표들을 장기간에 걸쳐서 꼼꼼히 살펴보아야 한다고 강조하는데, 왜냐하면 매출액순이익률 비교를 통해 사업 수익성의 안정성을 판단할 수 있고 이 비율이 낮을 경우 불황 시 적자까지 날 수 있음 , 자기자본순이익률 비교를 통해 주주의 자본투자수익률, 즉 기업의 투자자로서 실질적인 장기수익률을 비교할 수 있기 때문이다.

물론 회사의 본질적인 실적은 과거의 실적을 금액 수치로만 이해하기보다는, 해당 기업의 수요시장 자체의 증가속도, 판매량이나 판매처 등 주요 영업 통계, 지난 기간 동안 경쟁사 수의 증감 등 보다 실질적인 정보와 함께 파악하는 편이 낫다.

그레이엄은 이 과정에서 업계 전체, 혹은 업계 내 주요 경쟁사들보다 더 나은 재무손익비율을 보여주는 기업을 발견할지라도, 해당 기업에 대해서 시장이 너무 높은 가치를 부여한다면 PER, PBR 등 각종 투자지표의 수치가 너무 높다면, 오히려 다소 그보다 못한 재무손익비율을 보여주더라도 매우 저평가된 소외기업 쪽이 투자매력도는 더 높을 것이라고 말했다.

미래이익 추정과 예외

투자자가 선호하는 종목에 대해서 낙관적인 편향성을 가지고 낙관적으로 향후 실적을 예상하지 않는 한 만약 그렇다면 치명적인 손실을 볼 수도 있다, 과거에 발생했던 실적들이 향후에는 어떻게 될지 대략 미래이익을 추정해보는 것도 유용하다.

벤저민 그레이엄은 일반적인 이익 추정방법으로 매출액, 영업손익, 영업외손익, 세금 등 주요 항목 순서로 향후 수치를 추정해보라고 말했다. 이때 매출액은 평균적인 판매가에 예상 판매량 범위를 곱하여 직접 산출한다. 한편 비용은 매출원가와 판매관리비 등 주요 항목 별로 나누어 각각 추정한 후 매출액에서 비용을 직접 빼는 방법과, 이익률_{예를 들면 영업이익률과 매출액순이익률 등} 자체를 합리적으로 추정하고 이를 적용하여 매출액으로부터 영업이익이나 순이익을 직접 산정하는 방법을 설명했다.

이때 매출액이나 비용, 이익 등을 추정하는 과정에서, 성숙기에 있는 기업의 경우 과거 중장기간의 평균적인 수치, 성장기에 있는 기업의 경우 보수적인 성장곡선을 미래에 적용한 수치를 적용할 수 있다고 말했다. 물론 그레이엄 자신이 실제로 분산투자를 즐겨했듯이, 위와 같이 실적을 추정하여 투자할 경우에도 각 종목 별로 충분한 안전마진을 두고 어느 정도 종목 수를 늘리는 분산투자를 한다면, 안전마진과 분산투자가 이중적인 보호막 장치가 되어 투자자를 보호할 것이라고 말했다.

한편, 성숙기 기업일지라도 과거의 평균 수치를 쓰기 어렵거나, 성장기 기업일지라도 미래 성장곡선을 그대로 적용하기 어려운 경우를 특히 주의하라고 따로 설명했는데, 기업의 수익성에 영향을 주는 경영 요인들에 변동이 있을 수 있기 때문이다.

구체적으로 기업의 판매량, 판매가격, 각종 주요 비용 등 세 가지 항목에 큰 변동이 생길 경우 판매량이 감소한다든지, 원재료비가 증가한다든지 하는 변동사항을 고려해서 분석해야 하는데, 큰 변화가 생길 확률은 실상 낮은 편이지만 그럼에도 불구하고 예외적으로 아래와 같은 큰 변화가 생길 경우 이를 반영하여 새로운 실적을 추정해야 한다.

1) 주력 제품/서비스 품목의 급격한 변화
2) 주요 사업부, 비중이 큰 자회사 등의 추가/제외 포기
3) 경쟁사의 수, 수요시장 등 기타 급격한 경영 요소의 변화

상기 변화가 발생한 경우 분석가 스스로 보다 합리적이고 새로운 실적 추정 방법을 찾아야 할 것이다.

미래이익 위한 추세 중요성

비록 벤저민 그레이엄은 본인이 운용하는 펀드에서 주로 재무손익지표 분석을 통해 자산가치를 감안하여 매우 저평가된 종목들에 투자하였지만, 수익성이 나쁜 종목들을 일부러 선호한 것은 아니었다. 즉, 자산가치 대비 매우 저평가된 종목들 중 향후 수익성이 훼손되지 않을 것이라고 판단한 종목들을 선호했다.

그러므로 그는 미래이익을 합리적으로 추정하는 과정도 간과할 수 없는 일이라고 강조했는데, 특히 일정한 이익을 보여 온 과거실적이 아니라 추세적인 실적변화예를 들면 꾸준한 증가를 보여 온 종목의 경우 그 추세를 감안하여 어떻게 미래이익을 추정해야 할 것인가를 보수적으로 검토했다.

※ 그레이엄의 강의와 실제 그의 투자패턴은 살짝 다르다. 일생에 걸친 투자는 상당히 보수적으로 행했으나 강의 자체는 보수성에 기반하되 보다 폭넓게 설명했다.

기업의 과거 실적 추이 형태에 따라 7년에서 10년 사이 적당한 기간의 평균이익 혹은 평균이익률을 이 편이 평균이익보다는 좀 낫겠지만 그대로 적용하여 미래이익을 추정한다면 이익의 추세를 전혀 고려하지 못한다. 즉 당기순이익 100억 원에서 시작해서 10년간 이익과 이익률이 증가하여 당기순이익 1,000억 원이 된 기업과, 당기순이익 1,000억 원에서 시작해서 10년간 이익과 이익률이 감소하여 당기순이익 100억 원이 된 기업은, 서로 과거의 평균이익 혹은 평균이익률이 같을 수 있다. 하지만 충분히 긴 시간 동안 이익이 감소해온 기업의 향후 이익 예상치보다, 충분히 긴 시간 동안 이익이 증가해온 기업의 향후 이익 예상치가 다소 높을 수밖에 없다는 결론은 매우 합리적이다.

반면 그렇다고 해서 지난 10년간 당기순이익이 10배가 된 기업이 향후 10년이 추가로 지나면 당기순이익이 애초의 100배가 되리라고 즉 10년간 다시 10배로 증가하리라 문자 그대로 맹신할 수도 없는 노릇이다. 왜냐하면 종종 미래이익 추세가 기대치와는 전혀 다른 예상 외로 실망스러운 수치를 보이는 경우가 있기 때문이다. 게다가 지난 10년이 아니라 지난 5년 심지어는 지난 3년간의 이익증가율을 기준으로 미래를 추정할 경우 오류의 범위는 걷잡을 수 없이 커질 수 있다. 물론 위와는 반대로 이익감소추세가 연장되리라 예상했음에도 오히려 이익이 반등하는 경우도 얼마든지 있을 수 있다.

과거 평균이익, 혹은 평균이익률에 근거한 이익추정과 과거 추세에 근거한 이익추정은 서로 근본적으로 갈등을 겪는다. 너무 다른 것이다. 여기서 그레이엄은 아래와 같이 설명한다.

기업은 경쟁과 규제 등 매출을 감소시키는 요인과 기타 비용을 증가시키는 내·외부 요인 등과 직면하여 지속적으로 이익감소의 위협에 시달리는 한편, 매출감소 및 비용증가를 야기하는 내·외부 요소에 대응하여 특별한 전략이나 강점을 발휘하여 이익을 지키고 늘려가기도 한다. 그러므로 과거 실적의 평균과 과거 실적의 추세를 모두 고려하되, 과거 실적의 추세를 가능하게 한 이를테면 이익증가를 가능하게 한 제반 조건들이 미래에도 변화가 없을 것으로 확실히 예상될 경우에는 과거 실적의 이익증가 추세를 상대적으로 더 고려하고, 과거 실적 추세를 가능하게 한 제반 조건들이 미래에 변할 악화될 가능성이 적지 않을 경우에는 추세보다는 과거 실적의 평균을 다소 더 고려하는 편이 합리적이다.

즉, 과거 추세를 그대로 미래에 투영하기보다는, 그 추세를 가능하게 해 준 요소들을 더욱 신중히 분석하여, 실적추세를 연장할지 말지 판단하라는 이야기이다.

한편, 강의실을 벗어나 그레이엄이 워렌 버핏 등 제자들에게 실무적으로 강조한 것은, 이익의 성장이 지속될 것으로 보이는 종목들에 대해서도, 그 종목에 합당한 이익증가 기대보다는 다소 회의적인 시각으로 해당 종목의 입장에서는 조금 억울할 수 있겠지만 이익을 추정하는 편이 낫다는 권고였다.

성장주와 이류 종목에 대한
그레이엄의 의견

성장주 분석, 매수

벤저민 그레이엄은 성장주에 투자를 하는 편이 아니었다. 그런 이유로 워렌 버핏이 벤저민 그레이엄의 교육을 받고 가치투자에 본격적으로 빠져들던 초기에는 그 역시 성장주에 관심이 많지는 않았다. 그럼에도 불구하고 그레이엄은 성장주와 이류 종목이라는 전혀 상반된 종목들을 어떻게 분석, 이해하고 어떻게 투자기회를 판단할지 비교적 명쾌하게 설명했다.

성장하는 기업들은 경영학 이론에서만이 아니라 실제 기업의 생존경쟁 환경 속에서 일정한 라이프사이클 수명주기을 겪는다. 작은 기업으로 시작하여 초기에는 열정과 노력, 좌절을 겪는다. 이후 한 번 두 번의 성공을 거쳐 비교적 높은 매출과 이익증가율을 보이면서 본격적인 성장기업의 면모를 띠게 된다. 이후 확장의 한계에 봉착하면서 매출액증가율이 하락하거나 매출액 자체가 정체되고, 성숙기에 접어들기 전에 독과점을 이룬 경우 그나마 이익률을 개선하거나 유지하겠지만 여전히 완전경쟁에 시달릴 경우 이익률도 지키지 못할 수 있다.

성장주 투자자는 여기서 세 가지 어려움에 빠지는데, 짧은 기간의 이익성장으로 성장주를 판단하면 일시적 이익증가에 속을 수 있고 성장주가 아닐 수 있고, 경기사이클을 여러 번 겪을 정도로 긴 기간의 이익성장으로 성장주를 판단하면 성숙기로의 진입이 얼마 남지 않는 종목에 향후 주가가 급락할 수 있는 잘못 투자할 수 있는 것이다. 또한 지속적으로 성장할 종목을 너무 늦지 않은 시기에 발견 및 분석했다고 할지라도, 성장 프리미엄을 다소 많이 주고 비싼 주가에 매수하게 되면, 성장이 기대에 못 미칠 수도 있는 상황이 기업은 성장하는데 주가는 오히려 떨어지는 될 수도 있다.

그럼에도 불구하고 성장기업에 투자하는 투자자라면 응당 해당 기업이 속한 산업을 분석하고, 해당 성장기업의 연도별 신규 제품, 주요 연구개발 주제와 연구개발비 추이, 단계적인 설비확장 추이 등을 꼼꼼히 분석해야 한다고 설명했다.

그레이엄은 기본적으로 미래성장 투자 역시 그 분야에 필요한 방법론과 지혜, 그리고 부지런한 연구만 있다면 충분히 장기적으로 큰 수익을 볼 수 있는 방식이라고 말하면서도, 실제 자신의 투자일생을 통해서는 미래성장 투자의 장점보다는 단점을 더욱 우려하여 가능한 한 미래성장 가치를 회의적으로 판단했으며 또한 별도의 프리미엄을 부여하지 않고 가능한 주가가 쌀 경우에만 투자했다.

이류 종목 유의점과 투자기회

벤저민 그레이엄은 이류 종목에 실제로 종종 투자하곤 했으며, 관련해서 유의할 점과 효과적인 투자기회를 학생들에게도 설명했다.

주식시장에서 지속성 있는 영업활동과 수익능력을 갖춘 좋은 종목들보다 조금 눈을 낮추면 이류 종목들을 볼 수 있다. 제대로 된 가치투자자라면 이류종목들을 통해 충분히 좋은 수익을 반복적으로 낼 수 있는데, 이류 종목의 특징들을 잘 알면 가능한 일이다.

이류 종목들은 해당 종목에 대한 투자자들의 심리와 수급에 의해서 주가가 크게 출렁거리며, 현재 좋은 실적을 내고 있을지라도 향후 언제라도 실적이 불투명해질 수 있다는 유의점이 있다. 반면에 그러한 이유로 인해서 항상 투자자들이 선호하며 탄탄한 실적을 유지, 확장시켜 나가고 있는 좋은 종목들에 비해서 주가가 대체로 저평가되어 있다.

그러므로 이류 종목들은 결코 평균적인 가격수준에서 주식이 거래될 때 매수하면 안 되며, 상당히 저평가되었을 때 매수해야만 한다. 더불어 이류 종목들의 실적이 개선되면서 미래 전망이 갑자기 좋아질 때가 있는데, 이때는 사실 보유기간이 짧든 길든 결국 전망이 좋은 상황에서 매도하는 편이 현명하다. 왜냐하면 이류 종목들은 실적이 꾸준하게 상승하기보다는 결국 영업주기 상의 호황과 침체를 왔다 갔다 하기 때문에, 모두가 좋은 기대를 품고 주가를 올리는 시기가 쥐도 새도 모르게 지나가면서 이런 종목의 매도기회는 순식간에 사라짐, 짧은 최고가를 찍고 급락하는 것은 물론이고 하락과 반등의 과정에서 결국 매수했던 주가보다 더 낮은 주가로 하락하는 경우도 많기 때문이다.

그럼에도 불구하고 벤저민 그레이엄이 이류 종목들에 대한 투자행위를 매력적으로 보았으며 또 설명했던 이유는, 괜찮은 종목들이 확실하게 저평가되는 경우는 오직 약세장에서만 가능하지만, 이류 종목들의 경우 강세장이 상당히 진행된 경우를 제외하면 모든 시장 상황에서 저평가 상황이 나타날 수 있기 때문이다. 쉽게 말해서 저평가된 주가로 싸게 사서 주가가 충분히 회복했을 때 비싸게 팔 수 있는 기회가 생각보다 자주 발생한다.

다시 정리하면 실적이 오래도록 순항하기 보다는 주기적으로 이익과 손실이라는 호불황을 반복하고, 또 기업 규모도 크지 않고 작은 종목들은,

주식투자자들이 볼 때 기업의 미래에 확신을 가지기 어렵기 때문에 때때로 저평가되어 주식시장에서 소외되어 있다. 하지만 그런 이류 종목들에게도 투자자들의 관심이 쏠릴만한 상당한 강세장이 진행되고 있거나, 해당 종목의 영업상황과 실적이 확실히 개선될 조짐이 보일 때 주가는 크게 오르게 된다. 다만 이때 해당 종목의 실적개선을 확실히 감지하는 순서는 그 종목을 지켜보고 있던 가치투자자들이 가장 빠르고_{즉 가장 싸게 산다는 의미}, 증권사 등 금융투자기관이 두 번째이며_{일선 지점장과 영업직원이 아니라 펀드매니저와 애널리스트}, 마지막으로 일반 개인투자자들이_{일선 지점장과 영업직원을 포함} 알게 되는 것이다.

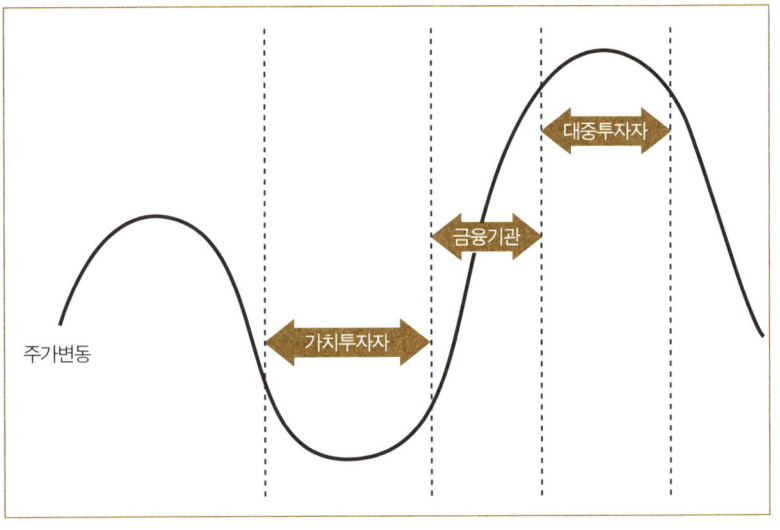

그림 | 주가변동과 투자자

가치투자자가 〈하락 과정의 무릎〉~〈바닥〉~〈상승 과정의 무릎〉 사이에 걸쳐서 매수하면, 금융기관에서는 상승 과정의 무릎에서 시작해서 어깨에 걸쳐서 매수하고, 대중적인 개인투자자들은 어깨를 넘어서 매수하기 시작한다. 이렇게 이류 종목들도 주기적으로 저평가 상태를 벗어나서 주가가 크게 오르며 결국 고평가 수준에 이르다가, 부지불식간에 다시 크게 주가가 하락하고 해당 이류 종목에 대한 시장의 관심은 사라져가는 것이다.

※ 이런 과정은 반복되기 마련이다.

우량주, 성장주, 할인종목 투자방침

지금까지 알아본 훌륭한 투자대상인 성장주, 주기적으로 기회를 주는 이류 종목뿐 아니라 평균 수준 이상의 보통 주식 등에 대해서 그레이엄이 정리한 투자방침이 있어 아래와 같이 정리한다.

우선 성장주의 경우 향후 미래 성장스토리가 _{사업확장과 실적추이} 확실하지만 그런 정보와 분석을 일반 대중이 아직까지는 접할 수 없을 때, 성장주임에도 불구하고 프리미엄이 적게 붙어 합리적인 주가수준을 보일 수 있다. 실제 현재의 실적추세와 미래이익추정을 감안한 것보다 합리적인 수준의 주가에 머물러 있을 때가 절호의 매수기회이다.

다음으로 실적과 규모가 모두 평균 수준 이상의 보통 주식 _{평균보다는 우량}

_{한 기업}의 경우 객관적이고 장기적인 과거 기준과 비교하여 저평가되어 있는 경우가 매수의 기회이다. 그런 기회가 올 때까지 인내심이 필요하지만 실패 가능성이 별로 없는 기회이기도 하다.

마지막으로 앞서 설명한 이류종목들은 상당 기간 동안 주식시장에서 인기를 끌지 못하기도 하는데, 바로 그것이 현명한 투자자들에게는 아주 좋은 투자기회가 된다. 이류 기업일지라도 해당 종목이 보유하고 있는 순자산, 보수적으로 추정한 실적 등에 비해서 _{내재가치에 비해} 주가가 많이 싼 주식은 좋은 매수 대상이다.

그레이엄의
보수적 가치평가

투자와 투기

"투자는 철저한 분석 하에서 원금의 안전과 적절한 수익을 보장하는 것이고, 이러한 조건을 충족하지 못하는 것은 투기이다."

1934년, 증권분석에서 벤저민 그레이엄은 위와 같이 말했다.

하지만 일반 대중들의 투자와 투기에 대한 개념은 매우 빈약하며 심지어는 거의 반대로 알고 있는 경우도 많다.

예를 들면, 주식시장이 크게 하락하여 주식이 가장 매력적인 투자대상인 시기이며 향후 매우 큰 상승세가 시작될 그것을 미리 알려주지는 않지만 바로 그런 시기에는 일반 대중들이 주식시장과 주식을 매우 위험하고 투기적인 크고 긴 하락을 경험했으므로 대상으로 인식한다. 하지만 이때 주식시장과 개별 주식은 실제로 제대로 된 투자대상이다. 가치 대비 저평가되어 있기에, 기대하락률은 마이너스이고 기대수익률은 크기 때문이다.

반대로, 주식시장이 크게 상승하여 주식이 가장 위험한 투자대상인 시기이며 향후 필히 본격적으로 하락할 수밖에 없는 그것을 미리 알려주지는 않지만 바로 그런 시기에는 일반 대중들이 주식시장과 주식을 매우 안전한 투자대상으로 크고 긴 상승을 경험했으므로 인식한다. 하지만 이때 주식시장과 개별 주식은 실제로 매우 위험한 투기대상이다. 가치 대비 고평가되어 있기에, 기대수익률은 마이너스이고 기대하락률은 크기 때문이다.

다시 그레이엄의 말을 빌리자면, 투자는 철저한 분석 하에서 원금의 안전과 적절한 수익을 보장하는 것이어야 한다. 즉, 잘 알고 있는 기업의 적정한 내재가치 범위보다 훨씬 싼 주가에 매수하는 행위, 대략적인 주식시장의 상승하락 사이클과 적정 수준을 감안하여 그보다 주식시장 수준이 매우 낮을 때 저평가 주식비중을 확대하는 행위만이 투자에 해당한다.

투자에 해당하는 행위를 제외하고 일반적으로 투기라고 생각되는 행위들 중에서도 그레이엄이 특히 위험하게 꼽고 있는 투기는 크게 세 가지이다.

첫째, 실제로는 위험한 투기를 하고 있지만 스스로 안전한 투자를 하고 있다고 착각하는 경우.

둘째, 투자지식과 배움이 모두 부족하면서 진지하게 큰 비중의 금융자산을 투자하는 경우.

셋째, 만에 하나 손실을 볼 경우 수익을 낼 자신감과는 상관없이 감당할 수 없는 규모로 투기하는 경우.

반면 투기가 아니라 투자의 관점에서 지속적으로 평균 이상의 투자성과를 내기 위해서는, 본질적으로 건전하고 유망하며, 제도권에서 일시적으로 인기가 없는 투자방법을 준수해야 한다고 설명했다.

즉 투기가 아니라 명확하고 합리적인 다양한 투자전략들 중에서, 전략의 방법론 자체가 위험하지 않고 건전하며, 전략의 효용이 과거에만 통한 것이 아니라 향후에도 지속적으로 유망한 전략을 사용하는 것이 첫 번째이고, 또한 주식시장 국면마다 그때그때 여의도 제도권에서 한창 빠져 있는 투자테마와 투자전략을 피해서, 인기 있는 종목은 매도하고 인기 없는 종목을 매수해야 한다는 것이 두 번째이다.

투자방법론 자체가 건전하고 유망하다면, 딱히 다양한 투자법 중에서 특정 투자법이 우월한 것은 아니며 자신에게 맞는 투자법을 활용하면 된다고 설명했다.

벤저민 그레이엄이 명확하게 정의하는 투자와 투기의 차이를 이해했다면, 이제부터 가치평가에 대한 그의 설명을 들어보자.

가치평가 적합 종목

벤저민 그레이엄은 가치평가를 할 만한 형식적으로, 이론적으로 가치평가를 하기에 적당한 산업과 종목의 요건으로 이익의 안정성과 예측가능성을 꼽았다. 여기서 말하는 이익의 안정성이란 이익이 이상적으로 변동이 없는 상태를 말하는 것이 아니라, 주기적으로 이익이 호황의 모습을 보이고 불황의 모습을 보일지라도 결국 평균적인 이익률 짧으면 4년 길면 7년에 걸친 영업사이클을 통틀어서을 어느 정도 계산할 수 있는 정도를 말한다. 또한 완전히 신산업에 속해 있지 않아서 어느 정도는 과거 중장기 이익을 바탕으로 미래 이익의 최대최소치 전망이 가능해야 한다.

그래서 그레이엄식으로 말하자면, 안정적인 이익 추이 혹은 주기적인 이익변화를 보여 온 수많은 산업군에서는 대부분의 종목이 가치평가를 할 만하며, 그렇지 않은 산업군에서는 그 중 이익 예측이 어느 정도 가능한 일부 종목만 가치평가를 할 만하다고 할 수 있다.

한편, 가치평가를 하기에 쉬울 정도로 이익이 안정적인, 그리고 안정적으로 이익이 증가하는 기업일수록 당연히 시장에서 제 가격 혹은 그 이상의 가격을 받는 고평가의 시기가 길 수 있다. 그렇기 때문에 개별 종목의 가치평가라는 개념과 함께 진정한 가치투자에는 안전마진과 분산투자 개념이 모두 포함되어야 한다고 그는 말했다.

좋은 종목을 제 가격보다 싸게 매수하는 것과 좋지 않은 종목을 제 가격보다 훨씬 싸게 매수하는 것은, 모두 매수한 주가에서 아래로 내려갈 여지보다 위로 올라갈 여지를 크게 한다. 이미 할인가격에 샀으므로 중장기 시간 관점에서 보면 내려갈 폭보다 올라갈 폭이 훨씬 큰 상태가 바로 안전마진을 확보한 상태이다. 또한 가치투자 대가들마다 조금씩 스타일과 의견이 다른 부분이기는 하지만, 그레이엄은 집중투자와 분산투자 중에서 다소 분산투자의 장점을 강조하는 사람이었다. 개별적인 종목의 이익추정보다는 보다 다수의 종목 이익을 추정할 때 전체적으로 투자성공의 확률이 압도적으로 높아지기 때문이다.

가치 범위

가치평가 결과의 해석, 즉 어떤 종목의 적정 가치 내재가치 결과를 어떻게 해석하고 활용하는가의 관점에서도, 벤저민 그레이엄은 가치투자의 선구자로서만이 아니라 특유의 학문적 재기발랄함으로 인해 이론적으로도 별 다른 흠이 없는 체계를 잡았다. 버핏의 그레이엄에 대한 평을 보면 머리가 아주 좋고 학문적 관심의 폭이 넓었다고 한다

그레이엄은 가치평가의 결과는 하나의 수치로 나타내기보다는 하나의 수치와 그 주변의 범위로 나타내는 편이 합리적이라고 말했다. 즉, 어떤 종목의 적정가치는 일정한 범위 내에서 계산할 수 있는데, 예를 들면 주당 1만 원에서 주당 1만 4천 원으로 그 가치를 계산한 종목에 대해서, 적정가치의 중간값은 주당 1만 2천 원이며 적정가치의 범위는 1만 원에서 1만 4천 원으로 40% 정도의 편차를 보인다고 말할 수 있다. 또한 투자자들마다 차이는 있겠지만 그레이엄은 대략적으로 적정가치의 중간값보다 30% 이상 낮은 주가에 매수한다면 충분히 넓은 수준의 안전마진을 확보했다고 할 수 있다고 말했다.

필자가 보기에 이는 매우 현명한 지침인데, 왜냐하면 모든 투자자들은 자신이 선호하는 종목의 적정주가를 다소 높게 잡는 경향이 있으며, 또한 자신이 실제로 그 종목에 대해서 가지고 있는 가치평가 능력 그 종목을 얼마나 알고 있는가 보다 더 높은 가치평가 능력을 갖고 있는 것처럼 오해하고 또 스스로를 과신하는 경향이 있기 때문이다.

그러므로 하나의 수치를 평균적인 적정주가로 계산하되 위와 아래로 일정한 버퍼 지대 여유 지대 를 두어야 하는데, 필자가 보기에 가장 이상적인 버퍼의 범위를 인위적으로 몇 십 퍼센트 정도로 지정하는 것도 좋지만 더 나은 방법도 있다. 초기 투자대가인 그레이엄의 설명과는 좀 다르지만, 필자의 가치투자 분석평가, 운용, 교육과 저술 경험으로 말하자면, 종목마다 가장 적합한 가치평가 방법 몇 가지를 적용하여, 해당 결과값들의 상하단 범위를 왜냐하면 가치평가 방법마다 결과값이 조금씩 다르기 때문에 적정주가의 범위로 삼는 편이 비교적 더 합리적이라고 할 수 있다. 물론 적정주가의 기준 수치를 하나로 잡자면, 상하단 값의 평균값, 혹은 대략적인 최빈값이 바로 가장 이상적인 기준이 될 것이다.

어쨌든 개별 종목의 적정주가는 하나의 수치가 아니라, 일정한 범위로 나타내어지며 그 중간값을 기준으로 더 싸게 매수해야 한다는 그레이엄의 가르침은, 초기 가치투자의 훌륭한 개념으로 자리 잡아 버핏을 비롯한 수많은 글로벌 가치투자 대가들에게 큰 영향을 주었고, 또 다시 시간과 공간을 넘어 한 다리 건너서 한국의 여러 후배 가치투자 전문가들에게도 큰 영향을 준 것이 사실이다. 필자를 포함한 대한민국의 가치투자 전문가들 역시 그레이엄의 영향을 크게 받은 워렌 버핏 등 투자대가들의 영향을 다시 받고 그 투자지혜와 투자성과의 혜택을 누리고 있으며, 또 이후의 세대들 역시 다시금 그레이엄과 워렌 버핏은 물론 그 영향을 받은 현재 대한민국의 가치투자 전문가들의 영향을 받아 그 투자지혜와 투자성과의 혜택을 누리게 될 것이다.

안전마진

워렌 버핏이 벤저민 그레이엄으로부터 배운 금과옥조 같은 수많은 투자교육 내용 중에서도 핵심적인 개념으로 꼽히는 것이 바로 안전마진이다.

실제로 벤저민 그레이엄은 특정 주식을 매수할 때에는 그 주식의 가치를 계산한 내재가치보다 충분히 싼 가격에 매수하라는 안전마진의 원칙을 다양한 방향으로 설명했다.

기본적으로 주식투자자들은 채권투자자들보다 훨씬 높은 기대수익률을 가져야만 한다. 그레이엄은 채권수익률과 주식의 기대수익률의 차이를 주식투자자의 추가 마진이라고 표현했는데, 예를 들면 연평균 채권수익률이 3%이고 투자자의 주식시장 기대수익률이 시가총액을 투자하여 매년 순이익을 소유하는 주주의 기대수익률 PER 12.5로 약 8%라면, 주식투자자의 연평균 추가 수익률은 5%에 해당하는 것이다. 이때 배당수익률이 2%라면, 주식을 매수했을 때 총 기대수익률은 8%이며, 이 중 2%가 배당수익률이고 6%가 재투자수익률이다.

참고로 위에서 말하는 기대수익률은 주식을 매수했을 때 단기적으로 얼마나 주가가 오를 수 있을지를 계산한 기대수익률이 아니다. 보유자산으로써 주식을 매수했을 경우 주주가 지불하는 것은 시가총액의 일부이며 주주가 소유하는 것은 당기순이익의 일부이기 때문에, 당기순이익을 시가총액으로 나눈 개념의 연평균 수익률을 말한다.

벤저민 그레이엄은 일반적인 대중 투자자들의 가장 큰 리스크는 우량한 기업을 비싸게 매수했을 경우가 아니라 이 경우에는 장기투자를 할 경우 어떻게든 수익이 발생 부실한 기업을 비싸게 매수했을 경우에 발생한다고 말했다.

투자자가 바보가 아닌 이상 도대체 이런 일이 발생할 수 있겠느냐고 반문하는 분들도 있을 것 같지만, 주식시장에는 그렇게 행동하지 않는 투자자들보다 그렇게 어리석게 행동하는 사람들이 압도적으로 많다. 필자의 생각으로는 현명한 투자자와 어리석은 투자자의 비율차이는 10배가 넘는다.

왜냐하면 대부분의 개인투자자들이 주식시장에 뛰어드는 시기는 바로 주식시장이 상당한 기간 동안 상당한 폭으로 상승한 후이기 때문이다. 주식시장의 바닥에서는 가장 현명하고 계산적이고 주식시장과 개별 종목들을 가치평가해야 하므로 또 냉정하기까지 한 일부 가치투자 전문가들과 고수들이 서서히 매집을 시작하지만, 주식시장의 꼭지 근처에 이르면 주식을 두려워하던 주식 문외한들도 약간의 수익을 보고는 부채까지 지고 불나방처럼 뛰어들기 일쑤다.

그러므로 대중적인 투자자들이 투자할 때는 이미 모든 종목들의 주가가 대략 높은 편인 주식시장 호황기인데, 그 중에서도 특히 호황기에 일시적으로 실적이 양호한 부실주들이 오래 못 가서 실적이 고꾸라질 기업들 가장 자극적인 묻지마 정보와 물량 떠넘기기로 분주하기 때문에, 가장 주식 초보자들, 아니 심지어는 입문자들이 무더기로 그런 부실주들을 결과적으로 비싸게 매수하게 되는 것이다. 그레이엄은 이런 행동을 투자자들이 가장 피해야 할 위험한 투기적 행동으로 보았고, 가장 큰 역 안전마진 기대수익률이 마이너스이 발생한다고 보았다.

한편, 그레이엄이 일반투자자들에게 그에 못지않게 두 번째로 위험한 투기행위로 역 안전마진 즉 마이너스 기대수익률이 발생하는 본 것이, 성장주에 대해서 과도한 주가를 지불하고 매수하는 것이다.

성장주는 기본적으로 좋은 기업이다. 과거의 평균 이익성장률보다 향후 평균 이익성장률이 더 높은 성장주를 제대로 선정했고, 향후 이익을 보수적으로 잘 추정했다면, 이에 기반해서 내재가치를 계산하고 이 가격 아래로 매수할 경우 위험은 없다. 하지만 대부분의 개인투자자들, 심지어는 증권사나 운용사 등 기관투자자들도 투자지혜가 깊고 투자시야가 원거리인 가치투자자들을 제외한 모든 투자주체들이 성장주를 매수하고 싶은 욕심에 현재 주가가 싸지 않더라도 미래의 이익예상치를 더 높게 잡고, 과도하게 낙관적인 이익예상치에 기반하여 내재가치 자체를 매우 높게 계산해 버린다.

이것은 매우 위험한 일이며, 안전마진을 확보한 투자와는 거리가 멀고, 역 안전마진을 확보한 투기이며 매수 즉시 마이너스 수익률이 예상되는 어리석은 행위인 것이다. 왜냐하면, 안전마진은 항상 지불한 가격에 의존하는데, 가능하면 적게 지불하기 위해서는 내재가치 자체를 합리적으로 혹은 적당히 보수적으로 계산해야 하며, 그렇기 위해서는 해당 종목의 이익을 합리적으로 혹은 적당히 보수적으로 계산해야 하기 때문이다. 지금 아니면 저 좋은 종목을 살 수 없을 것 같은 느낌, 지금 비싸 보이지만 향후에는 더 올라버릴 지 모른다는 감정적 흥분 소유욕과 욕심 등은 투자자들을 투기자들로 만들어 마이너스 수익률을 발생시킨다.

어떤 가치평가를 사용하는가, 어떤 성격의 종목을 사는가, 어떤 투자전략과 성향을 지니는가에 따라 조금씩 다르기는 하겠지만, 벤저민 그레이엄은 대체적으로 투자자가 합리적으로 계산한 내재가치보다 1/3 정도는 할인해서 즉 내재가치의 2/3의 주가로, 혹은 그보다 더 싸게 매수할 것을 권장했다.

더불어 개별 종목에 투자할 때 안전마진을 확보한다는 것은 손실을 볼 확률보다 이익을 볼 확률이 매우 높다는 것이지 100% 확실성을 담보할 수는 없기에, 그레이엄은 개별 종목의 안전마진과 더불어 분산투자를 강조했다. 그레이엄식의 가치투자 방법론으로는 안전마진 투자와 분산투자를 적절히 병행해야만 투자성과의 100% 확신이 가능하기 때문이다. 그레이엄식의 가치투자 방법론이라고 필자가 말한 이유는, 본서의 이후 2부에서 설명할, 벤저민 그레이엄의 가르침을 바탕으로 하되 상당한 진보와 변화를 수반한 워렌 버핏의 가치투자 방법론 워렌 버핏에 영향을 준 다양한 수익가치, 성장가치 투자자들도 마찬가지 등은 그레이엄보다 다소 기업의 사업내용 분석과 장기간의 이익분석 및 추정을 중시하기 때문에, 개별 종목의 투자성공률이 다소 높아지고 광범위한 분산투자의 필요성은 크게 줄어들기 때문이다.

이른바, 덜 깊이 분석하고 더 넓게 분산하느냐, 더 깊이 분석하고 좁게 분산하느냐의 차이일 뿐, 그 이상도 그 이하도 아니다. 게다가 어떤 가치투자대가일지라도 분산투자를 전혀 하지 않은 것은 아니기 때문에, 결국 벤저민 그레이엄이 강조한 안전마진과 분산투자는 정도의 차이만 있을 뿐 모두 중요하다고 하겠다.

벤저민 그레이엄의 투기와 투자, 가치평가와 안전마진 등 핵심적인 개념을 둘러보았으니 매수기회, 이류 종목과 성장주 등 몇 가지 주제를 더 살펴보도록 하자.

저평가 매수기회

벤저민 그레이엄은 유동자산 가치보다 훨씬 낮은, 그야말로 비상식적으로 낮은 주가에 거래되고 있는 주식에 투자하곤 했지만, 그런 특수한 상황 말고도 일반적으로 보통의 가치투자자들이 상장사에 투자할 때 안전마진을 갖고 저평가된 주가에 매수하기 위한 가이드라인으로 다음과 같은 기준을 제시했다.

투자자는 특정 종목의 수익력 가치나 장부가치보다 낮은 가격으로 매수해야 한다. 또한 투자자는 과거의 평균 시장가격보다 훨씬 낮은 주가로 주식을 매수해야 한다.

그레이엄은 특정 종목의 가치 수익력 혹은 장부가치 기준 기준보다 낮은 주가라는 조건과 과거 중장기 평균 주가보다 낮은 주가라는 조건을 모두 충족시키는 투자기회가 있다면, 이는 명백하게 저평가 매수기회라고 볼 수 있다고 설명했다.

싸구려 종목의 중심가치

필자 역시 국내 여러 가치투자기관의 기관장들이나 업계의 선봉에 선 실력자들 사이에서 말석의 자리를 차지하고는 있지만, 워렌 버핏과 존 템플턴, 랄프 웬저 등 역사적인 글로벌 가치투자대가들의 면모를 살펴보면 그들의 깊은 지혜와 보다 더 긴 시간 동안의 탁월한 성과를 존경하지 않을 수 없고 겸손하게 더 배우지 않을 수 없다. 하지만 필자가 투자를 오래 하면 할수록, 그러한 후세대 글로벌 가치투자대가들보다 시간적으로 좀 더 앞선 시기의 가치투자 대가들, 즉 가치투자체계를 정립해온 케인스나 벤저민 그레이엄 등 선구자들의 천재성을 더욱 크게 느끼게 된다.

수백 년이 지난 지금에도 그 원칙들은 모두 옳으며 지켜지고 있고 또 모두 적용되고 있으며, 전략들 역시 대체로 시장에 들어맞고 있으니 얼마나 천재적이라고 할 수 있는가. 그러므로 워렌 버핏이 첫 번째 스승으로 꼽은 벤저민 그레이엄은, 워렌 버핏 등을 가장 영향력 있는 스승으로 꼽고 있는 필자를 포함한 한국의 수많은 가치투자자들 입장에서도 매우 선구자적인 가치투자 스승인 것이다.

벤저민 그레이엄이 이류 종목들의 적정주가 범위와 그 중간값, 그리고 실제의 적정주가에 대해서 일찍이 설명한 내용은, 이론적인 면뿐만 아니라 주식시장 경험에 의한 실전적인 면도 완벽하게 충족시키는 훌륭한 것이었다.

이른바 대부분의 우량종목들은 과거 중장기 평균주가가 실제로 그 종목들을 가치평가한 적정주가의 중간값과 크게 어긋나지 않지만 정확하지는 않더라도, 시장의 주목을 받지 못한 중소형주에 해당하는 이류 종목들의 경우 과거 중장기 평균주가와 가치평가 결과의 범위가 상당히 어긋나는 경우가 많다. 쉽게 말해서 소외된 중소형주에 해당하는 이류 종목들의 경우, 적정주가의 범위 중간값보다 과거 중장기 평균주가가 낮은 경우가 많다는 것인데, 그레이엄은 그것을 아래와 같이 설명했다.

대부분의 대형 기관투자자들은 주로 우량종목들이나, 특별한 스토리 성장, 테마 등를 가진 이류종목들에 대해서만 분석하고 투자하는 경향이 강하며, 과거 소외되었던 이류종목들의 경우에는 전망이 예외적으로 좋을 때만 매집하는 경향을 보인다. 그러므로 가치투자자들은 이류종목들의 적정가치보다 현재 주가가 쌀 때, 단기간에 그 주가가 적정가치에 도달할 것으로 보면 곤란하다는 것이 그의 설명이다. 왜냐하면, 단기적으로는 이류종목들의 주가는 결국 과거 그 종목의 중장기 평균주가로 회귀하는 경향이 크기 때문이며, 실적 성장에 의한 우량주로의 편입, 혹은 시장의 관심을 끄는 실질적인 장기테마 등의 원인이 발생하여 실제 적정주가 수준으로 주가가 상승하는 경우를 제외하면, 실제 적정주가 수준으로 주가가 바로 상승하는 경우는 드물기 때문이다.

벤저민 그레이엄을 다소 이론적인 가치투자자로 오해하는 사람들이 많은데, 아마도 그것은 그의 투자기법이 워렌 버핏이나 존 템플턴, 랄프 웬저 등에 비해서 다소 보수적이고 조금 더 자산가치 등 초기 계량적인 요소에 의존하며, 투자전략 측면에서 보다 덜 다양한 측면이 있기 때문일 것이다. 하지만 그것은 나무로 치면 가장 중심기둥에 해당하는 부분이 굵고 길게 뻗어 올라야 이후에 잔가지들이 마치 르네상스 시대의 예술처럼 사방팔방으로 뻗어나갈 수 있는 것처럼, 현대 가치투자의 역사에서 벤저민 그레이엄이 중심기둥에 해당하기 때문에 받고 있는 오해에 불과하다. 그는 이론적으로 결함이 적을 뿐 아니라, 실제 투자의 실전경험에서도 상당한 투자성과와 신뢰도를 보여 온 가치투자자이다.

그러한 그이기에 이론적으로는 모든 주식의 주가는 적정주가로 결국 수렴하게 마련이라고 설명하면서도, 모든 우량종목들과 이전부터 주목을 받아왔거나 이제 주목을 받기 시작한 일부 이류종목들의 경우에는 과거 평균주가보다 실제 가치평가 결과가 더욱 중요하고 목표주가가 되는 것과는 달리, 시장에서 소외된 이류종목들의 경우 가치평가 결과보다 중장기적인 과거 평균 주가가 단기적인 목표주가로 더 적합하다는 것을 설명한다.

더불어 그의 오랜 주식시장 경험을 통해서, 대부분의 주식이 높게 평가된 다소 과열된 주식시장 하에서는 그런 소외된 이류 종목에 대한 투자가 더욱 위험하다고 말한다. 왜냐하면 주식시장이 본격적으로 하락세를 겪게 될 때, 그런 종목들은 더욱 심각하게 주가가 하락하는 경향이 더 크기 때문이다. 소외된 이류 종목들의 매수적기는 하락세가 잦아들고 주식시장 자체가 침체되어 있을 때인데, 왜냐하면 이때는 아무리 소외된 이류 종목들이라고 할지라도 지나칠 정도로 즉 과거 중장기 평균주가보다도 저평가되어 있기 때문이다.

성장주 배수 제한

앞서 싸구려 종목의 중심가치를 설명할 때 벤저민 그레이엄의 탁월함에 대한 필자의 평가나 벤저민 그레이엄의 오랜 투자실전 경험 등을 조금 강조했는데, 이번 주제에서도 마찬가지이다. 벤저민 그레이엄의 가르침에서

엿볼 수 있는 것은, 크게 그가 수립한 이론적인 우수함 일반적인 경영대 투자수업에서 보이는 결함들이 없는 과 더불어 실제 투자세계에서 잘 들어맞는 최적성 이보다 더 잘 표현할 수 있을까 이다.

그레이엄은 성장주에 대한 가치평가를 할 때 유의할 점으로 이중 가치 계산, 즉 성장가치를 제곱으로 계산하지 말 것을 강조했다.

그게 무슨 소리인가 하면, 예를 들어 지금 당기순이익이 300억 원이며 향후 10년간 이익증가율 예상치가 20% 정도인 소형주의 적정가치를 산정하는 과정에서 적정한 PER 배수를 16에서 20으로 계산하고 적정한 시가총액 범위를 약 5천억~6천억 원 사이로 산정했다고 하자.

이 경우 10년 후 당기순이익이 약 1860억 원이며 이익증가율 20%를 10년간 적용한 결과 여기에 10년 전의 적정한 PER 배수 16~20 정도를 적용하여 실제로 10년 후의 적정 시가총액 범위를 약 3조~3조 7천억 원으로 산정하면 안 된다는 뜻이다.

위에서 어느 부분이 잘못되었나 하면 바로 적정한 PER 배수에 있어서 10년 전과 10년 후가 다를 수 있기 때문인데, 향후 이익증가율 기대치가 다르기 때문이다. 순이익 300억 원의 고성장기업이 10년간 20%씩 성장하여 순이익 1,860억 원의 기업으로 성장한 후에, 향후 10년간 동일한 이익성장률을 보이지 않는 경우가 더 많기 때문이다. 위에서 사례로 든 기업의 경우 현재 순이익은 300억 원이고 현재부터 향후 10년간 이익증가율을 20%로 가정했지만, 그 기업의 과거 5년간 이익증가율은 30%였고 5년 전 순이익은 80억 원이라고 추가로 가정하면, 5년 전의 적정한 PER은 5년 전 당시 향후 5년간 이익증가율 예상치 30%를 감안하여 현재의 적정한 PER 16~20보다 더 높았을 것이다.

즉, 항상 성장기업의 PER 배수는 향후 중기적 미래의 이익증가율을 고려하여 산정해야 하므로, 먼 과거의 적정한 주가수익배수와 현재의 적정한 주가수익배수, 먼 미래의 적정한 주가수익배수는 모두 다르다.

쉽게 말해서 일반적인 성장기업의 경우, 현재보다 과거는 이익이 더 적지만 이익증가율이 더 크므로 현재보다 과거의 주가수익배수PER 가 큰 것이 정상이고, 현재보다 미래는 이익이 더 크지만 이익증가율이 더 작으므로 현재보다 미래의 주가수익배수가 작은 것이 정상이다.

성장주를 관심권에 두고 가치평가를 할 때, 먼 과거의 이익성장률에 기반해서 현재의 주가수익배수를 산정하고 현재의 적정주가를 계산하거나, 현재의 이익성장률에 기반해서 먼 미래의 주가수익배수를 산정하고 미래의 적정주가를 계산하는 것은, 모두 성장성을 이중으로 계산하여 과대평가하는 길이다.

참고로, 성장기와 성숙기에 속한 좋은 실적의 우량한 기업들에 대해서 벤저민 그레이엄의 경우는 8배에서 18배 사이의 주가수익배수 범위를 적정한 가치평가 기준으로 매수 기준이 아니라 적정주가 기준이며 매수 기준은 더 낮다 선호했으며, 이후 수익성 기반 가치투자대가들의 경우 대략 10배에서 20배 사이를 기준으로 삼았다. 성장성 기반 가치투자대가들의 경우에도 30배를 넘은 경우는 거의 없었다.

포뮬러 투자

벤저민 그레이엄은 가장 주가바닥에 매수하여 가장 주가천장에 매도하는 이상적인 매매전략은 불가능한 꿈에 불과하므로, 실제로는 각종 연기금과 같은 기관투자자는 물론이고 개별 가치투자자들 역시 일종의 타협을 거쳐 포뮬러 투자 요소를 일부 도입할 것을 제안했다.

포뮬러 투자 기법을 이해하려면 포뮬러 타이밍을 알아야 하는데, 포뮬러 타이밍은 주식시장의 중기적인 순환 대략 4년 정도의 키친사이클 을 반복적으로 이용하여 평균적인 수준의 위에서 매도 비중을 늘리고 평균적인 수준의 아래에서 매수 비중을 늘리는 것을 말한다. 장기적인 과거의 주기적인 주식시장 변동을 보면서 중간 정도를 따라 선을 긋고, 이를테면 그 위에서 10% 단위로 혹은 투자자에 따라서 15% 단위로 상승할 때마다 일정 비중을 매도하고, 그리고 그 아래에서 10% 단위로 혹은 투자자에 따라서 15% 단위로 하락할 때마다 일정 비중을 매수하는 것을 말한다.

이 방법을 투자에 도입하면, 주식시장이 언제 바닥을 치는지 혹은 언제 천장에서 꼬꾸라지는지 예측하고 기다리고 대응하는 과정에서 실제로 상당히 좋은 매수기회와 매도기회를 모두 놓치게 되는 실수를 피할 수 있다. 아무리 주기적으로 주식시장이 상승하락을 순환하면서 장기적으로 상승한다고 할지라도, 주식시장의 바닥수치와 보여지는 양상, 주식시장의 천장수치와 보여지는 양상이 순환사이클마다 매우 다르기 때문에 불규칙적인 현실 시장 어느 한 시기, 어느 한 점을 찾아서 100% 매수, 100% 매도를 한다는 것은 현실적으로 어렵기 때문이다. 주식의 적정가치를 한 점으로 계산하는 것보다 일정 범위를 적정가치로 계산하는 편이 현실적으로 합리적이듯이, 주식시장의 매수타이밍과 매도타이밍을 하나의 점으로 찍는 것보다, 일정한 범위를 기준으로 그 범위 위는 점증적인 매도확대구간, 그 범위 아래는 점증적인 매수확대구간으로 삼는 것이 효과적이고 합리적인 것이다.

한편 필자는 포뮬러 투자 요소가, 주식시장 전체의 유의미한 등락폭에 따른 포트폴리오 운용전략에서 부분적으로 도입할 방법이지, 이익이 지속적으로 성장하는 우량한 기업들에 대한 개별적인 투자전략의 경우 꼭 맞는 투자법은 아니라고 본다. 이런 기업들은 주가가 내려갈 때마다 매수를 확대하는 것은 맞지만 평균 주가를 넘어선다고 해서 반드시 분할매도를 해야 하는 것은 아니기 때문이다. 이 부분은 워렌 버핏의 투자전략을 설명하는 본서의 뒷장에서 설명할 것이다.

버핏의 성장에 기여한 현인들

확장 및 집중하는 버핏의 투자 격자구조

인간이 동물과 다른 점은 뇌의 깊고 넓은 활용이라고 할 수 있는데, 그로 인해 동물 개체의 발전은 젊을 때 가장 활발하고 늙은 후에는 서서히 감소하면서 오히려 퇴화하는 반면, 인간은 꼭 그렇지 않다. 물리적 능력으로는 그러할지 몰라도 정신적 능력, 분석하고 사색하고 판단하는 능력은 나이가 들수록 뇌기능의 선택과 집중으로 인해 오히려 깊어지는 경향이 있다. 물론 뇌 활동과 자기계발을 어느 정도 지속하는 사람들에 한해서이다

워렌 버핏은 모든 똑똑한 사람들이 그러하듯이 영구적으로 진화하는 투자자이다. 이제 90을 바라보는 워렌 버핏의 지난 발전단계를 개략 정리하자면, 가치투자를 모르고 주식투자의 세계로 들어선 시기, 초기 가치투자 원칙

과 체계를 접하고 기하급수적으로 발전한 시기, 기본적인 가치투자의 원칙 위에서 점차 가치투자 전략의 외연을 확장해나가면서 완숙 단계로 접어든 시기, 이후 초장기적인 산업과 기술변화에 대응하면서 투자정보와 투자전술들을 간헐적으로 리뉴얼하는 시기 등으로 나눌 수 있다. 초기 가치투자 원칙을 접하고 가장 빠른 발전을 이룬 시기는 두 말할 것도 없이 벤저민 그레이엄을 만나 가르침을 받은 시기이며, 응용과 확장을 통해 완숙 단계로 접어든 시기가 그레이엄 이후 다른 가치투자자들 필립 피셔, 찰리 멍거 등의 영향을 받으면서 버핏 자신만의 고유한 투자체계를 발전시키고 투자전략을 확장해나간 시기이고, 이후 정보와 전술을 간헐적으로 리뉴얼하는 시기를 현재까지로 볼 수 있다.

일전에 워렌 버핏이 자신의 가치투자는 85%가 그레이엄으로부터 왔다고 말하면서 필립 피셔 등 다른 투자자들로부터의 영향은 15% 정도라고 말한 적이 있는데, 워렌 버핏을 아주 깊이 연구해온 사람들의 책과 칼럼 등에 따르면 실제 버핏이 원숙기에 도달한 후 현재의 가치투자 체계와 전략을 기준으로 말하면 벤저민 그레이엄의 비중은 50% 이하이며, 필립 피셔와 찰리 멍거 등 이후 영향을 받은 투자자들의 비중이 50% 이상이라고 말하기도 한다.

필자가 보기에는 모두 고유한 측면에서 맞는 말이다. 하지만 그것을 제대로 설명하고 또 이해하기 위해서는 먼저 한 가지를 짚고 넘어가야 한다.

가치투자를 모르다가 가치투자의 세계로 들어오는 과정과 가치투자의 세계에서 투자실력과 응용능력을 극대화하는 과정 중 어떤 과정이 더 임팩트가 크고 드라마틱한 변화를 수반한다고 볼 수 있을까?

필자는 스스로가 십 수 년이 지나도록 가치투자자로 살아온 동시에 한국주식가치평가원을 설립한 이후 오랜 기간 동안 가치투자교육을 해왔고, 가치투자의 필수적인 주제들에 대해서 투자서적을 간헐적으로 저술해 왔기에, 필자 자신과 필자의 교육을 받은 투자자들을 지켜봐온 결과 위 질문에 비교적 자신 있게 대답할 수 있다.

결론부터 말하자면, 가치투자의 문외한이 가치투자로 입문하는 과정이 압도적으로 더 큰 임팩트를 지니고 있고 더욱 드라마틱하다고 할 수 있다. 왜냐하면 가치투자의 문외한이 가치투자로 입문하는 과정은, 손실만을 보는 투기자가 확실하게 수익을 내는 투자자로 투자자들 간 수익률 차이는 존재하겠지만 변모하는 과정이므로, 사실상 투자자의 전체 발전 과정에서 "종이 바뀔 정도의 진화"라고 할 수 있다.

가치투자의 세계에서 투자실력과 응용능력을 극대화하면서 투자체계와 전략의 외연을 넓혀가고, 궁극적으로는 자신에게 꼭 맞는 옷을 입듯이 자신에게 꼭 맞는 투자체계와 전략전술을 구사하게 되는 과정은, 얼핏 매우 드라마틱하게 보이지만 그리고 사실 굉장한 발전이 이루어지기는 하지만 가치투자를 모르는 단계와 가치투자를 하기 시작한 단계 사이의 경천동지할 차이에 비하면 적다고 할 수 있다. 즉, 어떤 스타일의 가치투자를 자신의 것으로 만드느냐의 문제는 투자에 성공하느냐 실패하느냐가 아니라, 자신의 투자수익률을 몇 퍼센트 더 올리느냐 자신의 투자전략을 얼마나 더 능숙하고 깊이 있게 구사하느냐의 차이일 뿐이다. 가치투자를 모르느냐 아느냐의 차이는 투자에 항상 실패하느냐 확률적으로 투자에 더 자주 성공하느냐의 차이인 만큼, 사실 서로 비교할 수조차 없는 커다란 차이이기 때문이다.

그런 관점에서 워렌 버핏의 가치투자 체계에 가장 많은 영향을 주고 가장 큰 기틀과 원칙을 수립해 준 존재는 벤저민 그레이엄이 맞다. 버핏이 말한 85%라는 의미는 그렇게 해석할 수 있다. 하지만 수십 년 전부터 현재까지 워렌 버핏의 가치투자 체계와 전략은 벤저민 그레이엄보다는 필립 피셔와 찰리 멍거에 훨씬 많이 닮아 있다. 아니, 벤저민 그레이엄과 닮은 구석을 찾아내기가 오히려 어려울 정도로 그레이엄과는 닮지 않았다. 필립 피셔와 찰리 멍거 등 응용 가치투자자들 수익성 기반, 성장성 기반 가치투자자들의 비중이 50%가 넘는다는 견해들은 바로 이런 점에서 또한 맞는 말이다.

살 하나 살 둘 살 셋을 이리저리 단단하게 엮어 고정시키는 격자에 비유하자면, 버핏의 투자 격자구조는 벤저민 그레이엄, 필립 피셔와 찰리 멍거, 그리고 무엇보다도 버핏의 자가발전 시스템에 있다.

주택으로 따지면, 기초 매트와 같은 하부 구조가 벤저민 그레이엄, 주택 상부 구조 형식과 재료의 일부 모티브가 필립 피셔와 찰리 멍거, 그리고 주택 상부 구조의 실제 건축 과정이 모두 워렌 버핏의 자가발전 시스템이라고 보면 맞지 않나 싶다.

다음의 2부 이하 모든 내용은 워렌 버핏 자신의 투자체계와 전략들을 항목 별로 설명하는 내용인데, 실제로 워렌 버핏 자신의 투자체계와 전략들 속에 필립 피셔와 찰리 멍거가 일부 녹아들어가 있고 또 변용되어 흡수되어 있다. 그러므로 필립 피셔와 찰리 멍거에 대해서는 이하 아주 간단히 언급만 하고 바로 워렌 버핏 자신에 대한 이야기로 넘어가고자 한다.

우선 필립 피셔의 투자철학과 투자전략은 벤저민 그레이엄과 가치투자 원칙만을 공유할 뿐 완전히 다르다. 분산투자 VS 집중투자, 단중기투자 VS 장기투자, 정량적 분석 VS 정성적 분석, 성장가치 불인정 VS 성장가치 집중분석 등 어떻게 보면 반대의 입장이라고도 볼 수 있다.

필립 피셔는 벤저민 그레이엄과는 달리 과거 몇 년간의 평균 순이익, 과거의 이익 성장률, 과거 평균 주가의 움직임 등에 상대적으로 큰 의미를 두지 않았다. 그레이엄이 재무적으로 저평가되어 있고 배당과 유동자산에 *특히 현금성 자산* 의한 안전마진이 있는 저평가된 기업을 상대적으로 선호했다면, 피셔는 비즈니스 모델과 연구개발 능력, 탁월한 경영진 등에 힘입어 향후 장기간 때때로 수십 년 이상까지 계속해서 고성장이 기대되는 기업을 상대적으로 선호했다.

벤저민 그레이엄과 그의 전략을 그대로 추종한 제자인 월터 슐로스 등 초기 형태의 가치투자자들은 내재가치에 비해 저평가된 회사를 버핏의 스노우볼 기업이나 피셔의 성장종목과 거리가 멀지라도 매수하고 적정가에 이르기 전에 매도하여 수익을 확정하는 방식으로, 대체로 종목당 100% 이하의 수익률을 내는 것을 목표로 했다.

이에 반해 필립 피셔는 우량한 성장주를 매입하여 장기간에 걸쳐서 종목당 수백~수천 퍼센트의 수익률을 목표로 했고 또 그런 수익률을 올렸다. 그런 미래의 우량한 성장주는 상장사 전체 중 소수에 불과하며 이런 기업을 발굴하기 위해서는 양적 분석에 그치지 않고 적극적인 질적 분석을 해야 한다고 강조했다.

버핏은 필립 피셔의 영향을 받아 그저 그런 종목들을 아주 싼 가격에 매수하는 전략 일변도에서 벗어나서, 점차 장기수익성이 높은 우량한 종목들을 합리적인 가격에 매수하는 전략으로 진화하게 된다. 물론 그 과정에서 미래 수익성을 확실하게 판단하기 어려운 다양한 초기 단계의 기술주들은 제외하고 자신이 잘 이해할 수 있는 수많은 업종에 국한하여, 자신만의 방식으로 진화해 왔다. 필자가 보기에 필립 피셔가 전형적인 성장주 가치투자자라면, 워렌 버핏은 전형적인 수익성 기반 좋은 수익성을 오래 지속할 수 있는 기업 가치투자자라고 할 수 있다. 물론 수익성을 유지하는 것을 넘어서 수익능력이 개선되는 부분적 성장 종목들을 가장 선호한 것도 사실이다.

다음으로 워렌 버핏과 찰리 멍거와의 정식 인연은, 버핏이 20대 후반에 버핏 어소시에이츠를 설립해 한창 투자하고 있고, 멍거가 30대 중반에 부동산 법률회사를 운영하고 있던 시기에 이루어졌다.

두 사람은 만나자마자 서로에게 호감을 느끼고 평생 친구가 되었는데, 그때부터 현재까지 멍거는 버핏의 투자철학에 많은 영향을 끼쳐왔으며 또한 버크셔 해서웨이 부회장으로 있기도 하다.

찰리 멍거가 보기에 그레이엄의 약점은 명확했다. 리스크를 제거하는 것을 최대 목적으로 삼았던 그레이엄식 투자전략은 그만큼 많은 기회 투자한 기업의 이익성장 등를 놓치는 아쉬움이 있는 투자전략이기도 했다. 그래서 멍거는 버핏을 종목당 투자기간도 제한되고 기대수익률도 제한된 담배꽁초식 투자에서 벗어나게 하려고 다양한 조언과 설득을 한 것으로 알려져 있다.

찰리 멍거는 재무손익 수치를 명쾌하게 분석하는 숫자박사의 차원을 넘어서서 일종의 만물박사였는데, 기업의 사업내용과 성장전망을 제대로 이해하기 위해서 경제경영은 물론, 필요하면 생물, 심리 등 다양한 학문을 활용하여 투자의사결정을 했다. 지금도 워렌 버핏은 찰리 멍거를 평생의 파트너로 평가하고 있다.

찰리 멍거가 1995년 남가주대 경영대학교에서 특강한 내용 중 투자자의 통찰력에 대한 부분이 인상적이어서 잠깐 인용해본다.

"단순히 여러 요소와 숫자들을 인용하고 편집하는 것을 연습하는 것만으로는 지혜를 얻을 수 없다. 지혜를 얻는 유일한 방법은 먼저 마음속에 여러 가지 정신적인 모델들을 사고체계, 지식과 판단체계 가지고 있어야 하고, 정신적인 모델들을 횡단면으로 정렬한 후 삶의 여러 가지 직간접 경험들을 여기에 배치하여 격자모형을 완성하는 것이다. 즉 성공적인 투자자가 되기 위해서는 당신의 생각체계에 다양한 학문분야를 접목시킬 필요가 있는데, 이러한 접근 방법은 당신을 다른 사람들과 전혀 다른 세계로 안내할 것이다."

멍거는 투자자의 뇌가 가장 중요하고, 근본적인 모델들을 우선 이해하고 그 모델들을 엮어나가면서 최고의 효율을 가진 자신만의 격자 모델을 형성하는 과정이 매우 중요하다고 말했는데, 이러한 멍거의 견해는 벤저민 그레이엄식의 초기 가치투자 체계에서 버핏이 더욱 발전된 스노우볼 기업에 투자하는 자신만의 가치투자 체계를 수립하는 과정에 크나큰 영향을 끼쳤음에 틀림이 없다.

PART 2

워렌 버핏의
8가지 투자전략

Chapter 1

시장전략 : 역발상 가치투자 시장전략

약세장과
종목 악재

약세장 투자

버핏은 기본적으로 추세추종형 가치투자자가 아니다. 즉 타이밍을 가장 중시하는 윌리엄 오닐 같은 변형된 가치투자자 사실 순종 가치투자자라고 말하기도 애매한 인물이지만 가 아니라는 뜻이다. 그럼에도 불구하고 시장이 전반적으로 고평가된 시기에는 주식투자를 자연스럽게 축소했고 시장이 저평가된 시기에는 왕성하게 주식투자를 늘린 것으로 유명하다.

주식시장의 등락에 대한 그의 합리적인 최적 대응전략은 그레이엄의 가르침 중 '미스터 마켓'의 개념의 영향을 받았다. 그레이엄은, 주식시장은 조울증에 걸린 사람과 같아서, 때로는 비관으로 인해 기분이 매우 나빠져서 주식들을 매우 싼 가격으로 팔아치우기도 하고, 때로는 낙관으로 인해 기분이 매우 좋아져서 주식들을 비싼 가격으로 되사가기도 한다고 말하면서, 이를 '미스터 마켓'이라고 비유했다.

그에 따르면 가치투자자는 미스터 마켓과 함께 즐거워하거나 슬퍼하지 말고, 미스터 마켓이 슬퍼할 때는 헐값에 좋은 주식들을 쓸어 담고 미스터 마켓이 기뻐할 때는 그저 그런 주식들까지 좋은 값에 팔아 넘겨야 한다.

버핏의 어록 소개를 통해 주식시장에 대한 버핏의 그런 대응전략을 소개한다.

> "나는 전반적인 주식시장이나 경기동향을 예측하는 분야에 종사하고 있는 것이 아니다. 만일 내가 그렇게 할 수 있다고 생각하거나 그것이 투자 프로그램에 필수적이라고 생각한다면 여러분은 내게 투자를 맡기면 안 된다."
>
> "나는 주식시장이 내일, 다음 주, 또는 내년에 어떻게 될지 모른다. 그러나 10년이나 20년을 전망한다면 강세장도 있고 약세장도 거쳐 가리라는 사실을 알고 있다. 시장이 우리를 당황하게 하여 잘못된 행동을 하게 내버려두지 말고 변덕스러운 시장을 적극 이용해야 한다."

위와 같이 버핏 역시 주식시장을 예측할 수는 없다고 말했으며, 그럼에도 불구하고 시장은 항상 위와 아래로 움직이므로 좋은 매수 기회와 좋은 매도 기회는 반드시 온다고 설명했다.

한편, 그는 시장 전체의 밸류에이션을 제한적으로 살펴보며 기본적으로 역발상전략을 추종함을 시사했다.

"우리는 거의 전적으로 개별 회사의 밸류에이션에만 관심을 집중하며 아주 제한적인 수준에서만 시장 전체의 밸류에이션을 살핀다. 시장 전체가 다음 주나 다음 달 또는 다음 해에 어떻게 될 것인가는 전혀 상관하지 않는다."

"대부분의 투자자들은 다른 모든 사람이 주식에 관심을 가질 때에야 자신들도 주식에 흥미를 갖는다. 하지만 주식에 관심을 정말 가져야 할 때는 다른 사람이 주식에 관심을 갖지 않을 때이다."

필자 역시 아주 제한적인 수준에서 주식시장 자체의 가치평가에 의미를 두는데, 주식시장 전체가 적정한 범위를 상회하여 고평가 수준으로 바뀌거나, 적정한 범위를 하회하여 저평가 수준으로 바뀔 때 그 가치평가 결과에 따라서 주식 비중의 조절을 시작한다. 한국주식가치평가원 홈페이지에는 투자자들을 위해서 매달 가치평가결과를 게시한다

버핏 역시 주식시장이 몇 퍼센트 하락했다거나 상승했다고 관심을 가지는 것이 아니라, 본인 판단에 확실히 저평가 내지는 고평가일 때 투자의 사결정을 바꾼 모습을 보여 왔다.

악재 매수

워렌 버핏의 매수전략은, 기관투자자들이나 개인투자자들에게 한창 인기 있는 종목은 피하고 고평가되어 있으므로, 평소에 좋은 기업들의 주가에 관심을 가지고 있다가 일시적인 어려움을 겪어 단기적으로 주가가 크게 하락할 때 비인기 종목이 되어 있을 때 해당 종목을 가능한 많이 매수하는 것이다.

단기적인 악재는 결국 해소되고 시간이 지나면서 기업의 펀더멘털 실적은 회복되게 마련인데, 동시에 주가도 회복되기 때문이다.

즉, 버핏이 항상 미리 준비하고 있는 것은 그리고 평소에 항상 새로 준비하고 공부하는 것은 매입희망 우량기업들이고, 버핏이 이제나 저제나 기다리고 있는 것은 그 종목들에 대한 나쁜 뉴스이다. 버핏은 열위한 기업에는 관심이 없으며, 또한 좋은 뉴스에도 관심이 없다. 열위한 기업은 장기적으로 높은 복리수익을 주지 못하기 때문이며, 좋은 뉴스는 결코 관심종목을 싸게 살 수 없게 하기 때문이다.

시장 진입, 후퇴 기준

워렌 버핏은 주식시장의 단기전망을 예측하지 않았다. 굳이 전망을 예측하지 않음에도 자연스럽게 정확한 중장기 전망을 한 것과 같은 결과가 시장 위축기에 투자확대, 시장 활황기에 투자축소 나타난 것은 바로 그가 주식시장을 대략적으로 평가했기 때문이다. 주식시장의 객관적 위치를 감정적인 기대감이나 두려움이 아니라 평가하여 고평가인지 저평가인지 판단을 했기 때문에 최적의 대응을 한 것으로 판단된다. 사실 고평가된 시장은 결국 조만간에 내려오기 마련이고 저평가된 시장은 조만간에 올라가기 마련이므로, 개별 종목만이 아니라 주식시장 자체의 밸류에이션도 매우 중요한 것이다.

버핏이 주식시장의 고평가, 저평가 여부를 판단한 몇 가지 평가방법을 소개한다.

첫 번째로 가치투자 전문가들 사이에서는 이미 널리 통용되는 FED 수익률 평가방법이 있다. 이른바 주식시장의 기대수익률과 PER의 역수 무위험수익률 사이의 금리 스프레드, 즉 증권시장 프리미엄을 측정하여, 이를 바탕으로 주식시장의 고평가 내지는 저평가 여부를 판단하는 것이다. 쉽게 말해서 무위험수익률인 국고채 금리 3%와 주식시장의 금리를 비교하는 것이다. 여기서 주식시장의 금리는, 주주가 상장사 전체 시가총액을 매입하고자 할 때 상장사 전체 당기순이익의 몇 배를 지불해야 하는지를 의미하는 지표인 PER의 역수이다. 주식시장의 PER이 12.5라고 가정하면, PER의 역수인 8%가 주식시장의 금리가 되는 것이다. 예금 원금이 상장사 시가총액, 예금 이자가 상장사 당기순이익이라고 생각하면 이해가 빠르다

이때 주식시장의 금리는 8%인데 국고채 금리는 3%이므로, 주식시장에 투자했을 때 무위험자산에 비해서 프리미엄 금리 5%를 추가적으로 얻게 된다는 의미이다.

장기간의 평균 주식시장 프리미엄보다 현재 프리미엄이 많이 높다면, 주식시장의 기대수익률은 PER의 역수 높고 PER은 낮다는 뜻이므로 저평가 상황이고, 장기간의 평균 주식시장 프리미엄보다 현재 프리미엄이 많이 낮다면, 주식시장의 기대수익률은 낮고 PER은 높다는 뜻이므로 고평가 상황인 것이다.

다음으로, 과거 중장기간 동안의 경제성장률과 상장사 전체의 순이익 증가율보다 과도하게 주식시장 시가총액이 상승했을 경우 하락장이 멀지 않았고, 반대로 과거 중장기간 동안 경제성장률과 상장사 전체의 순이익 증가율은 플러스이지만 주식시장 시가총액은 하락했을 경우 조만간 주식시장이 반등할 날이 멀지 않은 것이라고 할 수 있다.

마지막으로 경기 상황 자체를 판단해 보는 방법이 있다. 경제가 현재 전속력으로 달리고 있으며 인플레이션 등으로 인해 금리인상이 이어지고 있다면, 현재의 경제성장률을 유지하기는 어려운데 이때 이미 많이 오른 주식시장에서 주식비중을 다소 축소하는 것을 적극 검토해보아야 한다. 반면에 경제가 심각한 불경기를 겪고 있으며 경기 반등을 위해 금리인하가 이어져왔다면, 최악의 경제성장률을 극복하고 반등할 시기가 임박해 있을 것인데 이때 이미 많이 하락한 주식시장에서 주식비중을 확대해 나가야 한다.

즉, 현재 경기는 심하게 침체되어 있으며 과거 중장기적인 경제성장률 수치도 나쁘기는 하지만 동기간 동안의 주식시장 시가총액은 오히려 줄어든 경우 버핏은 주식시장에 진입하여 주식투자를 확대해왔고, 현재 경기가 상당히 호황이 진행된 후이고 과거 중장기적인 경제성장률 수치도 좋기는 하지만 동기간 동안의 주식시장 시가총액은 너무 급격하게 증가한 경우 버핏은 주식시장에서 나오면서 주식투자를 축소해왔다.

Chapter 2

산업전략 : 산업구조 분석과 능력범위 투자

산업구조와 현장

산업구조와 산업매력도

워렌 버핏은 지속성 있는 비즈니스 모델을 가진 기업과 지속성 있는 형태의 산업구조를 투자대상으로 선호해 왔다. 그 의미는 개별 기업뿐 아니라 해당 기업이 속한 산업의 구조를 깊이 있게 분석하고, 산업 구조에 따른 투자매력도 이익의 지속성를 판단하고 나서야 매력적인 투자처로 편입한다는 뜻이다.

그렇다면 산업의 매력도를 판단할 수 있는 프레임으로써 산업구조 분석의 중요성이 커지는데, 산업구조의 핵심과 주요 요소들에 대해 간단히 정리한다. 「대한민국 주식투자 산업업종분석」본문 중 일부 인용 크게 5가지 기본적인 요인factor 들이 함께 영향을 미쳐서 특정 산업의 경쟁강도 및 잠재적인 수익성 등 산업매력도를 결정하는데, 산업매력도 수치 중 대표적인 항목들로 중장기적인 매출액성장률, 매출액영업이익률, 자기자본수익률 등을 꼽을 수 있다.

산업구조를 분석하는 5대 요인은 <u>새로운 진입기업의 위협, 대체재의 위협, 구매자의 교섭력, 공급자의 교섭력, 기존 기업 간의 경쟁</u> 등이며, 그 중에서 우선 현재 산업구조 하에서 수익성 등 산업특성을 결정하는 3대 요인 경쟁사, 구매자, 판매자 에 대해서 우선 알아보자.

현재 산업구조 및 특성을 결정하는 3대 요인

하나. 업계 기존 기업 간 경쟁강도

산업의 투자매력도가 높으려면 경쟁강도가 낮은 편이 좋다. 업계 내에서 협력과 제휴보다 경쟁의 강도가 셀 경우, 아래와 같은 원인들이 있다.

1) 산업의 성장률 정체
특정 산업의 성장이 정체되었을 경우, 일부 기업들은 시장점유율이라도 확대하고자 역량을 결집하는데, 이때 경쟁의 정도가 세고 수익성은 상당히 하락하게 된다.

2) 독과점을 못 이루고 성숙기에 접어든 업종의 경쟁
   독과점 구조가 형성되지 못한 성숙기 산업의 경우, 다수의 기업들이 약간이라도 유리한 위치에 서고자 경쟁할 여지가 매우 많다.

3) 높은 고정비와 대규모 시설
   공장, 기계장치 등 유형자산 비중이 크고 고정비가 높은 경우, 손익분기점에 도달하기 위해서 공장설비를 최대한 가동해야 하며, 비용절감을 위한 경쟁적인 시설확충의 부담이 있다.

4) 산업 자체의 범용성 차별화가 불가능
   제품이나 서비스에 아무런 차별성이 없는 경우 산업 내 기업 간 가격경쟁은 피할 수 없게 된다.

5) 높은 철수장벽
   산업에서 철수장벽이 높을수록 경쟁력이 있는 기업들은 부득불 규모의 경제 효과라도 누리기 위해 설비투자를 확대하고, 경쟁력이 약한 기업들도 마지막까지 버티게 되어, 대개 산업 전체의 수익률이 적정 수준으로 회복하기 어렵다.

한편, 진입장벽과 철수장벽을 함께 생각할 경우, 특정 산업의 수익성이 가장 높으려면, 진입장벽은 높고 철수장벽은 낮은 경우가 가장 좋다. 반면에, 최악의 경우는 진입장벽은 없다시피 한데 비해 철수장벽은 높은 경우이다.

둘. 구매자의 교섭력

산업의 투자매력도가 높으려면 구매자의 교섭력이 약해야 한다. 반면 힘이 없는 구매자들과는 달리 교섭력을 갖춘 구매자들은 기업들의 수익성을 낮추는데, 아래의 경우 구매자들의 힘이 강해진다.

- 다수의 구매자들이 공동으로 구매를 하거나, 소수의 구매자들이 상당한 양을 매입하거나, 이익률이 낮은 구매자가 제조원가에서 상당한 비중을 차지하는 항목을 구매할 경우, 싼 가격을 위해 협상하게 된다.
- 기타 제품 자체가 차별성이 없어 구매자가 공급 기업을 언제든지 바꿀 수 있거나, 구매자가 공급사의 제품을 직접 생산 혹은 인수할 능력이 있을 경우에도 구매자의 힘이 강하다.

셋. 공급자의 교섭력

산업의 투자매력도가 높으려면 공급자의 교섭력이 약한 편이 좋다. 만약 공급자의 교섭력이 강할 경우, 공급자의 제품가격 인상으로 인해 수익성이 하락하게 된다.

- 공급사들이 몇 개 기업밖에 없으며 독과점을 이룬 경우, 해당 제품이 구매자의 제조활동에 중요하며 대체재가 없는 등의 경우에는 공급자의 힘이 크다.
- 기타 구매자의 매입비중이 공급사의 판매 비중에서 얼마 되지 않는 경우 공급자의 교섭력이 강하다.

산업구조 분석의 5대 요인 중 산업의 현재 특성을 결정하는 세 가지 요인은 위와 같다. 한편, 중장기적으로 산업의 미래에 닥칠 수 있는 두 가지 요인, 신규참여자새로운 경쟁기업 와 대체재새로운 경쟁산업 의 핵심적인 내용도 살펴보자.

미래 산업구조에 영향을 주는 2대 요인

하나. 신규진입(신규참여자)에 대한 위협

산업의 투자매력도가 높으려면 진입장벽이 높아서 신규참여가 어려울수록 좋다.

신규참여자는 추가적인 경쟁을 유발하게 되는데, 신규참여자를 막는 것이 바로 진입장벽이기 때문이다. 대표적인 진입장벽으로 아래 항목들을 꼽을 수 있다.

1) **규모의 경제와 필요자본**

규모의 경제는 대체로 모든 비즈니스 시스템에서 나타난다. 즉 연구개발, 제조와 구매, 영업과 유통 등 다양한 부문에서 규모의 경제가 존재한다.

이와 유사하게, 최소한의 시설투자 소요량이 상당한 산업의 경우, 막대한 자본이 요구되므로 자본규모 자체가 신규진입의 장애물이 되는 경우도 있다.

2) **상당한 무형자산(브랜드, 인지도 등)의 필요성**

무형자산의 예를 들면, 기술력이나 품질 등에 기반한 브랜드와 다수의 고객에게 성실히 오랜 기간 판매해 온 인지도 등을 꼽을 수 있다.

3) 전환비용

전환비용이란, 제품을 바꿀 때 비용이 추가되거나 이익이 박탈당하는 다양한 형태를 말하는 것이다. 구매자가 공급자의 제품을 타사의 제품으로 전환할 때 각종 형태의 전환비용이 크다면, 신규진입기업은 어려움을 겪게 된다.

4) 원가우위

기존 기업들의 원가우위 형태는 주로 아래와 같다.

- 기 확보한 유리한 부지 등 유형적 조건
- 학습곡선에 따른 최적 생산 프로세스

5) 정부 규제 등

산업에 따라서 정부가 진입을 허가하거나 제한함으로써 통제할 수 있다.

둘. 대체재와의 경쟁

산업의 투자매력도가 높으려면 대체재가 없거나 대체재의 상대적 매력이 낮아야 좋다.

상대적으로 매력이 있는 대체재 역시 산업 내 기존 기업들의 수익성에 악영향을 끼친다. 꼭 같은 산업에 속해 있지 않고 다른 산업에 속해 있는 기업이라 할지라도, 제품의 효용이 겹치고 가격이 매력적인 조건이라면 얼마든지 기존 기업이 생산하는 제품의 대체재가 될 수 있으며, 결국 가격경쟁으로 인해 산업 내 기업들의 수익성이 하락한다.

산업현장 정보

워렌 버핏은 장기간에 걸친 사업보고서와 경영전략 말고도 관심 기업의 홈페이지, 제품과 서비스 내용, 대리점과 소매업자의 정보, 판매전략에 이르기까지 읽고 듣고 얻을 수 있는 정보는 최대한 수집하여 판단하고 투자했다. 그의 투자업력과 나이 후기보다는 중기에 더 많이, 중기보다는 초기에 더 많이 돌아다니고 더 많은 정보수집을 했다.

주식에 투자하는 것은 해당 종목이 영위하는 사업에 동참하는 동업 것과 같다고 강조한 그는, 자료로 읽을 수 있는 것은 자료의 형태로, 정보원을 통해 얻을 수 있는 것은 정보의 형태로 얻어나가면서, 장기간에 걸친 재무손익 지표들 이상으로 꼼꼼히 사업 내용을 파악했던 것이다.

다만, 그가 오래전부터 강조해온 능력범위 투자 원칙에 따라서, 버핏은 시간이 지나도 급격하게 변하지 않기 때문에 오래도록 투자에 활용할 수 있는 산업들로 자신의 관심사를 좁히고, 해당 산업들을 우선 자세히 분석하여 지식을 쌓아두었다.

그랬기 때문에, 워렌 버핏은 나이가 들고 투자업력이 길어질수록 새로운 기업을 분석할 때 드는 시간이 점점 줄어들고 또 판단도 원숙해지게 되었다.

마치 문자중독증에 걸린 사람처럼 아침부터 저녁까지 사업보고서, 신문, 각종 잡지 등 종일 무언가를 읽고 있는 그의 머리는 시간이 지날수록 누적되는 산업 구조와 비즈니스 모델로, 점차 효과적인 투자판단 시스템으로 변해왔다고 할 수 있는 것이다.

그만의 산업 구조, 사업 모델 정보 저장고와 자체 판단 시스템은 머릿속 지혜 비교적 활용의 기간이 길다는 점에서 피터 린치의 머릿속 지혜와 투자 기회 발굴에서 수익 회수까지 비교적 짧음 다르며, 비교적 변화 속도가 낮은 부문으로 제한했다는 점에서 필립 피셔의 머릿속 지혜와 상대적으로 변화폭과 성장폭이 큰 기술산업 부문에 능숙함 다르다고 할 수 있다.

산업수명주기와
버핏의 능력범위

성숙기술 기업의 장점

산업수명주기의 이론상으로 기업은 도입기, 성장기, 성숙기, 쇠퇴기를 겪는다. 하지만 주식투자자들이 대개 투자하는 기간의 경제활동인구로 편입된 후부터 평균적인 주식투자 은퇴연령까지 길이를 감안하면 한 기업의 도입기부터 쇠퇴기를 모두 지켜보는 경험을 하기는 상당히 어렵다. 기업에 따라 다르지만 개인이 지켜보기 흔할 정도로 수년 내지는 십수 년에 걸친 일이 아니라, 최소한 수십 년에 걸친 일이며, 아주 우량한 기업의 경우에는 그보다 훨씬 긴 기간이기 때문이다.

게다가 주식투자의 대상이 주로 상장사임을 볼 때 아직은 적자투성이인 흑자를 아직 별로 내 본적이 없는 도입기의 기업은 거의 볼 수 없고, 최소한 성장기 초반의 기업들부터 상장사의 형태로 쉽게 볼 수 있다. 그리고 우량한 기업들의 경우 성숙기에서 쇠퇴기로 이동하지 않고 해외진출, 구사업의 구조조정과 신사업 진출 등 끊임없는 노력을 통해 성숙기 단계에서 경영효율성을 개선해나가는 경우가 많고, 우량하지 않은 기업들의 경우에는 성숙기 후반부에 적자가 자주 발생하고 기업규모가 축소되는 등 다양한 이유로 쇠퇴기를 겪으면서 상장폐지 되는 경우도 많다.

위와 같이 이런저런 이유로 주식시장에서 투자자들이 흔히 보는 모든 종목들은 대개 성장기 혹은 성숙기에 속해 있다. 매우 드물게 쇠퇴기에 속해 있으면서도 끊임없는 비용절감과 효율적인 구조조정 등을 통해 주식시장에 남아 있는 경우도 있기는 하겠지만, 어디까지나 상장사 대부분을 차지하는 것은 성장산업 및 성숙산업에 속한 기업들이다.

워렌 버핏은 때때로 성장기업에 투자하기도 하지만, 주로 그의 관심과 행동 그리고 포트폴리오는 성숙기업 성숙산업, 성숙기술 등에 속한 기업 에 집중되어 있었다.

워렌 버핏은 자신이 상대적으로 강점을 가지고 있는 분야들을 능력범위라고 스스로 부르면서 그 안에서 최고의 능력 기업분석, 가치평가, 매수매도 을 발휘해 왔는데, 대개 많은 변화를 거듭하지 않을 산업군, 즉 성숙산업에 속한 기업들을 분석하고 가치평가하고 또한 보유해왔다.

버핏에게는 성숙기술 기업의 장점이 매우 명확하다. 과거에서 현재까지 기업의 장기간 실적을 철저히 분석하고, 주로 실적이 일관된 기업들 단기적으로 이익변동성이 작건 크건 상관없이 장기적으로 증가해 온 의 미래이익을 추정하기에는 성숙기술 기업이 매우 유리하기 때문이다. 그는 최소한 향후 10년간 일관된 이익창출능력을 발휘할 기업을 찾는다. 경기변동성 기업이든 경기방어형 기업이든 상관없이 새로운 경기사이클을 겪을 때마다 이전 경기사이클보다 더 나은 실적을 보여주면서도 꾸준히 혹은 등락하면서 결국 실적이 장기상승하는 향후 불확실성이 최소화된 기업을 선택하기 위해서, 버핏은 가능하면 성숙기술 기업이나, 최소한 후기성장기에 속한 범용성 기술기업에 투자해 왔다.

이를 반대의 측면에서 설명하자면, 기술 변화와 생산성 향상의 속도가 매우 빠른 신기술 혹은 첨단기술을 영위하는 고성장기업들은 투자를 피해 왔다는 이야기가 된다. 왜냐하면 그런 기업들은 기대성장률이 매우 높다는 장점이 있는 대신에, 워렌 버핏 입장에서는 두 가지 확실하고 커다란 리스크가 있기 그는 실제 확률적으로 발생가능성이 높은 리스크는 매우 싫어함 때문이다.

우선, 성장기업에 대한 밸류에이션 수준은 대체로 합리화되기에는 과도하게 높은 경우가 많은 데다가 그 기업에 대한 기대성장률이 실제로 예측과 다소 어긋날 확률도 이익이 증가해도 증가율이 예측치 이하이면 주가는 급락함 매우 높다는 단점이 있기 때문이다.

두 번째 이유가 더욱 큰데, 성숙기술 기업에 투자한 가치투자자는 금리와 경기, 환율 등의 순환만 지켜보면 되지만, 변화무쌍한 산업에 속한 첨단기술주에 투자한 가치투자자는 기술과 생산성의 변화, 새로운 경쟁자의 등장과 그 외 예상치 못한 다양한 변수와 마주치고 이에 대응해야 하기 때문이다. 버핏은 첨단 기술기업들을 분석하는 데 있어서 자신들보다 더 뛰어난 사람들이 많이 있는데, 왜 자신이 굳이 첨단기술주에 투자해야 하는지 합리적인 이유를 찾지 못하겠다며, 자신의 능력범위 안에서만 투자를 하겠다고 밝혀왔다.

물론 성숙기술 기업 역시 언젠가는 쇠퇴기로 전환하지 않는지 주기적으로 지켜보는 것은 필수이다. 어디까지나 도입기에서 성장기로, 성장기에서 성숙기로, 성숙기에서 쇠퇴기로 이전하는 펀더멘털 변화의 시기에는 모든 기업의 성장률과 이익률, 그리고 주가지표가 근본적으로 변화하는 시기이기 때문이다.

산업변화 분석

버핏은 멍거와 함께 쉽게 예측할 수 있는 산업에만 집중하고 싶고, 주로 그렇게 해왔다고 항상 말했다. 산업의 전망이 변화한다는 것, 즉 산업변화를 분석하는 작업은 시간을 두고 천천히 진행된다면 충분히 투자자들이 중요한 변화를 눈치 채고 미리 현명하게 대응할 수 있다. 하지만 산업변화가 매우 빠르게 이루어지는 산업군에서는 투자자들이 그 변화를 민감하게 따라잡기가 때때로 어려울 수 있고, 이는 생각보다 큰 손실로 이어질 수도 있다.

산업구조의 변화는 바로 산업매력도의 변화를 말하고 예를 들어 기술변화로 강력한 대체재가 발생했다든지, 산업매력도의 변화는 해당 산업의 평균적인 투자이익률 ROIC, ROA, ROE 등을 크게 변화시킨다. 그렇기 때문에, 도입기에서 성장기로 이동할 경우 기업의 주가가 중기적으로 급격하게 상승하거나, 성장기에서 성숙기로 이동할 경우 중기적으로 급락한 후 장기적으로 다시 반등하는 등 극심한 변동을 보인다.

그러므로 버핏은 산업변화가 앞서 설명한 산업 구조를 결정하는 5대 요인, 즉 '새로운 진입기업의 위협', '대체재의 위협', '구매자의 교섭력', '공급자의 교섭력', '기존 기업 간의 경쟁' 등을 변화시키는지 신중하게 판단해야 한다고 말했다. 버핏 자신 역시 과거 투자포트폴리오에 속해있던 기업들 중 글로벌화, 기술혁신 등의 원인으로 새로운 진입기업의 위협이 거세어지거나, 대체재의 위협이 발생함으로써 사업이 근본적으로 어려워지고 투자실패를 겪은 적이 있다고 고백한 적이 있다.

결국, 버핏은 산업변화를 관찰, 분석하는 과정 역시 생략하거나 무시할 수 없는 중요한 과업이며, 그렇기 때문에 산업의 변화가 가능하면 천천히 일어나는 성숙산업에 속한 기업들에 주로 투자했던 것이다.

순환형 기업 투자

버핏의 최선호주는 주기적으로 커다란 자본적 지출이 발생하고 경기등락과 해당 산업의 영업사이클 호불황에 따라 심한 실적변동을 겪는 순환형 기업은 아니다. 기본적으로 경제적 해자를 가지고 꾸준히 이익을 내며, 몇 년 마다 인플레이션 내지는 원가가 상승한 비율만큼 혹은 그 이상으로 제품이나 서비스의 가격을 올릴 수 있는 충분한 가격전가력 소비자독점형 기업을 최선호한다. 식음료 회사, 보험사, 언론광고사, 신용카드사 등 실제로 지속적인 이익을 창출하는 기업을 주로 장기적으로 보유해 왔다. 한편, 그 역시 모든 종목을 십수 년간 보유한 것은 아니며, 소비자독점형 기업 형태의 주식을 그 외 순환형 기업 주식, 후기성장기 범용성 기술주 등 다른 형태의 주식들보다 상대적으로 오래 보유했다는 뜻이다.

하지만 버핏이 순환형 기업에 투자를 무조건 피한 것은 아니다. 미국의 순환형 기업은 물론이고, 한국이나 중국 등 해외의 순환형 기업에도 아주 예외적인 경우에는 투자하기도 한다. 하지만 해당 기업이 속한 산업이 영업사이클 상 불황기에 있어서 실적과 주가가 모두 매우 하락해 있는 데다가 실적이 바닥을 치고 회복할 것이 중장기적으로 예측되는 예외적인 경우 매력적인 투자기회에만 투자를 하고, 또 실제로 실적이 회복되면서 주가가 크게 오르면 결국 매도를 하거나 보유비중을 줄이기도 한다. 순환형 기업은 아주 오래 보유한다고 할지라도 장기적인 이익증가율이 그렇게 높지 않고, 그렇기 때문에 누적적인 가치상승률과 주가상승률이 생각보다 높지 않다. 순환형 기업에 대한 투자는 주기적으로 해당 산업의 호불황 주기에 따라 투자비중을 늘리고 또 줄이는 것을 반복하는 편이 더 높은 장기수익률을 올리는데 압도적으로 유리하다.

리먼브러더스 사태 이전에 가치투자에 관심이 있었던 독자라면 버핏이 잠깐이나마 한국의 포스코를 매수한 후 보유하고 있었다는 사실을 기억할 것이다. 더불어 필자 역시 대표적으로 삼성전자에 대한 투자는 반도체 업종의 경기등락과 삼성전자의 실적추이에 따라서, 순환형 기업에 투자하듯이 몇 년을 주기로 비중확대와 비중축소를 번갈아 하라고 사례를 들어서 강의해왔고, 또한 실제로 그렇게 크고 작은 다수 종목으로 고유계정을 운용해 왔다.

하지만 이런 기업들이 불황기를 탈출하여 호황기에 이르렀을 때, 크게 늘어난 이익을 보수적으로 지켜내면서 다음 불황기에 대비하여 적립해 두어야 하는데 불황기에는 중소형 경쟁사 혹은 가치사슬을 보완할 수 있는 기업 등의 인수가격이 싸기 때문에, 종종 어리석게도 호황기에 지나친 가격을 지불하면서 덩치를 키우기도 인수합병 한다.

이것은 최고로 어리석은 선택으로, 워렌 버핏은 저평가 시기에 투자했던 순환형 기업이 호황기에 이런 선택을 하려는 확실한 조짐이 보이면 보통 경영진의 의중이 드러난 후 완전한 결정으로 굳어지기 전에 미리 알아보는 식으로 매도했다.

어리석은 기업의 자산투자 확대축소 사이클을 쉽게 설명하면 다음과 같다.

하필이면 호황기에 프리미엄 가격에 인수합병을 하기 위해서 금융부채를 크게 늘려서 타 기업을 인수하며, 이내 불황기에 인수합병한 기업의 실적도 하락하고 이익이 정상화되지 않고 인수합병을 위해 조달했던 금융부채의 이자비용을 유지하기도 어려워지면서, 결국 인수합병한 가격보다 훨씬 낮은 가격으로 역 프리미엄으로 손실을 보고 다시 매각하게 되는 것이다.

대다수 경영진들은 투자와 가치평가의 달인이 아니라 일상적인 경영활동의 달인이기 때문에, 가장 실적이 좋은 시기에 자신감이 크게 솟고 또한 기업의 외형 확장을 시도하는 것이 전혀 이해가 가지 않는 것은 아니다. 하지만 명백히 강조해서 말하지만, 이것은 해야 할 일을 정확히 하지 말아야 할 시점에 하는 것이다. 산업 내 모든 활동이 위축되고 모든 자산들이 헐값에 거래되고 있을 때 비로소 확장해야 하며, 산업 내 모든 활동이 뜨겁게 확장되고 모든 자산들이 프리미엄을 받으면서 거래되고 있을 때 비로소 구조조정을 버릴 기업이나 사업부를 최고가로 매각하기 위해서 해야 한다.

기술기업 투자

워렌 버핏은 원칙적으로 기술변화가 심한 업종에 속한 종목은 투자하지 않는 것으로 유명하다. 하지만 그 역시 모든 것이 불투명하며 앞으로 추가적인 경쟁자가 얼마나 나올지 감조차 잡히지 않는 초기 기술산업에 투자하지 않는 것이지, 어느 정도 시장규모가 드러나고 경쟁사들 간의 대략적인 시장점유율이 자리를 잡고, 과거 어느 정도 지속적인 이익을 창출했으며 향후 이익전망 등이 나름대로 확실한 소수 종목들에 대한 투자는 도입기나 초기 성장기는 이미 지나간 성장산업 군이 피하지 않는 모습을 보였다. 예를 들면 중국의 BYD, 미국의 애플 등 사업모델과 배타적 경쟁력, 이익창출 능력이 분석가능한 종목들에 투자비중을 늘리기도 줄이기도 했다.

전통산업 외에도 새로운 산업군들의 등장을 오래도록 지켜보면서, 버핏은 미래의 투자 성공은 새로운 독점적 지배력을 가진 산업이 과연 어디서 나올지를 알아내는데 있다고 말한 적이 있다. 워렌 버핏이 말하는 독점적 지배력은, 전통 소비재 산업에서 브랜드 파워, 가격 책정 능력 가격전가력, 소비자 로열티 등으로 구성되는데, 신기술 성장산업에서는 네트워크 효과와 고객섬, 시장점유율 및 그에 기반한 이익증가율 등을 독점적 지배력 요소로 볼 수 있다.

신기술에 기반한 성장산업 종목이라고 해도, 해당기업의 수익 모델, 네트워크 효과와 고객섬, 시장점유율 등을 깊이 분석한다면, 기술주 투자에 따른 불확실성은 크게 낮아질 것이다. 다만 새롭게 성장하는 시장의 미래 규모, 네트워크 효과 및 고객섬 현상에 따른 기대 시장점유율 등이 실제로 예측치와 상당히 다를 수 있다.

그러므로 기술주에 투자할 때는 첫째, 현실적인 몇 가지 시나리오를 세우고 시나리오 별로 따로 실적을 추정하여 가치를 평가해야 하며, 둘째, 전통산업 종목에 비해서 더 높은 안전마진을 적용해야 하고, 셋째, 과거 실적이 안정적이고 미래 예측 가능성이 높은 종목과 함께 분산투자하는 편이 유리하다.

Chapter 3

종목 전략 : 종목 정보, 선택과 집중

상장사와 능력 범위

기업 리스트, 기업 지식

어떤 미국 기자가 워렌 버핏에게 당신같이 주식투자를 잘할 수 있으려면 무엇부터 공부해야 하느냐는 질문을 하자, 버핏은 이렇게 답했다.

> "상장편람의 A부터 Z까지 모두 읽어보세요. 저는 처음 주식을 접할 때 그렇게 했습니다."

밑도 끝도 없이 주식을 잘 하려면 무엇부터 해야 하는지 물어보는 사람에게는 정답은 아닐 지라도 참으로 명답이 아닐 수 없다. 물론 정보보다는 지식이 유용하고, 지식보다는 지혜가 유용하다는 것을 감안하면, 단순히 상장편람을 뒤적거리는 것보다 기업분석, 재무분석, 적정주가 산정 관련 책을 보는 편이 그리고 나서 상장편람을 뒤적거리는 편이 더 효용이 크고, 그런 책을 보면서 스스로 오래도록 독학을 하느니 제대로 된 교육을 통해 전체 가치투자체계를 확립하는 편이 워렌 버핏도 그레이엄의 강의를 통해 가치투자 능력을, 필립 피셔도 대학시절에 보다 사적인 현장강의를 통해 기업분석 능력을 배움 훨씬 효용이 크다.

하지만 무엇보다도 주식투자를 처음 하려는 사람에게는 주식투자의 전반에 대해서 호기심도 키우고 공부의 필요성을 스스로 느끼게 하는 것이 가장 중요한 만큼, 상장편람을 뒤적거리면서 자신이 앞으로 무엇을 공부해야 하는지 무엇을 궁금해 하고 무엇을 배워야하는지, 그리고 얼마나 많은 매력적인 기업이 있고 이 기업들에 대한 투자를 통해 내가 부자가 될 수 있는 얼마나 많은 기회들이 있는지 등 이런저런 생각을 하면서, 주식투자에 대한 동기부여와 주식에 대한 열정을 키우는 것도 매우 중요한 일이다.

버핏은 자신의 투자업력 중반부 이후부터 장기 성장스토리를 지닌 우량한 기업들이 저평가되기를 철저히 기다리면서 투자하는 스노우볼 투자자의 성격을 보인다. 하지만 투자자금이 매우 커지면서 스노우볼 투자자로서의 성격을 보이는 기간 동안에도 일시적으로 큰 투자기회를 주는 투자대상 이를테면 향후 몇 년간 크게 반등할 정도로 현재 급락한 국내외 주식종목들, 심지어는 은 등 주식 외 자산까지 을 발견할 때마다 과감한 투자를 통해 큰 수익률을 올린 바 있다. 물론 그런 투자대상의 투자비중은 높지 않기 때문에 수익률 자체는 부분적으로 높더라도 버핏 전체 자산의 규모로 보면 수익금의 비율 자체는 얼마 되지 않는다.

여하튼, 그런 버핏도 투자업력 초기에는 상장편람을 모두 뒤지면서 내재가치에 비해 저평가된 기업은 없는지 이 잡듯이 찾아다닌 시기가 있었으며, 아침에 일어나서 저녁에 침대에 누울 때까지 상장편람을 뒤적거리고 심지어는 일 년에 한두 번 될까 말까 한 휴가여행을 떠났을 때에도 휴가지 해변가에서 노을을 보기보다도 상장편람을 뒤적거리던 그였다.

주식시장에는 어떤 업종들이 있는지 일반인들의 경우 일상생활 가정생활이나 직장생활에서 에서 경험할 수 있는 폭이 넓지 않다. 게다가 주식시장에는 B2C 고객 대상으로 영업을 하는 기업 기업만 있는 것이 아니라 B2B 기업 대상으로 영업을 하는 기업도 있고, 일상적으로 꾸준히 매출을 일으키는 기업만 있는 것이 아니라 몇 년마다 크게 매출을 일으키는 기업도 있고, 설계만 하는 기업, 생산만 하는 기업, 유통만 하는 기업, 이것저것 다 하는 기업, 다른 기업들의 회계나 금융, 전산 등을 돕는 기업 등 실로 다양한 사업을 영위하는 기업들이 무수히 존재하는 것이다. 계속 신규상장이 일어나므로 우리나라의 경우 대략 2천 개, 앞으로 더 늘 수 있다는 정도로 생각하면 마음이 편하다

이런 수많은 기업들을 때로는 열의 있게 때로는 건성으로 휙휙 지나가듯이 때로는 종이 귀퉁이를 접어가면서 그 기업을 기억하려고 하나하나 술술

읽어나가다 보면, 자신이 어떤 업종과 사업에 대해서 관심이 있는지 그리고 조금이나마 직간접 경험이 있는지, 또한 자신의 지난 경험과 지식에 기반하여 이해도가 빠른지 등을 알 수 있게 된다. 그러한 첫 경험이 중요하다는 것을 워렌 버핏이 강조한 것이 아닐까 한다.

더불어 주식투자라는 것이 차트를 보고 투자할 경우 마치 그림자를 보고 투자하는 것과 같아서 하면 할수록 원금을 잃게 될 확률이 높아지는 것과 달리, 투자하는 본질적인 대상인 기업의 사업과 재무손익 수치들을 보고 투자할 경우 실체를 보고 투자하는 것과 같아서 하면 할수록 투자지식과 경험이 누적되고 투자실력과 성과<u>수익률</u>가 개선되고 자산이 늘어난다. 그러므로 애초에 투자대상인 기업 그 자체에 대해서 호기심과 지식을 쌓는 것이 낫다는 관점에서, 상장편람을 뒤적거리라는 조언을 했는지도 모른다.

하지만 더 확실한 수익, 더 큰 수익은 누가 뭐라고 해도 자신이 가장 잘하는 영역에서 승부를 걸 때 따라오는 법이다. 이 주제를 다음 내용부터 살펴보자.

투자자의 스트라이크존

이번 주제의 결론부터 말하면, 워렌 버핏은 <u>자신이 가장 투자성과가 좋은</u>

기회가 올 때까지 투자를 함부로 하지 말라, 다시 말해서 가장 투자성과가 좋은 기회가 올 때만 대대적으로 투자하라고 말했다.

버핏의 관점으로는 그의 투자성향이나 투자전략 측면에서 우량한 기업이 일시적으로 저평가된 주가에 거래될 때 급락했을 때만 주식을 매수하는 것을 말한다. 경기변동과 큰 상관이 없이 꾸준히 좋은 실적을 내면서 이익이 증가하거나, 경기변동을 온몸으로 받아내면서 실적이 등락하지만 경기사이클 하나가 지날 때마다 평균 이익이 크게 증가하는 기업은 우량한 기업이다. 이렇게 우량한 기업이 일시적인 악재에 시달리면서 주가가 급락할 경우, 확실히 일시적인 악재에 불과하며 비즈니스 모델의 펀더멘털이 훼손되지 않았기에 중기적으로 반드시 실적을 회복할지 여부를 판단하고, 확신이 서면 대대적으로 투자하는 방법이 바로 워렌 버핏의 주된 투자전략이다. 그리고 이것은 투자규모에 무관하게 필자를 포함한 국내외 가치투자 전문가들이 가장 선호하고 또 찾아다니는 귀중한 기회이기도 하다

열위한 기업이 저평가되어 있거나, 열위한 기업이 고평가되어 있지만 더 주가가 상승할 수 있는 테마에 일시적으로 묶여 있거나, 우량한 기업이 고평가되어 있는 등 기타 다양한 상황에는 눈길조차 주지 않고, 오직 우량한 기업이 저평가된 드문 기회에만 집중하는 것이 버핏의 관점에서는 가장 투자성과가 좋은 기회만을 기다리는 것에 해당하는 것이다. 투자자에 따라서는 열위기업이 크게 저평가된 기회를 자주 찾아다니기도 하고, 또한 그에게는 성과가 생각보다

매우 좋은 방법일 수도 있다

　위의 내용을 두 가지로 나누어서 좀 더 설명을 하려 하는데, 버핏은 야구를 좋아해서 투자를 야구에 비유한 적이 종종 있으므로, 필자도 그것을 인용하려고 한다.

　야구로 비유하면 스트라이크존에서만 배트를 휘두르라는 것과, 주식투자자는 심지어 삼진이 존재하지 않으므로 다른 모든 기회는 무시하라는 것이다.

　우선, 워렌 버핏은 훌륭한 투자란 테드 윌리엄스처럼 좋은 공이 올 때까지 기다려서 안타를 치는 것과 같다고 언급한 적이 종종 있다.
　테드 윌리엄스는 20세기 최후의 4할 타자란 이름으로 유명한 야구선수인데 1941년에 작성한 그의 4할 기록 0.406은 20세기의 마지막 기록이었으며 1966년에 명예의 전당에 올랐다.

　그런데 테드 윌리엄스가 버핏에게 특별한 이유는 무엇일까? 그것은 테드 윌리엄스가 타격의 과학이라는 자신의 저서에서 언급한 소위 타격차트에 있다. 테드 윌리엄스는 스트라이크존의 가로세로를 매우 세분하여 자신이 가장 타격력이 좋은 세분 영역들로 들어오는 공만 쳤던 것이다.

버핏은 테드 윌리엄스의 스트라이크존을 사무실 벽에 붙여놓고 자신 역시 자신의 스트라이크존에 해당하는 투자만 한다고 종종 말해왔다. 수많은 기업들이 매일매일 높거나 낮은 주가를 보이면서 주식을 매수매도하라고 손짓하는 것이 주식시장이다. 게다가 온갖 증권뉴스나 증권사 리포트 심지어는 이메일 레터에서 매일매일 무언가 매력적인 투자대상에 투자하라고 강권하는 것이 주식시장의 생리이다. 하지만 투자자는 많은 매수매도를 한다고 돈을 버는 것이 아니다. 많은 매수매도를 하면 돈을 버는 것은 수수료를 버는 증권사와 세금을 떼어가는 정부이다. 투자자의 자산은 가랑비에 옷 젖는 줄 모르게 슬슬 새어나간다. 거래 당시에는 모르겠지만 연 단위로 보면 생각보다 아까운 수수료와 세금 액수가 될 것이다

자신의 주력 투자전략 범위에 들어오는 투자기회에만 투자하라. 누가 알려준 정보, 어떤 기사에서 권유하는 종목, 사람들이 이미 뜨거운 관심을 주고 있는 종목에 절대로 투자하지 말라.

게다가 주식투자자는 야구시합의 타자도 아니다. 엄밀히 말해서 야구배트를 거의 휘두르지 않아도, 심지어는 스트라이크를 몇 백 번을 당해도 아웃되지 않는다. 결론적으로 주식투자자는 볼로 들어오는 공은 칠 필요가 없다. 심지어 스트라이크로 들어오는 공도 꼭 칠 필요는 없다. 스트라이크존 안에서도 자신이 가장 자신 있는 공간으로 들어오는 제한적인 볼만 잘 쳐내면 된다.

다만, 가장 자신있는 공간으로 들어오는 볼은 그렇게 많지 않을 수 있다. 그러므로 그런 기회가 다가오면 철저하게 냉정하게 분석한 후, 확신이 든다면 적지 않은 비중으로 투자할 만하다. 좋은 기회도 아닌데 적은 비중으로 다양한 분산투자를 하는 것보다, 좋은 기회가 올 때마다 적지 않은 비중을 투자하면, 자신의 포트폴리오는 가장 자신 있는 영역에서 투자한 "미래의 10루타" 종목들로만 구성되게 될 것이다.

역량 내 기업의 장기분석

상장사 전체에 대해서 호기심을 가지는 것은 주식투자에 입문할 때 여러모로 도움이 되지만, 결국 실전투자의 단계에서는 투자자가 선택한 기업을 잘 분석하고 투자하면 된다고 버핏은 말했다.

<u>선택한 기업, 분석을 잘하는 것</u>, 이 두 가지 개념을 머리와 가슴으로 이해하면 좋을 것 같다.

<u>선택한 기업</u>이란, 자신의 영역을 말한다. 모든 산업, 모든 기업에 대해서 전문가가 될 필요는 없으며, 자신이 관심을 갖고 공부한 영역 스트라이크 존 중에서도 자신이 원하는 세부 영역 내에서 관심 있는 기업들만 분석하고 가치평가를 하면 된다. 오로지 자신이 관심을 갖고 공부한 영역에서 산업, 기업 만 승부를 보면 된다. 그리고 시간을 두고 연관업종, 관심이 옮겨가거나 확대

되는 업종과 기업으로 자신의 영역을 늘려 가면 되는 것이다. 처음부터 전체 업종과 상장사를 투자대상으로 삼지 말라는 뜻이다.

분석을 잘하는 것이란, 상대적인 의미로 표현하는 것이다. 다른 모든 사람들보다 분석을 잘하면 좋겠지만 꼭 그럴 필요는 없다. 가치투자는 제로섬 게임이 아니다. 차트투자는 제로섬 게임이지만 가치투자는 당연하게도 가치투자를 몰랐던 사람들에게는 놀랍게도 제로섬 게임이 아니기 때문에, 내가 다른 영역보다 특정 영역을 잘 분석하면 되는 것이지 그 영역에서 내가 일인자여야만 투자할 수 있는 것은 아니다.

내가 다른 영역들에 비해서 특정 영역들에 대한 공부량이 적지 않고 배경지식이 상대적으로 더 갖추어져 있다면 그것으로 족하다. 자동차부품 산업 내 특정 우량기업의 일시적인 저평가 상황에서 매수하여 적정한 가치를 넘어서면 매도하면 될 뿐이다. 해당 종목을 두고 경쟁한다고 생각하는 실제로 꼭 경쟁하는 것도 아니다 다른 뛰어난 가치투자자들보다 꼭 싸게 사야 하는 것도 아니고 꼭 비싸게 매도해야 하는 것도 아니다. 기업의 가치는 매년 증가하기 때문에 우량한 기업이라면 매수와 매도 시에 몇 퍼센트의 이익을 더 냈느니 못 냈느니 하는 것이 전혀 중요하지 않다.

한편, 기업에 투자하려면 기업의 장기실적을 분석해야 하는데, 이는 과거와 미래를 모두 포함하는 말이다.

과거 10년과 미래 10년을 보는 것도 좋고, 할 수만 있다면 과거 20년과 미래 10년을 보는 것도 좋다. 실제로 주식시장에서 성숙기에 속한 우량기업들의 경우 과거 10~20년간 꾸준하게 이익이 증가한 기업들은 향후 10년 동안에도 과거 10년 평균 이익증가율과 크게 다르지 않게 꾸준한 이익증가율을 보인 경우가 높은 확률로 매우 높았다. 또한 다양한 경영학 연구에서도 기업의 과거 장기실적이 미래 중기실적을 판단하는 가장 믿을 만한 지표라는 것을 주장하고 있다.

즉, 투자를 실시할 때는 향후 수년에서 길게는 10년까지 장기성장률이 좋으면 경우에 따라 그 이상도 보유할 생각이 아니면 절대로 투자해서는 안 되며, 그런 투자기회를 확신하기 위해서 과거 장기 실적을 바탕으로 향후에도 그런 실적을 낼 수 있는지 산업구조의 5대 요소가 변하지 않는지, 기업의 펀더멘털 경쟁력이 유지될지 등 분석하라.

정보 수집

고급정보? 사업보고서와 현장 조사!

혹자는 고급정보로 버핏이 돈을 버는 것이 아닌가 하는 매우 순진한 생각을 하기도 한다. 하지만 이것은 버핏에게 물어볼 것도 없이 필자가 바로 대답해줄 수 있다. 제대로 된 전문적인 가치투자자는 자신의 매력적인 투자후보군 리스트와 그 외 주기적으로 발생하는 급락 종목들로부터 가장 큰 수익을 낸다. 고급정보란 실제로 별로 존재하지 않으며 합법적인 것으로 제한하면 더더욱 없어짐, 실제 재벌가 오너가 직접 주는 정보라고 할지라도, 해당 수익의 기회가 1회성에 그치는데다 매수매도 타이밍도 매우 중요한 것이 정보매매이므로, 생각보다 전문적인 가치투자자에게는 별로 매력이 없다. 그런 것이 전혀 없이도 수익을 오래도록 아주 잘 낸다 실제로 버핏의 경우에도 자신의 주식중매인들에게 다양한 투자아이디어를 제공하는 일 따위는 하지 말라고, 버핏 자신의 투자 프로세스를 산만하게 만들지 말라고 간간이 요청했다고 한다. 심지어 맨해튼 금융가의 내부자 정보 이점에 대해서 기자가 물어보자 오마하에 있으면 월가에 비해서 버핏이 불리하지 않냐는 취지로 질문함 그는 아래와 같이 말하기도 했다.

"풍부한 내부자 정보와 100만 달러만 있으면 1년 안에 파산할 수 있습니다."

존 템플턴이 그런 정보와 잡음이 싫어서 월스트리트를 떠나 섬에서 오래도록 투자했다는 사실을 아는가? 실제로 그렇다. 맨해튼에서는 정신이 집중이 되지 않아 바하마로 옮겨서 삼십 여년을 살며 투자했다. 버핏도 월가가 아니라 오마하에서 평생 살고 또 일하고 있다는 것은 누구나 알거라고 생각한다.

아마도 버핏이 보는 정보가 자신들이 보는 정보와 똑같다는 것을 인정하고 싶지 않은 금융기자들과 월가 인재들, 그리고 수많은 개인투자자들이 그렇게 버핏은 고급정보로 돈을 벌 것이라고 생각하고 싶어 하는 것이 아닐까.

버핏은 주로 장기간에 걸친 사업보고서를 탐독하며 주식과 산업, 금융에 대한 정기간행물과 잡지 등을 읽는다. 사실 필요한 지혜를 가치투자 체계

갖춘 뒤에는 일반적으로 공개된 정보를 수집하여 해석하고 또 부족한 것은 회사의 주식담당에게 IR 전화로 물어보는 것으로 족하다. 관심과 시간이 허락한다면 관심기업의 제품이나 서비스를 직접 혹은 간접적으로나마 체험하기 위해서, 홈페이지의 사업내용과 제품들을 꼼꼼히 살펴본 뒤, 대리점이나 매장, 혹은 기업탐방이나 주주총회 등 다양한 형태로 회사와 접점을 만드는 것만으로 충분하다. 피터 린치는 직접 많이 돌아다닌 것으로 유명하고, 워렌 버핏은 평범하지만 생생한 현장 정보를 얻기 위해 조사원을 활용하기도 했다.

결론적으로 버핏은, 그리고 실제 대부분의 가치투자 전문가들은 고급 정보는 전혀 필요 없고 또 고급 정보로 인한 리스크를 감안하면 기대수익률도 생각보다 충분하지 않다. 자신의 투자체계 안에서 성공가능성이 높은 기업에 투자하면 그만인 것이다. 주식시장이 매일, 매주, 매월 수많은 종목들의 주가를 올리고 내리는데 그 이상 무슨 특별한 숨은 기회와 정보가 있겠는가.

업종 협회 자료와 업계 뉴스, 기업의 사업보고서와 홈페이지, 부족한 부분은 매장 등 현장조사, 기타 혹 필요하다면 기업 IR팀 전화, 기업 방문 주총 포함 등으로 투자에 필요한 나머지 퍼즐을 채우면 될 일이다.

Chapter 4

사업분석 전략 : 경쟁우위와 경제적 해자

지속적 경쟁우위와
소비자독점형 사업

지속적 경쟁우위

워렌 버핏이 투자처로 선호하는 기업은 지속적인 경쟁우위를 가지고 있는 기업이다. 일시적인 경쟁우위를 가지고 있거나 금방 경쟁사에 추월당하는 아예 명확한 경쟁우위를 가지지 못한 평범한 기업은 그의 관심사가 아니다.

그렇다면 지속적인 경쟁우위를 가진 기업에 대해 이해하기 전에 경쟁우위를 이해하고 넘어가야 할 것이다.

우선 경쟁우위가 차별화된 기업의 제품이나 서비스는 바로 고객이 가장 선호하는 것이며, 고객 선호도로 인해 경쟁우위를 갖춘 기업의 이익능력은 경쟁사들보다 높다. 이윤의 공식이 아래와 같은 것을 보면 결국 부가가치를 창조하는 경쟁우위는 더 높은 시장점유율이나, 낮은 생산원가에 기반한 비용 우위, 혹은 높은 판매가격에 기반한 제품 우위 등으로 볼 수 있다.

$$이윤 = 시장\ 전체의\ 판매량 \times 시장점유율 \times (판매가 - 원가)$$

이 중 시장점유율 우위 측면에서, 수요시장의 1등, 2등 기업 3등부터는 마진율이 크게 낮아서 제외이 그 위치를 꾸준히 유지할 수 있다는 것은 경쟁우위를 가지고 있다는 뜻이다. 특히 1위 기업의 시장점유율 유지는 매우 큰 의미를 가진다. 항상 중요한 것은 한 기업의 규모 자체가 아니라 수요시장에서 얼마나 큰 점유율을 가지고 있느냐 하는 것이다. 큰 시장에서 매출 1조 원이고 점유율 3위 10%인 기업보다, 중간 시장에서 매출 5천억 원이고 점유율 1위 60%인 기업이 더 좋은 투자처임

시장점유율 우위라는 경쟁우위를 갖추려면 기업은 가능한 한 전문화 되어야 한다. 제품과 서비스의 너무 지나친 다원화로 어느 것 하나 시장점유율 1~2위가 없는 것보다, 제품과 서비스의 수가 좀 적더라도 전문화 되어서 시장점유율 1~2위가 많은 편이 낫다. 이는 글로벌화 된 시장을 감안하면 더욱 두드러지는 경쟁우위이다. 실제로 전문화된 기업이 다원화된 기업보다 장기 순이익증가율이 더 뛰어나다는 영국계 컨설팅사의 보고서도 있다.

한편, 마이클 포터[2] 교수의 강의와 저서에도 무수히 밝혀왔듯이 낮은 생산원가에 기반한 비용 우위와 높은 판매가격에 기반한 제품 우위도 강력한 경쟁우위이다. 원가우위의 기업이 되려면 표준제품을 생산판매하는 편이 유리하며 해당 산업의 평균적인 원가율보다 훨씬 낮은 원가율을 유지해야 한다. 평균 원가율보다 낮은 원가율만큼 마진을 가져가거나 고객가치를 추가할 수 그래서 더 많이 팔 수 있다.

판매가격을 높게 책정할 수 있으려면 차별화된 제품 우위가 있어야 한다. 그런데 차별화는 기업 입장에서 원가우위보다 더 창출하기 어렵고, 투자 분석가 입장에서도 더 파악하기 어렵다. 이는 고객, 혹은 고객사의 입장이 되어 생각해보지 않으면 차별화 포인트를 정확하게 짚어내기는 어렵기 때문이다.

제품이 고객에게 더 많은 가치를 제공하거나, 품질이 더 좋거나 하는 상태가 바로 제품의 차별화인데, 이는 장기적으로 일관된 차별화 정책, 차별화를 위한 연구개발-마케팅-생산-유통 등 가치사슬 통합, 기술 선점, 브랜드 구축, 고객 인지도 확보 등을 통해 더욱 단단하게 구축된다. 그리고 무엇보다도 차별화는 경쟁상대가 모방하기 어려워야 한다. 그러므로 투자자는 각종 차별화 요소를 경쟁사로부터 지켜내기 위해서 여러 가지의 장

---

[2] 現 하버드 대학교 교수, 「마이클 포터의 경쟁전략」, 「마이클 포터의 경쟁우위」 등의 저자

벽을 특허, 정부 허가, 소비자 로열티 등 갖춘 기업을 찾아야 한다.

소비자독점형 경쟁우위 사업

이제 앞서 설명한 경쟁우위를 지속적으로 갖춘 기업에 대해 알아보자. 워렌 버핏이 투자처로 선호한 기업은 경쟁우위가 일시적이지 않고 장기적으로 존재해 왔으며, 앞으로도 오래도록 유지될 기업이다.

버핏은 그런 기업을 일구어내는 창업가가 아니라, 그런 기업을 찾아내서 투자하는 투자자이다. 투자한 기업을 인수한 이후에는 경영에 일부 개입하기도 하지만 그는 어디까지나 투자자이지 창업가는 아니기 때문에, 기업이 지속적인 경쟁우위를 가지게끔 채찍질하는 편에 있기보다는, 지속적인 경쟁우위를 갖춘 사업을 영위하는 기업을 찾아내는 쪽에 있었다.

그렇다보니 버핏이 선호하고 투자해온 기업들의 사업 특성은 서로 중첩적으로 유사한 면이 있는데, 지속적인 경쟁우위를 가진 기업이 주로 존재하는 비즈니스 영역을 주로 아래의 네 가지 정도로 나누어 이해하고자 한다. 주로 버핏이 평소에 소비자독점형 사업, 톨게이트기업이라고 부르는 사업들이다.

첫째, 빠른 속도로 소비되고 소모되는 것은 물론이고 소비자가 선호하는 브랜드를 보유한 사업. 또한 소매업체들이 판매를 위해 반드시 구비해야 하는 필수 제품이며 소비자의 반복적인 욕구를 충족시켜주는 사업.

이런 사업은 주로 브랜드 식음료 업체, 브랜드 생활용품업체, 브랜드 패스트푸드, 브랜드 퓨전레스토랑, 특허를 가진 제약업체 등에 이르기까지 다양하며, 대부분의 투자자들이 쉽게 일상생활에서 그 제품들을 접할 수 있다.

둘째, 기업이 자사의 제품을 구매하도록 수요시장의 예비고객들을 설득하기 위해 반드시 활용해야만 하는 광고홍보 사업.

광고홍보 사업은 기업 입장에서 없어서는 안 되기에 수익성이 비교적 높다. 인지도가 있는 브랜드 제품이건 브랜드와 전혀 무관한 기초적인 단순 서비스건 간에 많은 사람들에게 판매하려면 적극적으로 광고홍보를 해야 한다. 주로 인터넷 포털, 홈쇼핑채널, 시청률이 높은 방송사, 광고대행사 등이 이에 속한다.

셋째, 개인 또는 기업체가 지속적으로 필요로 하는 반복 구매 성격의 서비스를 제공하는 사업으로, 세무나 회계 지원 업체, 보안 용역업체, 신용카드 회사, 백신 업체, PG사 등이 있다.

넷째, 가장 다수의 수요시장을 거의 모든 사람들 아우르면서, 소비자가 생존을 위해 주기적으로 반드시 사야 하는 생필품을 가장 낮은 가격에 제조하거나 유통하는 사업 역시 지속적인 경쟁우위가 있다. 가구회사, 가전회사, 보험회사, 대형 할인마트와 온라인 쇼핑몰 등이 여기에 포함된다.

위에서 분류된 사업 영역 외에도 이전 주제에서 설명한 지속적 경쟁우위 높은 시장점유율, 낮은 원가율, 높은 판매가를 계속 지켜나갈 수 있는 사업 영역은 더 있을 수 있으나, 위 네 가지 분류 정도가 일반적으로 지속적인 경쟁우위 사업영역 중 쉽게 이해할 수 있는 영역들이라고 이해하면 된다.

이렇게 지속적 경쟁우위를 지니고 있는 소비자독점형 기업들은 상장사 평균보다 마진율 매출총이익률, 영업이익률, 자기자본이익률, 재고 회전율 등이 높은 편이다.

상품형 기업

앞서 언급한 지속적 경쟁우위를 지니고 있는 소비자독점형 기업들과는 달리, 상장사 평균보다 마진율 매출총이익률, 영업이익률, 자기자본이익률, 재고 회전율 등이 모두 낮은 편인 기업들이 있다. 워렌 버핏은 그런 기업들을 지속적인 경쟁우위가 없는 사업을 영위한다고 말하면서 상품형 기업이라고 다른 기업의 제품과 서비스와 비교해서 상대적인 고객충성도가 전혀 없는 비유했다.

소비자 개인 또는 기업 가 구매결정을 할 때 오로지 가격을 유일한 고려 요소로 삼을 만큼 평범한 제품이나 서비스를 판매하는 기업들을 상품형 기업이라고 할 수 있는데, 예를 들면 티켓을 판매하는 항공사, 자재와 에너지 등을 공급하는 철강, 목재, 석유 회사, 농산물 생산기업 등이 있다.

이런 상품형 기업들은 대개 제품에 대한 충성도가 없고, 동종 제품을 생산하는 기업들과 제품의 차별성이 없으며, 대체로 가격경쟁 외에는 할 것이 없으므로 경쟁사들 간에 규모의 우위를 점하기 위한 출혈적 시설확장이 이루어지는 경향이 있다.

버핏은 상품형 기업에는 대체로 투자하지 않았는데, 왜냐하면 기본적으로 자기자본이익률이 낮아서 복리수익률 기업의 장기성장률 이 형편없기 때문이며, 그나마 경기등락에 따라서 때때로 적자를 보기도 하는 등 수익이 들쭉날쭉하기 때문이다. 간혹 일시적으로 이익을 많이 낼 때도 있지만, 상품형 기업에서는 이렇게 발생한 이익을 경쟁력을 유지하기 위해서 기계장치와 공장 등을 개선하는 데 사용하는 경우가 많다. 그렇다고 해서 공장이나 기계 유지 보수에 돈을 들이지 않을 수도 없는 것이, 몇 년만 유지 보수를 지체하면 동종업계 상품형 기업들과의 경쟁에서 뒤처질 수도 있다.

경제적 해자의
요소와 침식

경제적 해자의 개념과 필요성

워렌 버핏은 경제적 해자가 있는 기업들을 좋아한다고 여러 번 말한 바 있다. 그런데 경제적 해자란 무엇인가.

본래 해자라고 하는 것은 적의 침입을 막기 위해 성 밖을 둘러 파서 못으로 만든 것을 말한다. 고대와 중세의 전쟁에는 공성전 성을 공격하는 쪽의 전쟁 및 농성전 성을 방어하는 쪽의 전쟁이 포함되곤 했는데, 성을 공격하는 쪽은 성벽 근처에 다가가서 성문을 각종 무기로 부수거나, 긴 사다리를 타고 성벽을 올라가 안쪽으로부터 성문을 열거나 해서 성을 함락시켰다. 반대로 농성전 측은 성벽 주위에 깊고 너른 해자를 파서 그런 공격을 어렵게 함으로써 성벽을 방어했다.

경제적 해자라는 것은 기업의 이익을 지키는 해자 성벽 주위의 못 방벽를 말하는 의미로, 경제적 해자가 있는 기업이란 이익을 갉아먹는 각종 외부의 위협에 대해서 이익을 지켜내는 능력이 있는 기업을 말한다.

그런데 우수한 제품, 높은 시장점유율, 운영 효율성, 뛰어난 경영자 등의 특징은 다양한 형태의 경쟁우위이기는 해도 그 자체가 경제적 해자는 아니다. '지금 어떠어떠하다'가 중요한 것이 아니라 경쟁사도 따라올 수 있는지 여부가 경제적 해자인지를 결정하기 때문이다.

앞서 언급한 소비자독점형 사업의 대부분은 어떤 형태이든지 경제적 해자를 가지고 있다. 경제적 해자를 가지고 있기 때문에 꾸준한 수준의 이익증가율을 보일 수 있는 것 또한 소비자독점형 사업과는 무관한 사업을 영위하는 기업들 중에도 일부는 경제적 해자를 갖추고 지속적인 이익성장을 이루어내기도 한다.

그러므로 결과 측면에서 접근하자면, 워렌 버핏이 선호하고 장기성장 수익률이 좋은 소비자독점형 기업들을 투자후보군으로 삼아도 좋은 전략이지만, 원인 측면에서 접근하자면, 다양한 경제적 해자를 이해한 뒤 최소한 한 가지 이상의 해자, 가능하면 두 가지 이상의 해자를 갖춘 기업들을 투자후보군으로 삼아도 마찬가지로 좋은 전략이다.

경제적 해자를 갖춘 기업에 경제적 해자의 개별 요소는 다음 주제에서 설명 대해서 간략하게 이해하자면, 경쟁사와 기술변화 등 다양한 외부요소들의 방해에도 불구하고, 자기자본이익률 ROE 이 훼손되어 하락하는데 다른 평범한 기업들에 비해서 훨씬 긴 시간이 소요되는 기업이라고 생각하면 된다.

오랜 시간 동안 경쟁사들을 따돌리면서 꾸준한 이익률과 이익증가율을 유지할 수 있기 때문에, 평범한 기업에 비해서 경제적 해자가 있는 기업들은 평생 벌어들일 것으로 예상되는 순현금흐름이 매우 크다. 쉽게 말해서 기업가치가 적정 주가, 적정 시가총액 높다는 뜻이다.

한편, 주식에 투자할 때 가장 본질적인 전제조건을 주식투자의 기본적인 프레임 알고 투자해야 하는데, 기업은 이익을 내지 못하고 청산기업이 될 때가 아니라 바로 이익을 창출하는 계속기업일 때만 가치가 높다는 것을 알아야 한다. 더불어 이러한 기업이 상장사일 경우, 도입기와 성장기, 성숙기, 쇠퇴기 등 성장단계가 바뀔 때마다 주가의 펀더멘털 수준 자체가 드라마틱하게 바뀔 수 있기 때문에, 가치투자자들이 상장사에 대해서 가장 높이 평가해야 하는 가치는 바로 오랫동안 유지할 수 있는 수익성인 것이다.

짧고 굵게 이익이 크게 폭발하며 증가하지만 오래 가지 못하는 기업보다는, 합리적인 수준으로 이익이 증가하면서 이익을 오래 유지하는 기업이 훨씬 더 보물 같은 존재인 것이다.

다시 말하자면, 워렌 버핏이 투자후보군을 선정할 때 아주 신중하게 검토한 요소가 바로 경제적 해자이다. 그런데 이 글을 읽는 독자들은 현재의 워렌 버핏처럼 너무 많은 자본을 가지고 무거운 포지션 아주 싸게 대량 매집할 수 없고, 아주 비싸게 대량 매도하기 어려운 을 가진 투자주체와는 달리, 가벼운 자본으로 훨씬 많은 투자기회를 가지고 있으므로 더 높은 수익률을 올리기에 오히려 유리하다.

즉, 저가에 많은 비중을 매수할 수 있고 고가에 많은 비중을 매도할 수 있는 등 워렌 버핏에 비해서 주식거래에 필요한 최소 유동성이 훨씬 낮기 때문에, 경제적 해자가 있는 기업들을 많이 알고 있으면, 산업 별로 시기가 다른 호황과 불황기를 거치면서, 몇 년마다 적게는 두세 배 크게는 일곱 배에서 열 배까지 투자수익을 낼 수 있을 것이다. 다만 안전하고 높은 수익률에 가장 중요한 것은, 아이러니하게도 최소한의 분산투자임을 명심하는 편이 좋다

그렇다면 경제적 해자에는 어떤 것이 있을까? 주된 경제적 해자의 형태는 무형자산, 고객전환비용, 네트워크 효과, 원가 우위, 규모의 경제 등 다섯 가지로 구분할 수 있다. 이제부터 하나씩 알아보자.

무형자산

무형자산은 기업의 대표적인 경제적 해자이다.

주로 브랜드, 특허, 법적인 규제 등이 대표적인 무형자산 형태의 경제적

해자이며, 브랜드, 특허, 법적인 규제 중 하나보다는 여러 가지 경제적 해자들이 혼재될수록 강한 해자를 가졌다고 할 수 있다.

우선 브랜드는 인기 있는 브랜드보다 수익성 높은 브랜드가 중요하다. 원가인상분 만큼 가격을 올릴 수 있는 가격결정 능력이 있어야 하며, 브랜드 네임으로 충성고객과 예비고객을 끌어당기는 흡인력이 있어야 한다.

다음으로 특허를 살펴보자. 기본적으로 기업의 주력 제품이나 서비스에 대한 특허가 다변화되어 있으며, 현재 단계에서의 특허에 그치는 것이 아니라 향후 관련 기술미래 제품이나 서비스의 후속 특허를 연속적 준비할 필요가 있다. 특히 적은 수의 특허상품에 수익을 의존하는 회사는 생각보다 경제적 해자가 약할 수 있다. 왜냐하면 경쟁사와 특허 변호사들이 법적으로 도전하기 쉽기 때문이다.

또 다른 무형자산의 세부 형태로 법적인 규제가 있다. 정부로부터 까다로운 법적 승인, 인가 등을 과거에 득하여 기업이 보유하고 있는 것은 신규진입자 입장에서 엄청난 경쟁력이다. 이 역시 하나의 커다란 허가보다는 여러 개의 작은 허가들에 의한 해자가, 경쟁사 입장에서 더욱 깨기 힘든 강력한 해자이다. 이상적인 법적 라이선스를 꼽자면, 영업에는 승인이 필요해서 신규진입자가 들어오기 어려운데 반하여 세부적인 가격결정은 당국의 감독을 받지 않는 형태이다.

고객전환 비용

또 다른 형태의 경제적 해자로 고객전환 비용이 있다.

고객전환 비용은 경쟁사의 제품, 서비스를 사용하기 어렵게 만드는 것을 말하며, 실제로 고객의 이동가능성이 떨어질수록 제품이나 서비스에 대해서 높은 가격을 원가 대비 높은 마진 받을 수 있는 여지가 있다.

개념적인 전환비용은 이해가 쉽지만, 실제 여러 산업에서 전환비용의 형태는 생각보다 다양할 수 있는데, 고객의 업무와 긴밀하게 통합되어 있는 각종 데이터 처리기업, 거래처를 옮길 때 고객이 개인 및 기업고객 모두 느끼는 금전적 비용과 심리적 비용 등을 예로 들 수 있다.

반면에, 고객전환 비용이 낮은 기업들은 해자가 적거나 없다고 할 수 있다. 예를 들면 고객 입장에서 거래처를 바꾸는 데 아무런 비용이 들지 않는 평범한 식당, 소매점, 특별한 특장점이 없는 소비재 판매 회사 등이 고객전환 비용이 낮은 기업이다.

경제적 해자 중에서 고객전환 비용의 특징은 불명확성이라고 할 수 있다. 고객의 경험을 이해하고 고객의 입장이 아니면 고객전환 비용을 파악할 수 없다. 지피지기면 백전백승이라는 손자병법의 명언처럼, 실체가 잘 드러나지 않는 적은 이기기가 어렵다. 바로 경쟁사들이 파악하기에 불명확한 고객전환 비용일수록 실제 경제적 해자는 매우 강력하고 오래 지속되는 경향이 있다.

네트워크 효과

네트워크 효과 역시 중요한 경제적 해자의 요소이다.

　네트워크 효과란 사용자가 늘수록 제품이나 서비스의 가치가 증가하는 현상을 말한다. 예를 들어, 글로벌 경매 비즈니스를 영위하는 이베이는 수많은 구매 후기와 다양한 가격으로 최적의 경매 시스템을 자랑했는데, 경매 시스템에서는 판매자와 구매자가 많을수록 더 많은 제품이 판매되고 더 다양한 가격에 판매되며 더 빠른 속도로 구매가 완료되는 것이 가능해지므로, 대표적인 네트워크 효과가 발생한다. 한편, 이베이의 무대를 글로벌 차원이 아니라 일본 시장으로 옮겨서 이해해보면, 이베이의 일본시장 진출보다 야후재팬이 겨우 5개월 앞서 경매서비스를 시작했는데, 이미 상당한 네트워크 효과를 구축하여 일본 시장을 선점하고 방어에 성공한 사례도 있다.

　그렇다면 네트워크를 기반으로 하는 사업에는 어떤 것들이 있을까. 우선 물리적인 상품을 취급하는 사업에서는 자주 보기 어렵다. 주로 신용카드, 오피스 프로그램, 온라인 경매 사이트 등 엄청난 양의 정보를 공유하는 비즈니스 모델, 혹은 사용자들을 연결하는 비즈니스 모델 등을 꼽을 수 있다. 이런 비즈니스 모델에서는 사용자의 수가 늘면 그 네트워크를 소유하고 있는 사업체의 가치가 증가하는 것이다.

네트워크 효과가 강한 경제적 해자에 해당하는 또 다른 이유는, 네트워크 효과의 과정 자체가 자연적인 독과점을 만드는 경향이 있기 때문이다. 고객은 여러 개의 네트워크에 모두 속하고 싶어 하지 않기에 결국 규모에 경제에 의해서 네트워크 수는 감소하고 독과점을 형성하게 되어 있다.

원가 우위

원가 우위 역시 굉장히 중요하고 또 흔한 경제적 해자의 요소이다.

비즈니스라는 개념 자체가 매출과 비용 이익으로 평가되는 마당에 원가구조가 중요하지 않은 산업이 있겠냐마는, 특히나 고객의 구매결정에서 가격이 중요한 산업에서는 원가 우위라는 해자가 굉장히 중요하다.

원가 우위가 특별히 부각되는 경우는 어떤 제품과 서비스에 대해서 손쉬운 대용품이 있을 경우이다. 예를 들면 반도체 칩은 수요자 입장에서 수요자가 대개 제조 기업이므로 기능만이 중요할 뿐, 감성적 브랜드와 디자인 등이 무엇이 중요하겠는가. 최종 제품이 아니라 반도체 칩의 경우에는 원가 외에 차이를 낼 수 있는 요소가 별로 없는 것이다.

원가 우위가 경제적 해자를 형성할 수 있느냐를 판단하는 기준은 원가 우위를 모방할 수 있는지 여부이다. 예를 들어 인도, 중국, 동남아 국가 등에 공장을 이전하여 인건비와 재료비 일부를 절감할 수 있다면 이는 비용 절감을 통해 이익구조가 개선되기는 하지만, 경쟁사가 쉽게 모방할 수 있기 때문에 진정한 경제적 해자라고 확신하기는 어렵다.

그렇다면 원가 우위의 대표적인 형태를 간단히 살펴보자.

1) 저비용 프로세스

값싼 인건비를 찾아서 공장을 옮기는 단순한 원가절감 행위에 비해서, 프로세스에 기반한 원가우위, 즉 연구개발과 제품기획에서부터 원재료 조달, 생산관리, 물류 및 유통에 이르는 프로세스 자체가 오래도록 사업내용의 특서에 맞게 최적화되어 이를 통해 원가가 절감된다면, 경쟁사가 즉시 모방이 어렵기 때문에 그나마 일시적으로 해자를 형성할 수 있다. 예를 들면 과거의 델컴퓨터라든지 월마트 등 제품과 상품 공급망 서플라이체인 이 독창적으로 효율화된 경우를 들 수 있다.

하지만 결국 경쟁사들이 시간을 두고 저비용 프로세스를 유사하게 모방하거나, 경쟁사의 강점과 특성에 맞는 새로운 저비용 프로세스를 창출할 경우에는 구축해 놓은 경제적 해자가 일부 무너질 수 있다.

2) 더 나은 위치

조금 일차원적인 이야기이지만, 제품상품이 매우 무겁고, 무게에 비해서 값이 싸며 부가가치가 낮다는 의미, 생산지에서 가까운 곳에서 소비된다면, 위치 자체가 경제적 해자가 될 수 있다. 즉 비용절감을 하기에 유리하도록 가까이 위치한 기업이 원가 우위를 지닌다.

예를 들면 쓰레기 처리, 골재 채석장 근방의 건설사를 독점 가능, 시멘트 등을 주요 사업부문으로 하는 기업이 비용을 절감할 수 있는 유리한 위치에 이미 들어서 있어서, 후발 진입하는 예비경쟁자보다 원가 우위에 있다면 게다가 엄격한 허가제 산업에 속해 있다면 일석이조 이는 생각보다 강력한 원가 우위가 될 수 있다.

3) 고유한 자원의 소유

위치 기반 원가 우위와 닮은듯하지만 사실은 다른 형태에 해당하는 자원 접근 및 소유권에 기반한 원가 우위가 또 있다.

광산업 등이 대표적으로 이에 해당되는 산업인데, 독점적이고 매우 유리한 자원 자산에 대한 접근성이 중요한 요소가 된다. 특히 특정 지역의 자원 매장량이 업계에 알려지기 전에, 미리 낮은 가격에 해당 자원 매장 지역의 확보가 매우 중요하다 하겠다.

규모의 경제

마지막으로 중요한 경제적 해자는 바로 규모의 경제이다.

규모의 경제는 사실 원가 우위의 한 가지 형태이다. 규모가 크면 한 단위당 원가가 싸다. 하지만 규모의 경제는 원가 우위 중 한 가지로 설명하기에는 너무 중요하고 또 다양한 형태를 띠므로, 별도로 독립된 개념으로 설명하는 편이 합리적이기에 따로 구분했다.

규모의 경제로 인한 이점이 발생하려면, 기본적인 전제가 있다. 바로 고정비용이 높은 산업이여야 한다는 것이다. 반대로 고정비용이 매우 적고 유형자산이 거의 없이 무형자산 특허, 연구개발, 고급인력, 창의적인 시스템 만으로 돌아가는 산업이라면 규모의 경제는 별로 의미가 없다.

압도적인 운송수단과 넓고 촘촘한 물류망 등이 필요한 전국적인 택배회사, 제조시설 자체에 어마어마한 비용이 드는 자동차 제조업이나 반도체 제조업체 등은 규모의 경제가 이점이 되는 산업이다.

규모에 기반한 원가 우위는 크게 유통, 제조, 틈새시장으로 구분할 수 있는데, 하나씩 간단히 살펴보자.

1) 대규모 유통망으로 인한 원가 우위

대규모 유통망은 원가 우위를 발생시킨다.

물류배송 기업을 생각해보자. 고정 경로를 순회하는 트럭 및 휘발유는 변동하지 않는 비용이므로 고정비이다. 반면에 초과근무수당과 고정 경로를 벗어날 경우에 드는 휘발유는 변동비로 볼 수 있다. 이때 신규진입자가 넓고 촘촘한 유통망을 이미 확립한 기존 회사와 경쟁하기는 매우 어렵다.

즉 대규모 유통망은 구축하기가 힘들지만, 일단 효율적으로 제대로 구축해 놓으면 추가 제품을 더하는 것에 (물류배송 아이템 추가) 아무런 어려움이 없으며, 쉽게 수익을 추가할 수 있다.

2) 제조 규모에 의한 원가우위

또한 제조 (혹은 판매) 규모가 크면 원가우위가 발생한다. 쉬운 예를 들면, 더 큰 생산시설을 가진 제조업은 단위 제품당 제조원가가 싸며, 가입자가 더 많은 유료채널은 가입자당 제작비가 싸기 때문에, 규모가 작은 제조기업과 가입자가 적은 유료채널과는 비교할 수 없는 원가우위 구조를 지닌다.

3) 틈새시장 지배에 의한 원가우위

마지막으로 절대적인 기준에서 규모가 그렇게 큰 기업이 아니더라도, 틈새시장을 지배하면 원가우위가 발생한다. 작은 연못 속에 큰 물고기를 생각하면 이해하기가 쉽다. 작은 연못에는 고래가 살기 힘들다. 마찬가지로 대기업들이 진입하기에는 애매모호한 틈새시장에서 독과점을 하고 있는 중견 혹은 중소기업의 경우 작은 연못 속의 큰 물고기에 비유할 수 있고, 경쟁사들이 이기기 어려운 원가우위가 발생한다. 작은 틈새시장이면서도 승인까지 필요한 시장이라면, 더욱 단단한 원가 우위를 점하게 되며 확실한 경제적 해자를 지녔다고 판단할 수 있다.

경제적 해자의 침식

기업이 장기적으로 이익을 꾸준히 창출하며 자기자본 증가율을 꾸준히 유지하게 지켜주는 경제적 해자는, 오랜 시간이 지나면서 근본적인 산업구조 변화, 기업의 핵심 펀더멘털 훼손 등으로 인해 점차 침식되어 사라질 수도 있다. 우량한 기업일수록 경제적 해자는 반영구적으로 지속되지만, 모든 기업이 완벽한 것은 아니며, 또한 아주 우량한 기업일지라도 작은 흠들은 있게 마련이므로 시간과 함께 이러한 흠이 점점 커지면서 결국 경제적 해자가 침식, 소멸되는 경우도 있는 것이다.

우선, 기술적인 경쟁은 특별한 산업 기술변화가 별로 의미 없는과 특별한 비즈니스 모델 기술변화에 해를 입지 않는을 제외하면 여러 산업에 걸쳐서 해자를 침식시킬 수 있다.

결국 모든 제품은 표준화에 성공하여 중장기적인 기준이 되지 못한다면, 토스터와 같은 운명에 처할 수밖에 없다. 토스터에 무슨 차별적인 기술이 있고, 어떻게 소비자에게 높은 가격으로 팔 수 있겠는가

예를 들면 디지털 카메라는 아날로그 카메라 시장을 잠식하고, 스마트폰의 사진 및 영상 기능 확대는 디지털카메라 시장을 잠식해 왔다. 인터넷 언론은 종이신문 매출을 갉아먹어 왔고, 현재는 포털이 인터넷 언론의 매출을 갉아먹음과 동시에 SNS가 또한 포털의 뉴스 검색을 갉아먹는 현상이 동시에 이루어지고 있다.

기술적인 경쟁에서 경제적 해자를 잃지 않으려면, 첫째 산업 내 기존 기술에서 선도적인 입장이 되어야 하며, 둘째 산업 내 현재의 기술로 충분한 이익을 내는데 만족하지 말고 다음 단계의 기술전환을 미리미리 준비해야 한다.

현재 우위에 있으면서 다음 우위도 미리 준비하는 초우량기업들은 사실상 기술변화에도 불구하고 장기적으로 경제적 해자를 지켜낼 수 있다. 사실상 이는 기업의 조직 문화와 경영 정책 등이 나태해지고 게을러지고 관료화되지 않고, 효율적이고 빠른 속도를 유지하며, 규모가 커졌음에도 불구하고 작은 하부 기관 혹은 사내 조직들을 효과적으로 활용한다면 얼마든지 가능하다.

하지만 개인이건 조직이건 '배부르고 등이 따스해진 후에도' 헝그리 정

신을 발휘하는 것은 누구나 할 수 있는 일이 아니라, '언제나 일부만 할 수 있는' 드문 미덕에 해당한다.

꼭 기술적으로 두드러진 혁신과 변화가 없더라도, 산업계의 지각변동은 당연히 특정한 형태의 경제적 해자를 훼손하고 침식한다.

예를 들자면, 분화되었던 소비자고객 그룹이 대형마트를 통해 하나로 통합되면서 중소형 소매점과 전통 소매점이 동시에 축소되었고, 저비용과 편리함을 무기로 삼은 온라인 쇼핑몰을 통해 또한 대형마트의 이익은 침식당하고 있다.

산업계의 변화 중 또 다른 예는, 개발도상국의 저임금 노동력으로 인한 산업 내 비용 경쟁 심화라든지, 특정 국가의 일부 산업 지원 등 비합리적인 경쟁자 각종 세제 혜택, 연구개발비 등 간접 자본 지원 정책의 등장 등이 있을 수 있다.

게다가 상대적으로 싼 국가의 인건비보다 더욱 저렴한 생산방식인 무인화의 거센 공격이 다양한 산업에 닥칠 전망이다.

경제적 해자가 위험에 처해 있다는 또 다른 신호는 어디서 찾을 수 있을까?

그것은 바로 소비자의 가격인상 거부에서 찾을 수 있다. 원인이 무엇이건 간에, 즉 경쟁사의 제품가격이건 산업 외부의 대체재이건, 과거와 달리 일정 시점에서 정기적인 가격인상을 소비자들이 더 이상 수용하지 않을 경우, 이는 경쟁력 약화의 신호로 볼 수 있다.

주기적으로 최소한 3~4년에 한 번씩 원가를 가격에 반영할 수 없다는 것은 생각보다 심각한 일이다.

위에서 경제적 해자가 침식되는 외부 요인들에 대해서 살펴보았는데, 때때로 어리석은 형태의 기업 성장전략이 해자를 스스로 침식시키기도 한다.

기업은 수익을 위해서 존재한다. 덩치를 키우는 것이 지상과제는 아니다. 기업은 덩치를 키우는 것이 현재나 미래의 수익 증가를 필연적으로 동반할 때에만 덩치를 키우는 행위가 정당화될 수 있다.

그런데 기업이 경제적 해자가 전혀 없는 영역 산업부문이나 제품, 서비스에서 의미 없는 성장만을 추구할 경우, 즉 수익성을 고려하지 않고 확장 자체에 의미를 두는 경우, 이익이 확대되기는커녕 손실이 발생하는 경우가 많다. 기업은 경제적 해자가 있는 부문에서 투자를 확대하고 규모를 늘려가는 것이 합리적이다.

경제적 해자가 있는 부문의 시장수요가 완전히 성숙하고 포화상태에 이른 상황이라면, 해당 기업이 해자가 있는 새로운 부문에서 투자를 확대하고 규모를 키울 수 있지만, 그런 부문이 없을 경우에는 차라리 매년 배당금을 확대하는 편이 좋을 것이다.

Chapter 5

재무분석 전략 :
재무손익수치와 ROE

버핏의
재무손익수치 검토

재무보고서 탐독

버핏이 기업을 분석할 때 정성적인 측면, 즉 기업의 사업 모델과 소비자 충성도, 경쟁우위와 경쟁력, 경제적 해자에 이르기까지 검토를 한다는 것은 다 알고 있는 사실이다. 하지만, 버핏이 제대로 가치투자를 시작한 아주 젊은 시절에서부터 현재에 이르기까지 가장 가중치를 많이 두고 또 꼼꼼하면서도 폭넓게 검토하는 요소는 누가 뭐라고 해도 재무손익 수치이다.

그는 기본적으로 기업의 정량적인 지표들, 다소 계량적이지만 최소 10년 이상에 걸친 장기간의 재무상태표, 손익계산서, 현금흐름표, 그리고 재무손익비율 등을 탐독하는 것을 매우 즐겨하며, 이를 가장 중요시했다. 무인도에 갇히게 될 경우 무엇을 가지고 싶냐는 질문에 상장편람을 꼽기도 했던 버핏은 기본적으로 숫자광에 가깝다.

　어릴 적 자동차의 번호판, 야구의 통계, 미국 대도시 인구 등 다양한 숫자에 본능적인 관심을 보이며 적고 암기하곤 했다는 버핏은, 매년 수백 건 이상의 연차보고서를 읽는다. 친구 가족들과 여행을 가거나 이사회 행사 등에 참석할 때에도 각종 재무제표 더미들을 들고 다니며 심심할 때마다 읽는 것으로 유명하다.

　심지어 버핏이 스스로 가장 좋아하는 일은 '사무실에 앉아서 재무보고서를 읽는 것'이라고 말하기도 했다.

　필자는 버핏이 수치를 좋아하는 측면을 이해할 것 같다. 그것은 스스로 자신 있는 부분에 집중하는 측면도 있지만, 보다 근본적으로는 가장 확실한 기업능력의 증거, 즉 투자를 위한 확실성에 대한 갈망이다. 단지 작년 기말의 재무손익 실적은 아무런 의미가 없지만 펀더멘털보다 일시적으로 실적이 좋거나 나쁠 수 있기에, 장기간에 걸친 재무손익 실적은 그 자체만으로도 그 기업의 안정성과 수익창출능력에 대해서 거의 모든 것을 말해준다. 장기간의 정량적인 실적들은 이미 기업의 정성적인 강점이 모두 드러나 있는 결과치이기 때문이고, 단기가 아니라 장기간의 실적을 조작하는 것은 미국은 물론 현재 한국 수준의 상장사 금융환경에서도 매우 어렵기 때문이다.

솔직히 말해서 재무손익수치 분석능력이 매우 고도화된 투자전문가들이라면 회계사나 경영학 박사를 말하는 것이 아니라 검증된 정량적 가치투자고수들, 사실상 기본적으로 기업이 무슨 사업을 하는지 정성적인 분석을 전혀 할 수 없는 백지상태라고 할지라도, 장기간의 재무손익실적 분석결과가 탁월한 기업들을 적정한 주가에 최소 종목수 이상으로 분산투자한다면 8~15종목이 적당하나, 5종목도 문제는 없음, 극히 일부 종목이 손실이 날지라도 포트폴리오 전체 수익률은 거의 무조건 좋을 수밖에 없다. 그만큼 장기간의 재무손익 실적은 단기간의 실적은 의미가 없지만 그 기업의 능력을 가장 확실하게 또 깊이 있게 보여주는 증거이기 때문이다.

필자 역시 좋은 기업이 나타나면 장기간의 재무손익비율 검토를 제일 먼저 실시하여 기업에 대한 대체적인 인상을 이미 잡은 뒤, 같은 기간에 해당하는 개별 재무제표 재무상태표나 손익계산서, 때때로 현금흐름표 항목을 그 다음으로 훑으면서 검토한다.

이때 너무 급격하게 변화가 있었던 재무손익비율이나 재무제표의 개별 항목이 있다면, 앞뒤 연도의 수치와 비교하여 무엇이 달라졌는지 파악하고, 필요할 경우 주석까지 살펴보고 그래도 밝혀지지 않는 부문이 있다면 IR담당에게 통화를 해서 알아낸다. 그렇게 장기간에 걸친 재무제표와 재무손익비율 정도를 파악하면, 사실상 정성적인 분석이 시작되기도 전에 정성적인 분석결과가 대략 미리 그려진다.

버핏은 필자와는 비교할 수 없는 고수이며 더 오랜 기간 동안 노하우를 축적했으니, 사실상 숫자만으로도 투자할 만한 기업인지 아닌지 어느 정도 판단이 서리라 생각이 된다.

실제로 버핏이 일단 한 기업을 분석하기로 결정했다면, 기본적으로 증권거래위원회의 각종 보고서와 연차보고서는 물론이고, 유료 정보사이트를 통해서 해당 기업에 대한 최소 10년에서 15년에 이르는 재무손익수치를 검토하며, 무디스 외에도 각종 언론매체를 통한 기업의 최신 뉴스에 이르기까지 읽어대는 것으로 알려졌다.

그렇다. 버핏은 우리들과 별반 다른 특별한 정보를 보지 않고, 특별히 의존하는 비밀 정보 따위는 존재하지 않는다. 고작 누구나 구할 수 있는 정보들을 단지 장기간에 걸쳐서 꼼꼼히 그리고 날카롭게 분석한다는데 그의 능력이 있는 것이다.

이제부터 그가 재무수치들을 검토하는 원칙과 몇 가지 그가 중시하는 재무손익 항목 등을 살펴보자.

자기자본순이익률

버핏이 재무손익 검토요소로 가장 중요시한 것은 크게 세 가지로 알려져 있다.

첫째, 장기간의 자기자본순이익률ROE 추세는 어떠한가.

둘째, 장기간의 매출액순이익률은 어떠한가.

셋째, 자본적 지출이 적으며 유보금을 효율적으로 사용하고 있는가.

그는 우선 장기간의 자기자본순이익률 추세를 가장 중요시했다.

장기간의 자기자본순이익률은 그 자체만으로 많은 것을 말해주기 때문이다. 보유기간 동안 배당금을 재투자한다는 전제 하에 장기간의 복리투자수익률을 알려주며, 기업의 장기평균 자기자본순이익률ROE 범위에 따라서 기업이 우량한 기업인지, 시장평균 정도의 자본수익률을 보이는 평범한 기업인지, 그 미만의 열위한 기업인지를 말해준다.

2018년 현재 대한민국의 기준에서 말하자면 장기평균 ROE가 8~11% 가량이면 평범한 기업이고 12% 이상이면 우량한 기업, 장기평균 ROE가 7% 이하면 열위한 기업이고 국고채금리나 잠재적인 경제성장률 이하면 존재가치가 의심되는 누가, 왜, 이 기업을 소유하고 경영할 동기가 생기겠는가. 다만 공기업일 경우 제외 기업이라고 볼 수 있다.

그리고 장기간에 걸친 ROE 수치 자체가 해당 기업의 경제적 해자 유무를 대략 증언해주는 셈이다. 경제적 해자가 없는 기업이 장기간에 걸쳐서 시장평균보다 상당히 높은 ROE를 유지하는 것은 불가능하기 때문이다. 왜냐하면, ROE가 평균적으로 높게 나오는 산업이나 사업 모델의 경우, 업계 내부에서도 매우 확장적인 투자가 경쟁적으로 돈이 되는데 모방사업과 추종투자가 없는 경우를 보았는가 이루어지며, 심지어는 다른 업계 장기 ROE가 그보다 아주 못한 로부터의 신규진입도 심심찮게 이루어지면서 성숙. 쇠퇴기를 극복할 수 있는 좋은 기회이기에 경쟁 확대로 인해 결국 ROE가 하락 수렴하기 때문이다.

이를 평균회귀의 법칙이라고 한다. 쉽게 비유하자면, 특정 종목의 너무 높이 오른 PER은 내려오기 마련이고 너무 낮게 하락한 PER은 회복하기 마련이라는 관성의 법칙은, 주가에 있어서의 평균회귀법칙이다. 마찬가지로 ROE 역시 무수한 경영분석자료의 결과치로 증명되었듯이, 대체로 평균회귀의 법칙을 따른다.

다만 ROE 평균회귀의 법칙이 적용되지 않는 유일한 경우는, 해당 기업이 ROE를 지켜낼 수 있는 경제적 해자가 있는 경우뿐이다. 그러므로 10년 이상 장기적으로 평균보다 높은 ROE를 꾸준하게 유지하고 있는 기업은 그 자체로 하나 이상의 경제적 해자를 가지고 있을 것으로 추정되는 것이다.

매출액순이익률

버핏은 장기간의 매출액순이익률도 매우 중요시했다.

매출액순이익률은 매출총이익률, 매출액영업이익률, 세전경상이익률 등에 이은, 그야말로 주주에게 귀속되는 최종 이익률이다.

버핏이 매출액순이익률을 중요시한 이유는 두 가지 정도로 추정되는데, 그것이 적자와 흑자 등 들쑥날쑥한 실적을 내는지 판단하기 위한 최종 수익률이기 때문이며, 개별적인 비용항목을 분석하기 전에 총 비용률_{매출액 대비}이 증가했는지 여부를 전체적으로 바로 알 수 있는 지표이기 때문일 것이다.

버핏은 업종사이클이 불황으로 돌아섰다고 할지라도 적자를 내는 기업을 별로 좋아하지 않았다. 즉, 불황기에는 오히려 투자를 확대해야 중장기적으로 가장 유리하며, 최소한 불황기에는 구조조정을 하지 않고 사업규모를 지켜나가야 중장기적으로 손해를 보지 않는데, 불황기에 적자를 내는 기업은 불황이 조금이라도 심해지거나 길어지면 사업부나 규모 등을 구조조정 할 수 있기_{물론 구조조정 할 수밖에 없는 상태가 되므로} 때문이다.

즉, 매출액순이익률이 경쟁사들보다 높아야 불황기를 현명하게 견뎌낼 수 있고, 다가오는 호황기에 더 많은 이익을 낼 수 있기 때문이다.

이는 홍수로 불어나는 강물 한 가운데에 있는, 수영을 하지 못하며 서로 키가 다른 거인들을 생각해보면 비유적으로 이해하기 쉽다. 물이 불어나면 제일 키가 작은 거인부터 죽을 것이다. 물의 수위가 더 높아질수록 하나하나 키가 상대적으로 작은 거인들이 익사할 것이다. 무한정 내리는 비는 없다. 왜냐하면 문자 그대로 지표면의 수분이 충분히 증발하여 하늘에 비가 꽉 차면 비가 내리고, 하늘의 비가 충분히 소진되어 지표면이 충분히 젖으면 다시 지표면의 수분이 증발하는 등 지구상의 대기는 순환하기 때문이다. 노아의 방주라는 신화에 언급된, 지구과학 법칙까지 어길 정도로 거대한 홍수가 아닌 이상 가장 키가 큰 거인들은 살아남을 것이다.

이와 마찬가지로 주기적으로 닥치는 산업별 불황은 해당 산업 내의 평균 매출액순이익률이 낮은 기업들을 키 작은 거인들에 해당 허덕이게 하고 일부 기업은 쓰러지게도 한다. 하지만 산업별 불황은 거의 대부분 해당 산업 내의 모든 기업을 죽일 정도로 강하지는 않다.

사실 이것은 매우 당연하다. 산업별 호불황은 기본적으로 경기등락의 원인도 있지만, 산업 내의 수요공급과 더 큰 연관성이 있는 것을 이해한다면, 어떠한 주기적인 산업불황도 해당 산업의 1등까지 모든 기업들을 전멸시킬 정도로 진행되지는 않는다는 것을 이론적으로 또한 현실적으로 이해할 수 있다. 몇 개 기업만 쓰러지고 공급량이 확 줄어버리면 반대로 수요량이 그처럼 드라마틱하게 줄어들지 않는 이상, 살아남은 기업들의 실적은 이내 바닥을 치고 상승할 수밖에 없기 때문이다.

그런 이유로 업종 평균 매출액순이익률보다 장기적으로 높은 매출액순이익률을 유지하는 기업들은 불황을 거치면서 호황기에 더욱 성장하지만, 그 반대의 경우 불황기를 거칠 때마다 단계적으로 이익이 쪼그라들고 심지어는 적자가 발생하면서 결국 손익구조 펀더멘털이 점차 훼손된다.

그런 이유로, 필자 역시 동종업종에서 같은 제품이나 서비스를 팔거나, 이종업종이라도 대체제품과 대체서비스를 파는 경쟁사들이 있는 경우, 그 전체 기업들 중에서 1등에서 2등 기업에 주로 투자하고 복리수익률이 발생, 주가가 예외적으로 쌀 경우에만 한시적으로 3등 기업에 투자하라고 조언 및 강의해왔다.

자본적 지출과 유보금

워렌 버핏은 자본적 지출이 주기적으로 크게 발생하는 기업은 가능하면 투자를 피해 왔으며, 자본적 지출이 별로 발생하지 않는 채권형 기업 꾸준한 이익을 유지하는 사업을 영위 의 경우에는 유보금을 장기적으로 어떻게 사용해 왔느냐를 매우 중시했다.

버핏이 말하는 자본적 지출이 큰 기업이란, 마치 애초에 튼튼하지 못한 차를 구입했기 때문에, 단지 그 차의 기본기능 유지만을 위해서 개선이 아니라 매년 적지 않은 수리비가 드는 경우, 바로 그 차를 말한다. 즉, 기업의 생산량을 경쟁사들에 비해서 크게 증가시키거나 생산효율을 경쟁사들보다 훨씬 좋게 하기 위해서가 아니라, 경쟁사들과 비교해서 단지 현상유지를 하기 위해서 매출액증가율이나 각종 이익률 등이 전혀 변하지 않는 매년 혹은 몇 년에 한 번씩 주기적으로 적지 않은 금액을 유형자산의 유지 보수비에 사용하는 경우를, 자본적 지출이 큰 기업이라고 이해하자.

애초에 튼튼한 차를 샀다면 수리비가 별로 들지 않을 텐데, 부실한 차를 샀다는 이유로 언제까지 단지 기능유지를 위해서 수리비를 매년 물어야 할까라는 고민을 그 차의 주인이 하듯이, 매년 근근이 벌어온 당기순이익을 언제까지 현상유지를 위해서 아깝게도 자본적 지출에 쏟아 부어야 하느냐 라는 고민을 그 기업의 주주가 하는 것이다.

여기서 유형자산에 자본을 투자하더라도, 생산량의 극적인 확대나 생산효율의 개선 등으로 매출액 자체가 증가하거나 비용절감으로 이익률이 증가하는 경우는, 버핏이 말한 부정적인 자본적 지출과는 좀 거리가 있고 오히려 필립 피셔가 중요시하는 '성장을 위한 선행투자'의 성격이 강하므로, 지금 설명하는 내용과는 무관하다.

그래서 버핏은 가능한 한 자본적 지출이 없거나 적기 때문에, 매년 벌어들이는 순이익이 온전히 주주의 몫으로 돌아오는 종목들을 아주 선호했다.

그런데 이런 수익성 높은 좋은 기업들, 쉽게 말해서 유지관리비와 수리비가 별로 들지 않는 좋은 기업들의 경우에도, 점차 쌓이는 유보금을 정책적으로 어떻게 사용할 것이냐에 따라서, 기업 입장에서는 장기성장률이나 장기 자기자본순이익률이 결정되고, 투자자 입장에서는 장기 자기자본순이익률과 그에 따른 기업의 미래가치가 결정된다.

아주 간단히 설명하자면, 상장사 평균보다 자기자본순이익률이 높은 기업의 경우 단순히 배당을 늘리는 것보다는 매년 창출되는 당기순이익을 그 기업의 주요 사업이나 연관사업에 투자하는 편이 낫고, 상장사 평균보다 자기자본순이익률이 낮은 기업의 경우 낮은 자본수익률에도 불구하고 본업에 추가투자를 하는 것보다는, 더 높은 자본수익률이 가능하면서 기업의 강점이 존재하는 신사업에 투자하거나 아니면 배당을 확대하고 자사주를 매입하는 편이 낫다.

즉, 시장평균보다 빠른 이익성장률을 보이는 기업은 배당보다 유보를 통해 투자를 확대하고, 느린 이익성장률을 보이는 기업은 배당이나 자사주 매입 등 주주에게 이익을 돌려주는 편이 낫다.

기타 재무손익 주요 항목

구체적으로 손익계산서, 재무상태표, 현금흐름표 등에서 워렌 버핏이 눈

여겨봐야 한다고 말했던 몇 가지 항목들을 간단히 나열한다.

손익계산서에서는 아래와 같은 항목을 검토할 것을 권했다.

- 업종평균과 비교하여 과거 10년간 매출총이익률 추이 검토. 더 높으면 좋다.
- 업종평균과 비교, 지난 10년간 매출총이익 대비 판매관리비의 비율 검토. 더 낮을수록 좋다.
- 연구개발비의 비용처리 여부 확인. 연구개발비용을 무형자산화 하는 편보다 비용 처리하는 편이 향후 주주리스크가 적다.
- 당기순이익의 장기적인 상승추세를 확인한다.

재무상태표 및 재무손익 비율에서는 아래와 같은 항목을 유의해서 살펴보라고 조언했다.

- 재고자산은 매출액과 유사한 비율로 재고자산 회전율이 일정한가 확인 증가하는 편이 좋다. 또한 재고자산의 성격은 가능하면 시간이 지나도 폐기되지 않는 편이 좋다. 예를 들어 의류상품 재고보다는 철광석 재고가 시간이 지나도 가치가 훼손되지 않는다는 것을 알 수 있다.
- 매출액 대비 매출채권의 비율이 일정한 편이 매출채권 회전율로 확인 좋다.
- 신규건물, 기계장치 등 생산량 확대를 위해 유형자산에 투자할 때 부채가

아닌 자기자본으로 투자하는 기업인지 확인하라.

- 영업권과 개발비 등 무형자산의 비율이 총자산 대비 비율 적을수록 좋다. 이때 가장 좋은 일은 영업권 금액은 적지만 그 이유가 장기 실적이 좋은 자회사가 일시적 불황을 겪을 때 싸게 인수했기 때문에, 실제 영업권 가치가 높은 데 비해서 숨은 가치 수치상 영업권 금액이 적은 것이다. 또한 매우 좋은 일은 개발비 자산 항목 금액은 적지만 실제 효과적인 연구개발주제에 대해서 중장기적으로 연구개발비를 거의 비용처리했기 때문에, 실제 무형자산 중 개발가치가 높은 데 비해서 숨은 가치 수치상 개발비 금액이 적은 것이다.
- 총자산수익률ROA이 높고 총자산 자체가 상장사 전체에서 큰 편인 기업이 더 좋다. 총자산수익률이 높아야 그 기업의 사업수익률이 높은 것이고, 적절한 부채를 통해 ROE를 더욱 높일 수 있기 때문이며, 총자산 금액 자체가 큰 기업이라야 예비경쟁사들이 적은 금액으로 쉽사리 투자하지 못하는 충분한 진입장벽을 스스로 확보할 수 있기 때문이다.
- 부채비율이 업종 평균보다 낮은 기업이 좋다. 탁월한 장기경쟁우위 기업은 수익성이 매우 높기 때문에 부채를 지속적으로 빌려야 할 이유가 적다. 또한 부채를 많이 써서 억지로 ROE를 높인, 실제로는 그렇게 뛰어나지 않은 기업들을 가려낼 수 있기 때문이다.
- 10년 이상 높은 자기자본순이익률ROE을 올리는 기업을 찾아라. 보석 같은 기업들이 이 부류에 속해 있다.

마지막으로 버핏은 현금흐름표에서는 특히 자본적 지출을 유심히 봐야 한다고 했다. 그 부분을 쉽게 파악하기 위해서는 I.C. 영업자산 혹은 투하자본, Invested Capital 항목을 직접 확인할 필요가 있다.

기말의 영업자산은, 전년도 기말의 영업자산에 지난 1년간의 자본적 지출금액을 합하고 영업자산에 더해짐 지난 1년간의 감가상각비를 빼면 영업자산이 감소함 도출된다. 그러므로 자본적 지출과 감가상각비를 합리적으로 모두 고려하려면, 영업자산 항목이 중요한 것이다.

- 지난 10년간 당기순이익 총 합 대비 10년간의 자본적 지출의 총 합의 비율이 작은 기업이 좋다. 10년이 어려우면 적어도 5년 수치의 합은 비교 필요함 이것을 쉽게 계산하려면 각종 포털이나 증권사 사이트에서 관심기업의 I.C. 영업자산 혹은 투하자본, Invested Capital 항목과 당기순이익 항목을 살펴보면 된다. 당기순이익 자체가 감가상각비를 뺀 금액이므로, 제대로 비교하려면 당기순이익과 I.C. 증분 자본적 지출-감가상각비 을 비교해야 한다.

쉽게 말해서 기업의 작년 기말 I.C. 금액에서 11년 전 I.C. 금액을 빼면 10년간의 총 I.C. 증분이 도출된다. 또한 11년 전 기말 당기순이익에서 작년 기말 당기순이익까지 다 더하면 10년간 당기순이익 합이 나온다. 10년간 당기순이익 총 합과 비교해서 10년간 I.C. 총 증가액의 비율이 작은 기업이 복리수익률이 높은 좋은 기업이라는 뜻이다. 순이익을 영업자산에 많이 뺏기지 않고 주주에게 많이 귀속

버핏의 ROE 검토

ROE 펀더멘털 평가

워렌 버핏은 ROE가 높은 기업은 주식시장에서 가장 보물 같은 존재라고 말했다. 그리고 그것은 벤저민 그레이엄이 말했던 안전마진 내재가치보다 싸게 사는 것 개념과 더불어 최고의 투자원칙과 전략이 되어 왔다. 단지 버핏에게만이 아니라 역사상 수많은 나라의 수많은 가치투자자들에게 누적적으로 큰 수익을 주어 왔고, 또 지금도 주고 있다.

여기서는 ROE가 높은 기업이 우량한 기업이고 매력적인 투자대상이라는 뻔한 말을 반복하는 대신에, ROE가 좋은 기업을 제대로 가려내기 위해서 유의해야 할 점 세 가지를 정리한다.

첫째, ROE가 유사한 수준이라면 부채비율이 낮은 기업이 훨씬 이익창출능력이 뛰어난 기업이며 또한 투자가치가 훨씬 높다.

총자산의 이익률은 ROA인데, ROA가 부채이자율보다 높다면 이론적으로 부채를 더 빌리면 빌릴수록 자본의 수익률은 높아진다. 이자율보다 높은 속도로 부동산 가격이 오를 경우 부동산대출이 얼마나 유용할지 생각해본다면 이해하기 쉽다. 총자산 1,000억 원으로 100억 원의 당기순이익을 벌 수 있는 사업이 있을 때, 자기자본 1,000억 원으로 100억 원을 벌면 ROE는 10%이다. 하지만 부채이자율 5%로 800억 원을 빌리고 자기자본은 200억 원만 가지고 똑같은 사업을 해서 100억 원을 벌면, 이자비용 40억 원을 지불하고 나서도 60억 원이 남는다. 자기자본 200억 원에 60억 원 순이익이면 ROE는 자그마치 30%이다.

바로 이것이 부채에 의한 재무레버리지 효과인데, ROE만으로는 실제 경쟁력과 재무레버리지에 의해 부풀려진 경쟁력을 구분할 수 없으므로, 반드시 부채비율을 서로 비교해야 한다.

다시 정리하면 유사한 ROE일 경우에는 부채비율이 낮은 편이 더 좋은 기업이다.

둘째, ROE가 뛰어난 기업은 시장평균과 업종평균을 모두 넘는 기업이다.

꽤 많은 버핏 관련 저술가들은 업종평균 ROE보다 높으면 버핏을 포함한 가치투자자들에게 좋은 투자대상이라고 말한다. 하지만 그것은 틀린 말이다. 산업 평균 ROE가 3%인 쇠퇴기 업종에 속해 있다고 해서 5% ROE를 보이는 기업이 우량한 스노우볼 기업, 탁월한 투자대상인 것은 아니다. 애초에 그렇게 자본수익률이 낮고 수익성이 떨어지는 산업 자체에 투자할 이유가, 가치투자자에게는 전혀 없는 것이다. 5% 자본수익률을 보이는 기업은, 단기적인 거래기회는 줄 지 몰라도, 결코 가치투자 및 보유할 가치는 없다. 3% 자본수익률을 보이는 산업 내에서 그나마 선도기업이 5%로 선방하고 있다고 할지라도 투자가치가 전혀 없는 것은 마찬가지이다

다시 정리하자면, 주식시장의 평균ROE와 업종 내 평균ROE를 모두 넘는 기업들이 우량한 기업들이다. 시장평균보다 높아야 투자가치가 있고, 업종평균보다 높아야 업종 내 상대적 경쟁력이 높기 때문이다.

<u>셋째, 마지막으로 일시적으로 높은 ROE는 아무런 의미가 없다.
즉 직전 기말, 혹은 직전 2~3년 정도의 ROE가 높은 것은, 그 자체로는 별 의미가 없다.</u>

왜냐하면, 경기순환을 따르는 기업의 경우 전체적인 해당 업종 경기사이클 예를 들면 4~8년 가량 중에서 일부 호황기에 해당하는 연도의 경우 최고의 실적을 보일 수 있으나, 이내 평년 실적을 보이게 되고 또다시 불황

사이클에 접어들게 되면 최악의 실적을 보인다. 가장 호황기에 해당하는 1~2년간의 ROE가 해당 기업의 ROE를 어떻게 대표할 수 있겠는가?

또한 기업분할이나 인수합병, 비중이 큰 적자 사업부의 구조조정이나 주요 자산 매각 등 기업 형태에 적지 않은 변화가 생길 경우, 일시적으로 ROE가 변할 수 있다. ROE란 기본적으로 당기순이익을 자본총계로 나눈 수치이다. 그러므로 예외적인 당기순이익 변동이 생기거나 그 해에만 해당하는 큰 손익 항목으로 인해, 예외적인 자기자본 변동이 주요 자산항목 변동으로 생기는 경우, ROE가 일시적으로 높거나 낮아질 수 있다. 그런 이벤트로 인해 ROE가 일시적으로 높아질 경우 이는 의미 없는 수치이다.

결국, 일시적으로 특별한 조작을 통하지 않고, 예외적인 이벤트를 통하지 않고, 경기순환기 전체의 평균에 걸쳐서 높은 ROE를 유지하는 기업이 진정 우량한 기업이라고 할 수 있다.

Chapter 6

경영분석 전략 :
경영 평가

버핏의 경영평가

경영진의 정직성

워렌 버핏이 벤저민 그레이엄을 만나 본격적으로 가치투자에 입문하게 된 꼬마초투자 기업의 최저수익성 전제 하에, 주로 드러나거나 숨겨진 전체 자산가치보다 매우 싸게 매수하는 저평가 중심 투자전략 시기에는 경영에 대한 평가가 그렇게 중요하지는 않았다.

이후 찰리 멍거와 필립 피셔 등의 영향을 받고 점차 투자전략이 진화한 워렌 버핏이 가능한 한 탁월한 기업의 장기수익성과 그에 비해 저평가된 혹은 합리적인 주가를 중요시하게 됨으로써, 가능한 한 탁월한 수익성을 장기적으로 유지할 수 있는 기업의 주요 요건으로써 경영진에 대한 평가가 중요하게 되었다.

기업의 사업 구조나 기업의 크기에 따라서 요구되는 경영전략이 다를 수 있고 경영진의 세부적인 평가항목도 다를 수 있다. 하지만 어떤 사업구조, 어떤 규모의 기업이냐에 무관하게 버핏이 일관되게 중요시한 경영진의 요건이 있다. 그것은 일상적인 환경 하에서 경영진의 정직성과 합리성이며, 아주 특별한 환경 하에서 경영진의 독립적인 통찰력이다.

<u>경영진의 첫 번째 요건. 우선 경영진은 정직해야 한다.</u>

과거 십 년 치 이상의 기말 사업보고서를 보면 매년 사업보고서마다 전년도의 성과와 내년의 전략을 읽을 수 있다. 장기간의 사업보고서에 걸쳐서 성과와 미래전략을 모두 참조하면 얻을 수 있는 것이 크게 두 가지이다.

첫째, 과거부터 지금까지 경영전략이 어떻게 변화했는지 알 수 있다.
경영전략이 기존 주력사업에서 확대일로였는지, 연관사업 부문으로 확대되었는지, 비연관 신사업으로 확대되었는지, 혹은 주기적으로 전략의 급격한 변경이나 취소전략의 실패로 인해 등이 발생하여 일관적인 전략방향에 문제가 있었는지 등을 알 수 있다.

또 하나는 이게 더 중요한데, 과거 사업보고서에서 공언하고 추정했던 미래의 전략과 비전대로 현재 어느 정도나 달성되었는지 살펴볼 수 있다. 즉,

기업이 매년 다음 해의 경영전략과 신사업을 발표하고 매출이나 이익의 증가를 공언할 때, 보수적으로 발표하는지 낙관과 과장이 많은지 등을 알 수 있다.

신사업에 대한 과장된 전망과 실제보다 낙관적인 실적예측, 그리고 결국 실패로 인한 주기적인 전략 변경 더 나은 신사업이나 더 나은 미래전략을 매년 허언증처럼 공언하며 등이 발생한 기업들 중에는, 최대주주 등 경영진이 정직하지 않을 경우가 적지 않다. 그 중에서는 심지어 호재성 공시와 제삼자 배정 하이브리드 채권BW, CB 발행 및 유상증자, 최대주주의 잦은 지분율 변경 등이 결합하여, 최대주주가 여러 가지 형태의 불합리한 이득을 보는 경우도 일반적인 소액주주들은 손실을 보는 있다.

최대주주와 경영진이 관련된 과거뉴스나 인터뷰 등을 검색하고 참조하다보면, 과거의 사업보고서 미래전략과 인터뷰 내용 등과 실제로 현재 사업방향 및 달성된 실적과 뉴스 등을 비교하여, 경영진이 주주를 대상으로 얼마나 정직한지 대략 판단할 수 있을 것이다.

경영진의 합리성

경영진의 두 번째 요건. 경영진은 합리적이어야 한다.

경영진은 장기적으로 자본비용보다 높은 기대수익률이 존재하는 곳에 자본을 배분해야 한다.

즉, 해당 기업이 속한 산업 구조, 기업의 독특한 경쟁력과 위치 등을 고려한 자본비용 자기자본을 조달하는 이자율 보다 현재의 자기자본순이익률이 높을 경우 배당 증대보다는 본업에 재투자 확대를 통해 수익을 더 늘려야 하고, 자본비용보다 현재의 자기자본순이익률이 낮을 경우 본업 재투자보다는 배당 증대라든지 자사주 매입 등을 통해 주주이익을 극대화해야 한다.

쉽게 말해서 ROE가 시장평균과 산업평균보다 낮은 기업이 배당은 늘리지 않고 기존 사업에 끊임없는 유형자산 확대나 연구개발비 증액 등 투자를 확대하는 행위는, 합리적인 자본배분자로서의 책임을 다하지 않는 잘못된 행위이다. 그런 기업은 배당 증대나 자사주 매입 등을 통해, 기업의 자본수익성 ROE 을 최소한 유지하면서 주주에게 점차 이익을 더 많이 돌려주어야 한다.

그리고 ROE가 시장평균과 산업평균보다 높은 기업이 사업에 대한 투자를 확대하지 않고 배당을 늘리거나 큰 비중으로 자사주나 매입하는데 열중하는 것도, 비합리적인 자본배분 행위이다. 그런 기업은 기존 사업 부문과 연관 부문 본업의 해외 진출이나 본업의 연관 사업 진출 등 에 대한 투자를 확대하여, 기업의 자본수익성 ROE 을 더 높이거나 혹은 자본수익성을 유지하면서도 매출과 이익의 사이즈를 크게 확대해야 한다.

경영진이 합리적이지 않으면, 주주들의 장기수익률이 갉아 먹힌다.

경영진의 독립적인 통찰력

아주 특별한 환경 속에서 요구되는 경영진의 세 번째 요건은 바로 독립적인 통찰력이다.

여기서 말하는 통찰력은 예외적 상황 하에서 독립적인 통찰력을 말하며, 평상시 미래를 바라보는 전략수립의 요소로써 통찰력과는 이 역시 당연히 필요함 다르다.

쉽게 말해서, 업계의 근본적인 환경이 파괴적인 기술 등으로 크게 변하거나, 업계가 공멸로 가는 불합리한 관행에 깊이 젖어있을 때, 경영진이 독립적인 업계 내 분위기에 휩쓸리지 않고 판단으로, 실제로 어떻게 나아가야 할지 통찰하는 것을 말한다.

예를 들면, 오프라인 소매업을 영위하는 대형 상장사들이 업계 외부로부터, 또한 잠재수요자의 요구로부터 온라인화의 압력을 받기 시작할 때, 초기에는 제 살 깎아먹기에 해당하는 제품단가 하락이 필연적이므로 온라인화를 고려하지도 않고 진행하지도 않는 경향이 있다. 그러다가 선도적인 기업들이 제 살 깎아먹기에 해당하더라도 늦게 뛰어드는 기업이 손해가 가장 막심할 것을 독립적으로 미리 통찰하고 가장 먼저 온라인 소매업 부문을 받아들이고 확대하는 경우를 말한다.

혹은 지난 십여 년간 역사적으로 부동산 가격이 최대치에 가까워지고 부동산 담보 대출의 두 가지 요소인 부동산 가격과 금리 모두 향후 잠재적인 불확실성이 스멀스멀 드리워질 때까지도 가처분 소득 감소와 금리 인상이 예견될 때, 여전히 주요 금융기관들이 마지막까지 손쉬운 대출을 늘리며 자산과 이익을 공격적으로 늘릴 수 있다. 이때, 동종업계의 전반적인 트렌드를 무조건 따라 하기 보다는 항상 기대수익률과 예상리스크라는 냉정한 판단요건에 따라서, 독립적인 통찰력을 발휘하여 리스크를 사전에 조정하는 편이 장기적으로 주주에게 유리하다.

또는 특정 산업이 산업수명주기에서 성장기 후기, 즉 성장률과 수익성이 모두 최고조에 이르렀을 때 과거 우리나라의 조선 등 업계 내 경쟁사들이 무분별한 인수합병과 무리한 사업확장을 시도한다고 할지라도, 독립적인 통찰을 통해 합리적인 투자를 해야 한다.

산업수명주기에서 가장 활황일 때의 특징은 해당 산업 내 모든 기업들의 인수가격과 모든 주요 자산들의 유형자산과 기계장치, 각종 재고자산 등 가격이 치솟아 올라있다는 것이다. 주기적인 세일과 정가 사이를 오가는 백화점 쇼핑에서도 가능하면 세일을 이용하는 소비자들과 달리, 기업은 가장 실적이 좋고 전망이 좋을 때 안타깝게도 전망이 좋다는 것은 현재의 기대감이 높다는 것 외에는 실제 아무런 전망도 하지 못함 가장 의욕적이고 자신 있게 인수합병을 확대하는 경향이 있다.

독립적인 통찰력을 발휘하는 기업은, 활황기에는 자금을 모으고 불황기에는 유용한 자산을 매입 및 인수해야 한다. 최소한 활황기에 투자를 확대하지는 않아야 하며, 불황기에 중요한 자산을 매각하지 말아야 한다.

하지만 활황기에 성과를 특히 많이 나누고자 하는 강성노조, 활황기에 유독 자신감과 확장욕이 가득한 경영진 등 불합리한 구성원들의 의사결정으로 위기를 부르는 선택을 하며 활황기에 과도한 투자, 향후 좋은 기회를 놓치게 되는 불황기에 투자하지 못하고 오히려 매각 것이다.

위 여러 건의 사례와 같이 일상적인 경기등락 수준을 넘어서서 특별하고 근본적인 변화가 발생할 때, 업계의 관행에 따라서 다른 기업들을 단순히 따라 하기 보다는 어리석게도 상황판단이 어려울 때는 함께 살고 함께 죽자는 경향이 있다 보다 독립적으로 냉정한 통찰력을 발휘하여, 합리적인 판단을 할 필요가 있는 것이다.

특정 기업이 아주 가끔 일어나는 업계 전체의 큰 위기에 공멸의 길을 겪느냐 살아남는 우량기업이 되느냐는 바로 이 세 번째 경영평가 항목에 달려 있다.

그런 사건이 매년 발생하는 것은 아니지만, 투자자의 일생 동안 다양한 산업에 걸쳐서 그런 일은 생각보다 자주 일어나며, 필연적으로 여러 번 겪게 된다. 누구보다 일찍 투자를 시작하고 누구보다 오래 투자를 지속하고 있는 워렌 버핏은 당연히, 모든 관행을 단순히 따라하는 기업을 싫어했고 또 투자하지 않았다.

Chapter 7

가치분석 전략 : 내재가치와 가치평가

가치분석 투자의
원칙과 버핏

내재가치와 저가매수

금융시장에서 수많은 혹자들은 금융기업, 교수, 언론기자 등 너무 다양하므로 혹자로 표현 말한다. 투자란 기본적으로 리스크가 있는 것이며, 고수익을 원할수록 리스크는 커지고 리스크를 줄일수록 수익은 줄어드는 것이라고.

틀렸다.
그럴 듯한 것도 아니라 완전히 틀린 말이다.

워렌 버핏이 아니라 그 누구에게 물어볼 필요도 없이 필자가 자신 있게 틀렸다고 말해줄 수 있다. 물론 워렌 버핏도 완전히 틀렸다고 말했을 것이다. 그의 투자 원칙과 기준은 처음부터 끝까지 절대로 원금을 잃지 않는 것이기 때문에, 고수익이 고리스크라는 말도 안 되는 얄팍한 논리를 심지어 비웃을 것이다.

물론 투자가 아닌 투기는 특정 상품의 향후 가격을 예측 또는 기대하여 자본을 투입하는 것이므로 투기=도박 기본적으로 자본을 잃을 리스크가 있다. 이를 기대손실률이라고 한다.

하지만 투자의 개념은 잘 모르는 대상에 돈을 갖다 붓는 것이 아니라 이것은 요행을 바라는 도박 분석을 통해 잘 알게 된 대상에 내재가치보다 근본적인 적정가격 싸게 자본을 붓는 것이다.

그리고 리스크의 개념은 기업 입장에서의 일시적 실적 저하도 아니고 투자자 입장에서의 일시적 주가 하락도 아니다. 그런 것들은 리스크가 아니라 변동성이다. 금융공학에서는 단순한 변동성을 리스크로 둔갑시키기도 통찰력 부족으로 하지만, 실제로 정교한 가치투자 체계를 확립하고 오랜 기간 투자수익을 내어온 가치투자 거장들과 전문가들에게, 변동성은 어디까지나 변동성일 뿐이며, 오히려 역이용하기 위한 기회일 뿐이다.

리스크의 진짜 개념은 기업 입장에서의 영구적인 실적 저하 장기 펀더멘털의 큰 훼손 나 투자자 입장에서의 영구적인 자본 손실을 말한다. 즉, 매수한 가격보다 실제 내재가치가 근본적으로 낮아지는 경우를 말한다.

즉, 제대로 된 투자는 그 대상을 잘 파악한 후 내재가치보다 싸게 매수하는 행위이므로, 일시적인 가격변동성에 시달릴 수는 있어도 자본손실에 해당하는 리스크는 애초에 거의 없다고 하겠다. 아주 예외적으로 매수한 이후 장기적인 펀더멘털 경제적 해자 침식, 경쟁우위 소멸, 산업구조의 불가역적 격변 등의 원인으로이 크게 훼손되는 경우를 제외하면, 단순한 가격변동은 오히려 추가매입기회를 제공해주고 향후 기대수익률을 더욱 높일 뿐이다.

상기 언급한 혹자의 말을 제대로 정정하면 아래와 같다.

아무리 제대로 된 투자라고 할지라도 기본적으로 가격변동성은 존재하는 것이며, 중장기 기대수익률을 확실히 늘리기 위해서 잘 아는 몇 개의 종목에 집중투자할수록 변동성이 커지는 경향이 있고, 변동성을 줄이려 상대적으로 덜 아는 수많은 종목에 분산투자할수록 중장기 기대수익률이 소폭 줄어들 확률이 일부 종목의 펀더멘털이 훼손되어 높다.

최악의 조합은 잘 모르는 대상에 돈을 붓고 가격변동에 놀라면서 매수매도하는 것이고, 최고의 조합은 잘 아는 대상에 돈을 붓고 내재가치에 집중하여 그보다 가격이 낮을 때는 추가매수하고 그보다 가격이 매우 높을 때는 매도하는 것이다.

버핏의 가치평가법에 대하여

내재가치를 구하는 버핏의 공식을 추정하려고 했던 수많은 미국, 영국, 일본 심지어 중국과 한국의 저자들이 쓴 책이 많이 있다. 필자가 주식가치평가와 가치평가 서비스와 교육 투자를 업으로 삼고 있기에 가치평가에 대한 부분들을 거의 모두 보았지만, 경영학과에서 투자과목을 교육하는 수준 가치평가에 주가변동성인 베타를 산입하는 무지와 오류 이거나, 이익과 할인율까지는 언급을 하지만 그 내용 논리가 상당히 틀리거나, 겨우 그럴듯하게 포장하는 수준이거나, 버핏에 대한 인터뷰나 주주서한을 바탕으로 얼기설기 설명한 내용이 대부분이었다. 사실 버핏은 자신의 적정주가 산정에 대한 퍼즐을 맞출 수 있을 정도로 제대로 된 힌트를 준 적은 없다

책마다 버핏의 가치평가법에 대해서 아래와 같이 이런저런 말은 많다.

- 어떤 저자는 기업의 순이익을 장기국채이자율로 나누어서 내재가치를 구한다고 한다. 하지만 사업의 미래 이익감소 리스크가 거의 제로에 가까워서 무위험수익률만큼 위험이 낮은 극히 예외적 초우량기업만 적용된다. 틀렸다.

- 또 다른 저자는 버핏이 미래 순이익증가율을 2단계로 나누어서 1단계는 현행 증가율로 2단계는 낮아진 영구성장률을 적용해서 배당할인모형으로 내재가치를 구할 것이라고 한다. 하지만 2~3

단계로 성장률을 나누는 것은 영구현금흐름을 가정한 모델일 뿐, 실제 현재의 내재가치를 구하기는 어려운 비현실적인 모델이다.

- 어떤 책에서는 버핏의 가치평가를 알려준답시고, 기업의 순이익을 시가총액으로 나눈 수치가% 투자자의 초기수익률이라고 설명한다. 하지만 이건 정말로 황당한 이야기로, 저자가 내재가치의 개념을 전혀 이해하지 못하고 있다.

- 다른 저자는 순이익성장률을 10년 후까지 적용한 미래 순이익에 과거 평균 PER을 곱한 것이 10년 후의 내재가치라고 한다. 여기서는 순이익성장률 자체를 유지가능한 수준으로 조정해주는 것과 비반복적 손익항목을 고려하고, 반복적 손익항목의 경우 영업사이클을 적용하는 등 별도 할인율 산정이 핵심인데, 이것에 대해서는 전혀 설명하지도 않았고 설명할 필요성도 느끼지 못하는 듯 했다.

- 이런 설명을 한 저자도 있다. 버핏의 가치평가의 핵심으로, 현재의 당기순이익에 자신의 목표수익률예를 들면 20% 을 할인율로 적용한 것이 투자자마다의 내재가치라고 설명했다. 이 말은 사람마다 특정 종목에 대한 내재가치가 다르다는 난센스 같은 표현으로, 참조할 가치도 없다.

위 사례 모두 많이 팔리고 버핏 전문가로 이름 깨나 있는 다수 저자들의 책 내용이다. 버핏의 과거 며느리부터 버핏과 오래 알고 지내면서 영향을 받은 지인 지인인데 버핏연구가로 거듭난, 기타 버핏과 경매 점심을 먹은 사람, 국내 기관투자자, 전업 투자 작가 등 정말 수많은 국내외 저자들이 넘쳐났지만, 안타깝게도 맞는 말이 없다. 전혀 맞지 않는 설명도 있었지만, 일부 맞는 것처럼 보이면서도 실제 중요한 연결고리가 빠져 있거나 어이없이 중요한 것을 왜곡시키는 경우도 많았다.

왜냐하면 이유는 매우 간단하다.
책을 쓴 작가들이 진짜 계속 투자를 통해 누적수익을 내고 있고, 또한 자신의 가치투자체계를 정교하게 정립한 주식가치평가 전문가가 아니기 때문이다.

실제 자신의 가치투자 운용전략의 일환으로, 스노우볼 종목들에 대해서 바이앤홀드 전략과 더불어 영업사이클 호불황을 이용한 역발상 매수매도전략을 오래 운용한 투자자가 아니면, 버핏과 유사한 스타일의 가치평가 및 매매전략을 체감하지 못한다. 그리고 이를 체계적으로 이론화한 전문가가 아니면 그것을 스스로에게 완벽하게 정리할 수 없고 또 타인에게 설명하고 가르칠 수 없다.

역사적인 투자대가들에 비하면 아직까지 부족한 한 명의 가치투자자일 뿐이지만, 필자는 주식가치평가 전문가로서 가치평가서비스는 물론, 실전 가치투자 교육 가치평가, 기업분석 등 포함 과 저술을 하고 있는 전문 가치투자자이다. 또한 송구하게도 각종 외부 기관의 사외 임원, 고문 등을 맡고 있어, 어느 정도 투자업계에서 인정도 받고 있다.

이에 간단하게나마 버핏 등 전문 가치투자자들의 내재가치 평가에 대해서 언급하고자 한다.

제대로 된 내재가치의 구성요소는 현재의 적정가치와 연복리수익률 가치성장률 로 나뉠 수 있다. 대표적인 내재가치 활용 가치투자전략은, 지금 그 종목의 내재가치보다 싸게 매수하면 몇 년 후 누적수익률이 얼마에 이른다고, 개념적으로 이해하고 수치상으로 계산할 수 있는 것이다.

극단적으로 두 요소를 나누어 말하자면, 현재 적정가치 대비 주가의 할인율은 단기~중기간의 1회성 수익률을 내재가치는 변동이 없고 현재의 주가가 내재가치까지 상승 말하고, 연복리수익률은 해당 종목을 장기로 보유하면 할수록 초기 1회성 수익률이 점차 희석되면서 연복리수익률만 남게 되는 것을 말한다.

예를 들어 초기 매수가격이 내재가치에 비해서 기대상승률이 50%인데, 연평균 가치성장률 순이익증가율 이 20%인 기업을 10년 후에 매도할 경우, 초기수익률 1.5배와 50% 수익률 연평균 가치성장률 20%의 10승인 약

6.2배를 곱하여, 복합수익률 1회성 수익률과 연복리수익률을 곱한 최종수익률 은 9배가 넘게 된다.

상기 언급한 대로 대체로 초기 1회성 수익률과 몇 년~십수 년 치 누적수익률을 결합한 복합수익률을 내는 것이, 스노우볼 기업에 대한 전형적인 워렌 버핏형 가치투자이다.

본서에서는 필자가 이전에 저술한 실전가치투자 관련 서적들 중 완벽가이드[3]의 주식가치평가 관련 챕터 내용을 발췌, 요약, 그리고 필요한 부분을 좀 더 덧붙여서 독자들의 이해를 돕고자 한다.

---

[3] 「대한민국 주식투자 완벽가이드」, 류종현 저 (2012)

주식가치평가

기업의 수익성과 주식가치평가

주식투자자들 사이에, 특히 가치투자자들의 대화중에서 가치와 가격이라는 개념이 자주 등장한다. 여기서 가치라 함은 내재가치, 적정주가 등을 의미하며, 가격이라 함은 현재 주식 한 주의 가격인 주가, 혹은 특정 기업의 모든 주식수를 감안한 시가총액 등을 의미한다. 가치와 가격의 차이를 설명 드리자면, 가격은 문자 그대로 현재의 가격 주가 이므로 일시적이고 현상적인 수치를 말하고, 현재의 가격이 합리적이건 합리적이지 않건 간에 무관하게, 가치는 내재가치 그 자체로 합리적이고 적정한 가격을 말한다. 이 차이를 잘 음미하고 이해하는 것이 첫 단계이다.

적정가격을 산정하는 가치평가 중에서도, 특히 주식가치평가는 주식이라는 특수한 투자대상 혹은 투자자산을 가치평가하는 방법으로, 현상적인 가격은 ⁽주가⁾ 결국 내재가치, 혹은 적정주가에 수렴하게 마련이다.

일반적으로 특정기업의 주가가 비싸다 싸다고 말하는 PER ⁽주가수익비율⁾, PSR ⁽주가매출액비율⁾ 등, 주가가 순이익의 몇 배이고 매출액의 몇 배인지 계산하는 상대가치평가법 ⁽배수법⁾으로는 왜 현재의 주가가 내재가치와 가깝게 수렴하는지 잘 이해가 가지 않을 수 있다.

하지만 예금이자율 ⁽수익률⁾ 1% 차이에 거대한 자금이 밀물처럼 몰리고, 원금손실확률 ⁽리스크, 할인율⁾ 1% 차이에 거대한 자금이 썰물처럼 빠지는 것을 이해하고, 나아가서 주식자산에 있어서 각 기업의 고유한 할인율 ⁽리스크⁾에 따른 절대가치평가법을 이해하고 나면, 현재의 주가가 고평가이면 내재가치에 수렴하여 주가가 내려갈 것이며, 현재의 주가가 저평가이면 내재가치에 수렴하여 주가가 상승한다는 것이 중장기적으로 ⁽물리학의 중력과 같은⁾ 금융시장의 진리임을 알게 된다.

한편, 주식가치평가의 1차적인 이유는 당연히 가격과 가치의 괴리율을 파악하는 것이며, 예를 들어 적정가치가 10만 원인 주식의 현재 주가가 7만 원일 경우 30% 안전마진을 갖고 있다, 할인되었다, 평가절하되고 있다 등으로 표현하며, 7만 원인 현재 주가가 10만 원까지 상승할 수 있으므로, 상승여력은 43% 이라는 식으로 표현한다. 여기서 현재 시점으로 단순한 기대수익률은 43%가 된다. 그에 반해, 복리가치투자에서의 가치평가, 혹은 고급가치평가는 현재 가격과 가치와의 괴리율뿐 아니라 가치 자체의 성장률까지 계산하는 방법이다.

가치상승률의 예를 들면 현금, 귀금속이나 석유, 주식의 가치상승률이 서로 다르다. 현금은 시간이 오래 지남에 따라 정확히 인플레이션에 해당하는 만큼 복리로 가치가 하락하며, 귀금속이나 석유는 장기 인플레이션만큼 가치가 상승하고, 주식은 '점점 많은 알을 낳으면서 자신의 몸 자체가 성장하는 거위'처럼 가치가 복리로 상승한다. 간단히 말씀드리면, 금 한 돈을 30년이라는 장기간 보유하게 되면 대개 인플레이션만큼 단기간에는 초과수익과 손실이 순환하지만 복리로 가치가 상승하지만, 금 한 돈은 여전히 한 돈이다. 무슨 말인가 하면 금이 금을 낳거나 창출하지는 못하기 때문에 인플레이션 가치상승률 이상으로 제곱, 더블로 가치가 증가하지는 않는다는 의미이다.

그러나 조미료와 면류 등 다양한 가공식품을 제조판매하는 오뚜기를 생각해보면, 면류들의 가격은 인플레이션만큼 복리로 상승한다. 물론 브랜드 가치를 높일 경우 그 이상으로 가격이 상승하지만 일단 인플레이션만큼만 오르는 것으로 가정한다고 할지라도, 장기적으로 오뚜기라는 기업이 금 한 돈과는 비교할 수 없는 13~15%에 육박하는 복리가치상승률을 보이는 이유는 가격이 오르는 면류의 생산 및 판매량 자체가 늘기 때문이다. 즉, 30년 동안 공장을 세워도 더 세우고, 신규시장을 개척하거나 신규 아이템을 개발하여 판매량 자체를 더 늘리기 때문에, 제품의 가격상승분

뿐 아니라 제품의 판매수량 자체가 함께 증가하여, 제곱, 더블로 가치가 증가한다.

요컨대, 주식이라는 자산의 특수성은 복리로 가치가 상승하는 데 있으므로, 본질적으로 복리예금 및 채권과 유사한 면이 있으며, 그럼에도 불구하고 가격변동성이 매우 크고 미래를 추정하기가 상대적으로 어렵다는 부수적인 면이 있다.

주식가치평가를 단순하게 이해하자면 두 가지 방법이 있다.

첫째, 기업의 진정한 이익을 해당기업의 적정한 할인율로 나누는 방법이다. 할인율이란 미래의 수익을 현재가치로 환산할 때의 개념으로 리스크와 같은 의미이다. 예를 들면, 1금융권 은행의 예금이자율이 4%라면 할인율은 4%이며 이는 주식시장의 PER을 적용하여 표현하면 1÷0.04=25로서, PER 25가 되고, 저축은행의 예금이자율이 7%라면 이는 PER로 말해서 1÷0.07≒14 로서, PER 14가 된다. 쉽게 말해 진정한 이익에 적정배수를 곱한 것이 적정주가가 된다.

여기서 진정한 이익이란, 업종사이클 내에서 호황기와 불황기에 왜곡되어 있는 이익을 그대로 적용하는 것이 아니라, 한 기업이 중장기적으로 창출할 수 있는 이익률에 기반하여 산정한 이익이다. 이는 삼성전자, 현대중공업, 포스코 등 국내 상장사의 상당부분을 차지하는 경기변동형 기업에 투자할 때 매우 유용하지만, 복잡한 개념에 해당하여 체계적이고 쉽게 이해하려면 상대, 절대가치평가 교육 외에는 대안이 없으므로, 본서에서는 일단 적정 순이익 정도로만 표현할까 한다.

둘째, 기업의 자본수익률을 해당기업의 적정 할인율로 나누는 방법이다. 자본수익률이란 자기자본이익률ROE 로써 불규칙한 형태의 예금이자율로 이해하면 무방하다. 자본수익률이 높고 할인율이 낮을수록, 같은 자본이라도 적정주가가 높다. 즉 이익의 질이 좋거나 자본의 수익률이 좋으면 적정주가가 높아지고, 낮은 리스크로 할인율이 낮을 경우 적정주가가 높은 것이다. 예를 들면, 똑같이 자본총계가 1,000억 원인 두 기업의 유지 가능한 ROE가 모두 20%이지만 한 기업은 할인율이 10%이고 다른 기업은 할인율이 5%일 경우, 할인율이 5%인 기업의 적정주가 내재가치 가 두 배로 높으며, 두 기업의 할인율은 모두 10%이지만 한 기업의 ROE는 20%이고 다른 기업의 ROE는 10%일 경우, ROE가 20%인 기업의 적정주가가 두 배로 높은 것이다.

기초 개념에서는 자기자본이익률만 고려해도 무방하지만, 투자자로서 중급 이상의 개념으로 가게 되면 총자산이익률ROA 과 투자자본이익률 혹은 영업자산이익률ROIC, 영업자산이익률 까지 함께 이해하면 기업의 수익성을 매우 잘 판단할 수 있다.

주식가치평가의 핵심개념, 수익률과 리스크

주식의 가치, 내재가치 또는 적정주가는 모두 같은 개념으로 특정 기업의 수익률과 리스크에 의해 결정된다. 여기서 수익률이란 주식을 산 가격과 판 가격 사이의 차이 즉 거래를 통한 매매수익률을 말하는 것이 아니라, 기업의 자본수익률로 예금이자율과 같은 개념으로 생각하면 이해하기 쉽다. 예를 들면 100억 원의 자본을 투자하여 순이익으로 15억 원을 회수한다면 자본수익률ROE 은 15%에 해당한다.

투자원금에 대한 자본수익률이 높은 기업은 같은 100억 원의 자본이라 할지라도 자본수익률이 낮은 기업보다 주식의 가치가 높다고 할 수 있다.

리스크 역시 투자자가 주식을 싸게 사서 비싸게 팔았을 때의 주가변동 손실, 즉 거래 손실의 개념은 아니다. 특정기업의 리스크는 기업 고유의 할인율로 해당 기업이 창출하는 이익의 안정성, 지속성, 성장성 등 이익의 질을 감안한 할인율 수치를 이야기한다.

참고로, 대한민국 2,000개 상장사의 중장기 평균 리스크는 10%~8% 정도이다. 그러므로 이익이 꾸준하면서도 성장성이 있는 기업은 리스크가 8% 이하, 즉 PER이 12이상으로 심지어는 PER 14, 17까지도 가능하다고 판단할 수 있고, 이익이 불안정하면서도 성장성이 적은 기업은 리스크가 10% 이상, 즉 PER이 10 이하로 심지어는 PER 6, 5까지도 가능하다고 판단할 수 있다.

수익률과 리스크의 유의점

상기 언급한 수익률과 리스크는 모두 이익의 안정성, 지속성, 성장성에 의해 결정된다. 즉, 현재의 적정이익을 잘 산출하여 기준이익으로 삼고, 이익의 질을 고려한 할인율을 기준이익에 적용하는 것, 이 두 가지가 실전 가치투자를 위한 전문적인 주식가치평가의 전부이다.

여기서 모호하게 느껴질 수 있는 이익의 안정성, 지속성, 성장성에 대해 개략 정리한다. 우선 이익의 안정성이란, 기업이 외부환경의 변화에도 불구하고 얼마나 이익을 안정적으로 낼 수 있는지를 말한다. 업종에 따라 그 정도가 다를 수 있지만 대개 수요시장 및 경쟁사 등에 대해 특정 기업이 가지는 경쟁력과 해당 기업의 경영관리 및 비용통제 등 내부통제력이 좌우한다.

이익의 지속성이란, 근본적인 수요공급변화에 의해 업종 자체가 언제까지 존재할 수 있는가, 혹은 업종 내 경쟁에 의해 해당기업이 언제까지 이런 이익을 창출할 수 있는가를 판단하는 것이다. 심하면, 대체기술이 등장하여 기업의 이익이 완전히 사라지는 수도 있다.

그리고 이익의 성장성 계산은, 현재까지의 성장성이 미래 추세에도 중장기적으로 이어질 것이 예상될 경우 정량적인 재무손익추정 방법으로 계산할 수 있고, 향후의 성장성이 현재까지와는 전혀 다른 신성장 업종일 경우에는 정량적인 방법보다는, 수요시장 자체의 성장률을 각종 통계나 자료를 통해 추정하고 수요시장에서 해당기업의 유지가능한 시장점유율을 감안하여 대략 계산할 수 있는데, 이는 보다 정성적인 방법에 해당한다.

본서에서 간단히만 정리하자면, 해당 기업의 영업손익 및 영업외손익 항목을 합리적으로 쉽게 조정한 적정한 실적으로 자본수익률 ROE 을 구하고, 이익의 안정성, 지속성과 성장성에 따른 기업의 고유한 리스크를 도출하면, 적정주가를 비교적 정확하고 합리적으로 판단하는 것이 가능하다.

주식의 가치를 평가하는 이 모든 것들은 실제 기업의 경영활동과 가치평가 요소를 이어주는 공식을 체계적으로 배우고 이해함으로써 비로소 어렵지 않게 가능해진다.

상대평가와 절대평가의 차이

상대평가방법은 기본적으로 무언가와 비교하여 평가하는 상대적인 방법이다. 그 비교 대상은 해당기업의 PER, PBR, PSR 등 과거의 평균수치를 우선 기준으로 잡아서 현재 수치와 비교하되, 나아가서 동종업종 내 타 기업과 비교하거나 동종업종 평균과 비교하기도 한다. 하루하루를 기준으로 보면 증권시장은 매우 비합리적일 때가 많지만 시장이 중장기적으로 한 기업을 평균적으로 평가하는 데는 그만한 이유가 있다는 것이 상대가치평가의 기본적인 전제가 되므로 일견 합리적으로 보이지만, 사실 증권시장의 중기적인 가치평가 자체가 합리적이지 않을 수 있다는 근본적인 한계가 있다.

예를 들면 지속적인 성장성을 가진 성장기업이 아닌 기업들도 2~3년에 걸쳐서 크게 이익이 성장할 수 있는데, 예외적으로 전후방산업이 해당 기업에 매우 유리하게 움직일 때 그럴 수 있다. 탁월한 시장선도력과 경쟁력에 의한 이익증가가 아니라, 원재료가격이 몇 년간 추세적으로 하락하고, 제품수요와 가격이 추세적으로 상승할 경우 이익이 대폭 증가할 수 있다. 그럴 경우, 원재료 제공업체들의 구조조정이 대략 마무리되면 원재료 가격은 서서히 회복할 것이며, 수요와 가격이 동시에 상승하는 좋은 시장에 자연스럽고 필연적으로 경쟁사들이 진입하게 되면서, 제품공급이 증가하고 가격은 하락하는 상황이 반드시 뒤따라오게 된다.

그럴 경우 과거 이익이 폭증했던 몇 년간의 PER, PBR, PSR이 높은 것 자체가 거품이며, 과거 몇 년 평균의 밸류에이션을 현재 및 미래에 적용하는 것은 큰 투자손실을 부르는 실수이다.

특정기업의 과거와 빗대어 비교하는 것 말고 동종업종 내 경쟁사와 비교하는 것도 일부 한계성이 있는데, 시장 전체가 고평가이고 특히 경쟁사가 초고평가 상황으로 높은 주가로 거래될 때, 경쟁사 대비 아직 상대배수가 낮다는 이유로 주식투자를 했다가는 시장이 자연스럽게 급락할 때 함께 큰 손실을 보게 된다.

상대평가방법의 장단점은 모두 굉장히 명확한데, 증권시장에서 해당 기업에 관심을 가져왔던 모든 투자주체들이 중장기적으로 해당 기업에 그 정도의 밸류에이션을 주었기 때문에, 시장의 주가가 단기적으로 상대평가방법의 적정주가로 회귀하게 되는 투자자들에 의한 관성이 존재한다는 것이 장점이다. 즉, 절대평가방법에 비해서 상대평가방법이 단기적으로 적중할 가능성이 오히려 높을 수 있다.

다만 단점 역시 명확하여, 시장은 단기적으로 전능하지 않을 뿐 아니라 중기적으로도 전능하지 않을 수 있기에, 상대평가방법으로 산정한 적정주가가 그 기업의 실제 내재가치, 진정한 적정주가와 다소 차이가 날 수 있다는 것이다.

절대평가 방법이란, 표면적으로는 미래에 발생할 수익을 모두 현재가치화하는 방법으로만 알려져 있다. 하지만 실제로는 몇 년 치의 미래이익을 일일이 추정하고 이후의 미래이익은 영구이익에 기반한 영구가치로 산정하는 방식이든지, 합리적인 방법으로 현재의 적정이익을 비교적 정교하게 구하고 본질을 파악하지 못하면 이 부분이 어려울 수 있음 하나의 적정이익만을 대입하여 영구가치로 평가하는 방식이든지간에 버핏도 복잡한 기업 외에는 대체로 이 방식을 쓰는 걸로 판단됨 상관이 없다. 즉, 5년에서 7년에 걸친 초과이익을 개별적으로 구하는 데서 RIM 잔여이익모델 가치평가를 시작하든지, 혹은 최근의 당기순이익을 적정하게 조정한 적정 순이익과 이에 기반한 초과이익을 영구가치산정 방식으로 연금법과 같은 배당할인모형 하여 RIM 가치평가를 실시하든지, 애초에 올해의 적정한 당기순이익을 도출하여 영구가치산정 방식으로 절대 PER 가치평가를 하든지 간에 상관이 없다.

보다 중요한 것은 해당 기업에 맞는 절대적인 리스크 할인율의 범위를 구한다는 것, 혹은 변하지 않는 적정한 배수의 범위를 구한다는 것을 의미한다. 예를 들어 어떤 기업의 적정한 근본적인 리스크가 8~10% 사이에 존재한다면, 다른 기업의 시장배수는 물론이고 이 기업의 과거 시장배수에 크게 의지할 필요도 없이 8~10%의 할인율을 뒤집은 PER 10~12.5가 적정주가라는 이야기이다. 물론, 관심기업 주가의 단기적인 관성을 파악하기 위해서 상대평가법을 통한 적정주가 또한 참조해서 투자할 경우, 훨씬 안전하면서도 수익을 충분히 확보하는 주식투자를 할 수 있을 것이다.

다음 단계에 대해서

다만, 정확하고 합리적인 내재가치의 범위를 산정하려면,[4]

1) 각종 영업사이클 실적등락 변동분과 각종 예외적인 1회성 특별손익

---

[4] 「주식가치평가 종합완성」교육과정 교재에서 인용. ㈜한국주식가치평가원

항목 등을 감안하여 최근 기말 기준으로 최적화된 조정 매출액, 조정 영업이익 등을 거쳐 진정한 조정 순이익을 도출해야 하며,

2) 장기 ROE와 순이익증가율을 구성하는 항목들의 펀더멘털을 고려하여, 유지가능한 이익성장률을 도출해야 하며,

3) 마지막으로 해당 기업의 리스크 장기 펀더멘털 실적훼손 가능성를 기반으로 적정한 할인율 범위를 도출해야 한다.

그 결과 조정 순이익과 적정한 할인율을 기준으로 현재의 진정한 내재가치의 범위가 정해지고, 유지 가능한 이익성장률을 기준으로 복리수익률이 정해진다.

Chapter 8

포트폴리오 전략:
확률 기반 집중
포트폴리오

01
집중적 분산투자와 확률적 투자

4할대 투자성공법

워렌 버핏은 투자를 쉽게 설명하기 위해서 야구, 대학교육 등 기타 부문 일반인이 이해하기 쉬운에 빗대어 설명할 때가 종종 있다. 모든 개인투자자들은 한 명 한 명이 훌륭한 주식 포트폴리오 운영자가 되어야 한다는 측면에서, 야구타자로 치면 4할대 타자가 되어야 한다고 비유할 수 있다. 야구 천재가 되지 않고도 주식투자에서 4할대 타자가 되기 위해서 성공적인 투자자가 되기 위해서 집중해야 할 부분은 무엇일까.

자신이 잘 치는 공, 자신에게 유리한 공이 올 때만 배트를 휘두르고, 또 한 시도 때도 없이 힘들게 배트를 휘두르는 것이 아니라 집중력과 컨디션이 좋을 때만 배트를 휘두른다면 누구나 훌륭한 타자가 될 것이다. 이것이 가능한 이유는 주식투자에서는 매수매도를 자주 하지 않았다고 해서 혹은 주식투자 자체를 쉬었다고 해서 어떤 심판도 투자자를 주식시장에서 아웃시키지 않기 때문이다.

이제 주식 이야기로 돌아와서 먼저 버핏이 언급한 내용부터 이야기하고 설명한다.

버핏은 모든 개인투자자들이 자신만의 4할대 주식 포트폴리오 매니저가 되려면, 주식을 사업으로 생각하고 비교적 집중된 종목들에 분산투자를 해야 하고, 확률적으로 성공할 가능성이 매우 높은 종목들에만 투자하고, 시장의 예측 대신 원하는 종목들의 원하는 주가가 오기를 기다리며, 매매회전율을 낮추어야 한다고 말했다.

<u>첫째, 주식을 사업으로 생각하고 비교적 집중된 종목들에 분산투자를 해야 한다.</u>

워렌 버핏은 일전에 "투자를 공부하는 사람은 딱 두 가지만 배우면 된다. 그것은 기업을 평가하는 법과 주가에 대해 제대로 생각하는 법이다"라고 말했다.

즉, 자신만의 주식 계좌 주식 종목들을 주축으로 한 를 성공적으로 운영하려면, 가장 기본적인 것이 주식의 본질, 즉 기업을 분석하고 평가하는 것이다.

아무런 지식이 없이 단기간에 걸쳐서 한 종목의 주가를 살펴보면 별 규칙도 없고 향후 오를지 내릴지 알 수도 없는 듯이 보이고, 심지어는 자본력과 정보력이 압도적인 세력들이 수익을 내고 개인투자자는 수익을 낼 수 없는 것처럼 완전히 오해하기도 한다. 하지만 주식투자는 투기와는 거리가 아주 멀다. 주식투자가 투기가 되려면 주식투자자가 아무런 중요 지식들이 없거나, 혹은 중요 지식들이 있음에도 불구하고 일부러 투기를 하거나 둘 중에 하나이다. 사실 대부분의 경우는 주식투자를 제대로 하기 위한 지식체계 기업분석 및 가치평가가 거의 없는 경우이다.

주식투자가 실제로 투기와 거리가 멀고, 투자지식체계가 있으면 주식투자야말로 누적적으로 아주 고수익이면서도 아주 안전한 단기적 가격변동은 있겠지만 중장기 가치상승과 더불어 필히 중장기 가격상승이 이어지는 이유는, 바로 주식투자의 대상인 기업이 실제로 사업과 이익을 창출하는 실체이며, 기업의 당기순이익이라는 실제 가치의 기반이 있기 때문이다. 실체도 없고 가치의 명확한 기반도 없는 다른 모든 투자상품들에 비해서 주식자산은 장기적으로 가장 인플레이션 헷지효과가 있으며 장기 누적 가격상승률이 가치상승률과 동일 가장 높다.

이것은 생각만 해보면 당연한 일이다. 창업주 및 그를 잇는 대표이사들이 최대의 이익을 내기 위해 사업 방향과 전략을 짜고, 좋은 직원들을 고용하고 동기를 유발하여 생산과 서비스를 활성화하고, 각종 재무회계 및 내부 컨설팅을 통해 비용을 지속적으로 절감하면서도, 장기적인 성장방향에 따라서 설비나 외부기업에 대한 지분투자를 늘려가기 때문이다. 자본주의 사회에서 가장 생산성이 높은 존재가 민간기업들인데, 이런 민간기업들 가운데에서도 규모가 일정 수준 이상이고 비상장사들에 비해서 치열하게 경쟁하면서 성장하는 상장사들이, 어찌 가만히 제자리에 앉아서 노를 저을 수 있는 물이 오기만을 기다리는 금괴와 원유, 철광석과 구리 등 원자재에 비하겠는가.

기업의 실체가 분명하고 가치기반이 또한 단단하기 때문에 당기순이익 주식을 하나의 기업으로 생각하고 잘 아는 사업들 종목들에 집중하여 사업내용을 분석하고 가치평가를 한 후 적정 주가보다 싸게 매수한다면, 주식 포트폴리오가 손실이 날 일이 없는 것이다.

둘째, 확률적으로 성공할 가능성이 매우 높은 종목들에만 투자한다.

투자에 쓰이는 돈은 손실을 보아서는 안 되고 반드시 수익을 내야 하는 너무나도 소중한 돈이다. 그러므로 확실히 투자에 성공할 가능성이 높은 종목에만 투자해야 한다. 간단히 말하면 기업이 우량해야 하며, 기업의 향후 전망도 좋아야 한다.

투자자 관점에서 우량한 기업이란, 과거부터 현재까지 해당 기업이 속한 업종 내에서 다른 경쟁사들 대비해서 더욱 뛰어난 매출액 성장률, 더욱 뛰어난 비용절감, 더욱 뛰어난 중장기적인 경영의사결정 국내외 영업 및 시설 확대, 관련산업 자회사 인수 등 등에 힘입어 상대적으로 뛰어난 당기순이익 증가율을 보여 온 기업이다.

더불어, 향후 해당 기업의 사업 영역을 둘러싼 환경이 장기적으로 좋아질 확률, 큰 변화가 없을 확률, 나빠질 확률 등을 전망하여, 가능하면 나빠질 확률, 즉 사업내용과 수익창출능력이 근본적으로 훼손될 확률이 없다고 할 수 있는 혹은 거의 없는 기업들만 투자해야 한다.

왜냐하면 향후 사업의 근본환경과 수익창출 펀더멘털이 훼손될 가능성이 있는 기업의 경우, 앞으로도 확실하게 우량한 기업을 유지한다고 볼 수 없기 때문이다.

<u>셋째, 시장의 예측 대신 원하는 종목과 주가가 오기를 기다려야 한다.</u>

우량한 기업이면서 적정한 주가 내재가치 보다 낮은 주가에 매수한 기업은 중장기적으로 반드시 높은 수익률을 선사한다. 게다가 그런 기업들의 주가는 기업가치 상승률에 수렴해서 누적적으로 오르기 때문에, 단지 몇 배 주가가 상승했다고 해서 앞으로 오르지 않는 것이 아니라, 오래도록 큰 누적상승률을 보이게 된다.

그런데 모든 기업들의 주가는 단기적으로 예측할 수 없다. 장기적으로는 예측할 수 있다. 왜냐하면 가치에 수렴하기 때문에 그렇기 때문에 향후 시장이 단기적으로 오를지 내릴지, 특정 종목의 주가가 단기적으로 오를지 내릴지를 예측하려 하거나, 그에 대한 정보를 얻으려고 하는 것은 전혀 의미 없는 행동이다.

자신이 가장 관심이 있는 산업들과 제품/서비스를 제공하는 기업들, 그렇지 않더라도 자신이 가장 반복적으로 혹은 깊이 있게 이미 분석한 기업들 중에서, 평소 우량한 기업들 리스트를 가지고 있다가, 원하는 매수가격까지 내려온 기업들만 골라서 매수하는 것이 가장 수익률도 높고 가장 안전하며, 가장 현명한 방법이다.

지금 당장 자신이 선호하는 기업들이 없다면?
기업공부 즉 기업분석을 해서 좋은 기업리스트를 보유하고, 가치평가를 통해 적정한 매수가를 정하면 된다.

지금 당장 자신이 선호하는 기업들이 주가가 비싸다면?
기다리면 된다. 이럴 경우 아무 것도 하지 않는 편이 결과적으로 더 수익률이 높다. 왜냐하면 주식시장 자체가 비싸서 관심기업 주가들이 비싸건, 혹은 관심기업 주가들만 비싸건 간에 상관없이, 관심기업 주가가 비쌀 때 매수하면 반드시 단기/중기적으로 주가하락의 시기 혹은 주가정체의 시기가 찾아오기 때문이다. 고평가 된 주식의 가격이 내려오는 것과 저평가 된 주식의 가격이 올라가는 것은, 마치 중력의 법칙처럼 중장기적으로 확실하다

<u>넷째, 매매회전율을 낮추어야 한다.</u>

좋은 기업들을 저평가된 주가에 매입해서 보유하는 전략, 혹은 고평가 된 주가에 매도하는 전략을 사용한다면, 매매회전율이 높든 낮든 상관없는 것이 아닌가 라고 보통 투자자들은 생각할지 모른다.

하지만 매매회전율이 낮은 것이 대체로 누적수익률이 유리한 편이다. 왜냐하면 매매회전율을 높게 가져가는 경우에 누적수익률이 더 좋을 수 있다는 생각은, 투자자가 주가의 미래를 볼 수 있다는, 최소한 합리적으로 예측할 수 있다는 것을 전제하고 있기 때문이다. 싸게 산 주식들이 이제 적정주가에 올랐으니 바로 매도한다든지, 싸게 매수했지만 악재가 터져서 당분간 주가가 회복하기는 글렀고 추가하락만 남겨두고 있으니 손절매를 시도한다든지 하는 행위는, 적정주가를 넘어서면 단기간에 주가가 하락하며 악재가 터지면 당분간 추가하락이 이어질 것이라는 예측을 전제하고 있다.

그러나 이 예측들은 대개 틀린다. 극히 일부 투자자의 경우 틀리는 경우보다 맞는 경우가 더 많다고 할지라도, 그런 투자방식은 결국 손실을 키

우게 된다. 투자는 스무 번을 성공해도 네다섯 번만 실패하면 결국 손실을 본다

　　적정주가를 넘어섰다고 해도 추가적인 상승을 할 수 있다. 혹은 적정주가를 넘어서 추가적인 상승을 한 후 급락한다고 해도 다시 상승하게 된다. 주식의 단기 가격변동 장기 가치와 가격은 모두 오를지라도 은 누구도 예측할 수 없고 그 경우의 수를 대비할 수 없기 때문에, 적정주가를 넘었다고 해서 전액 매도한다든지, 적정주가보다 내려갔다고 해서 한 번에 큰 금액을 배팅한다든지 또는 한 번에 손절한다든지 하는 단기적이고 대대적인 대응은 결국 손실을 부른다.

　　적정주가를 넘어가면 그 속도에 따라서 비중을 조금씩 줄여가고, 적정주가 아래로 내려가면 그 속도에 따라서 비중을 조금씩 늘려 가면 된다. 그것도 주가를 매일 지켜보는 것이 아니라, 매우 큰 폭의 변동 30% 등 제한폭 이 있는 경우를 제외하면, 일주일에 한 번씩 전체적으로 살펴보고, 빠르면 월 단위로 늦으면 분기나 반기 단위로, 전체 자산 중 주식의 비중과 주식 내에서 특정 종목들의 비중을 조정하는 편이 훨씬 안정적으로 수익을 쌓아갈 수 있다.

　　그러므로 좋은 기업들만 투자후보군으로 꼽아놓고 주가가 떨어졌을 때에만 매수해서 포트폴리오를 완성했다고 할지라도, 겨우 주가가 일이십 퍼센트 오르고 내렸다고 단기적으로 매매하는 것보다, 적정주가를 상회할

경우 그 정도에 따라서 서서히 비중감소, 적정주가를 하회할 경우 그 정도에 따라서 서서히 비중확대하는, 낮은 매매회전율 전략이 장기적으로 압도적으로 유리하다. 주식시장이나 개별종목의 예상 외 주가등락에 따라 대응하기가 매우 유리하고, 게다가 거래수수료 및 세금도 덜 든다.

집중적 분산투자

성공적인 주식투자를 리스크 대비 수익률이 높은 투자, 혹은 수익률 대비 리스크가 낮은 투자라고 한다면, 가치투자가 최선의 주식투자 성공법이다.

그리고 가치투자 포트폴리오 스타일을 구분할 수 있는 여러 가지 기준과 방식들 중에서, 종목 수 기준으로 크게 집중형과 분산형으로 나누면, 고도로 분산된 형태보다는 다소 집중적인 분산형의 포트폴리오가 투자주체가 분석 및 가치평가 능력이 있음을 전제할 때 리스크 대비 수익률이 높다.

예를 들어 10종목과 40종목을 비교해 보자.

우선 투자자가 분석한 저평가우량주들 중에서 최고 매력도를 지닌 톱 10개 주식의 향후 장기평균수익률과 톱 40개 주식의 향후 장기평균수익률이 같을 수 없다. 선정이 잘 되었다는 전제 하에 당연히 톱 10개 주식의 장기평균수익률이 좋다. 또한 10개 종목에 비해서 40개 종목의 최초 심층 분석은 물론 추후 기업경쟁력과 업종환경, 그리고 실적 등의 팔로우업 후속 분석 등의 수준이 얕을 수밖에 없다.

그러므로 당연히 성공적인 가치투자를 원하는 주식투자자라면, 광범위한 분산투자보다는 다소 집중된 형태의 분산투자를 해야 한다. 하지만 한두 종목에 몰방하는 투자는 곤란하다

워렌 버핏이 비유한 것처럼 수십 명의 배우자가 있다면 각 배우자에 대해서 충분히 알 수 없는 것처럼, 주식투자 역시 너무 많은 종목들을 운용하고 관리하는 것보다 잘 아는 기업들에 국한해서 투자하는 편이 보다 확실하고, 그렇기 때문에 수익률 측면에서도 확실성이 수익률에서는 매우 중요함 유리한 것이다.

워렌 버핏 역시 한 종목에 자신의 순자산의 최소한 10%는 투자할 수 있는 확신이 있어야 하고, 또한 확신이 있는 기업에는 순자산의 10%를 투자할 수 있다고 말했다.

다만, 한두 종목에 투자하는 것은 대체로 매우 위험한데 이것은 집중투자라기보다는 거의 몰방투자라고 할 수 있다.

최소한의 종목 분산은 해야 한다. 주식 자산을 다양한 종목에 전혀 분산하지 않으면 첫째, 특정 산업 혹은 제품군에 전체 주식포트폴리오의 운명이 매달리게 된다. 즉 잠재적 리스크가 주가변동이 아니라 사업매력도 훼손 분산되지 않는다. 둘째, 한두 종목에 몰방하여 투자하면 보유기간 중에 실제로 좋은 기회들이 많이 발생하지 않는다. 반면, 최소한의 수준 이상으로 분산

투자를 하면, 보유종목들 중에서 유의미한 수준으로 크게 상승하는 종목들과 하락하는 종목들이 발생하고, 긴 호흡으로 간헐적인 비중조절을 통해서 꽤 만족스러운 추가수익률을 주기적으로 얻을 수 있다.

버핏은 한 종목당 순자산 10% 정도로 대략 설명했지만, 같은 견해인 필자가 교육 및 다른 저서에서 설명한 바에 따라 좀 더 세부적으로 구분해보자면, 보통 투자자의 성향에 따라서 아주 집중적인 투자성향의 경우 6종목 이상, 다소 집중적인 투자성향의 경우 8~12개의 종목, 다소 분산된 투자성향의 경우 15~25 종목 정도로 분산투자를 한다면, 과도한 집중과 과도한 분산을 모두 피한 적정 수준이라 할 수 있다.

다만, 평범한 보통의 투자자가 아니라 고도로 전문적인 가치투자자이며 극도로 집중적인 투자성향을 띤다면 4종목까지도 가능하며 수학적으로 최소한의 리스크 분산, 고도로 전문적인 투자자이지만 가장 계량적인 스타일로 바스켓 투자를 즐겨한다면 25종목을 훨씬 넘겨도 무방하다. 다만 종목 수를 많이 가져갈수록 시장평균 수익률에 점차 수렴할 수밖에 없는 점은, 계량적 바스켓 투자의 치명적인 약점이다.

종목 분산을 포함한 포트폴리오 관리기술 전반을 보다 깊이 이해하기 위해서는, 다소 민망하지만 필자의 다른 저서 「대한민국 주식투자 계량가치투자 포트폴리오」를 참조할 것을 추천한다.

확률과 투자

버핏은 숫자와 확률에 굉장히 강하다. 그리고 아주 고등수학 공식들을 활용할 필요는 별로 없지만 간단한 산수실력은 주식투자에 지대한 도움이 된다.

버핏 역시 자본자산가격결정모델을 포함한 MBA 경영공식들이 주식투자에 별로 필요하지 않고, 수학자가 될 필요는 없다고 이야기하면서도, 가치투자 성공의 핵심 요소는 사실 기업의 사업내용과 현황 등 분석 능력과, 각종 재무비율과 가치지표, 가치평가 공식 등 기본 산수 실력에 있다고 했다. 즉 스스로 이성적으로 사실에 기반한 분석을 하는 태도와 다른 사람들을 우르르 따라가지 말고 다양한 숫자로 기업의 자질과 성과, 그리고 지속적인 이익창출능력 등을 판단하는 지식체계가 필요한 것이다.

다만 버핏이 강조한 숫자와 확률에서, 확률은 단순하게 내일 혹은 다음 주에 주가가 오를 확률과 내릴 확률 같은 것이 아니다. 그런 가짜 확률, 확실성이 결여된 확률이 아니라 진짜 확률, 어느 정도 확실성을 내포한 확률을 버핏은 중요시했다.

그것은 주가변동이 아니라 기업의 수익창출능력이 앞으로 중장기적으로 유지되거나 개선될 것인가에 대한 확률이다.

확률에 따라서 투자비중을 결정할 때, 주가의 단기적인 방향성이 아니라 기업이익능력, 즉 가치에 기반하여 현실주의적으로 분석하는 버핏은, 순기대수익률이 가장 높은 종목들에 집중적으로 투자하는 경향을 보인다.

버핏은 이렇게 말했다.
"예상 수익금액과 수익을 낼 확률을 곱한 수에서, 예상 손실금액과 손실확률을 곱한 수를 빼세요. 완벽하지는 않지만, 그것이 우리가 구하려고 하는 최선의 수치입니다"

여기서 버핏이 설명한 종목별 순기대수익금을, 주식 포트폴리오에서 활용하기 위해서 순기대수익률로 바꾸어서 필자가 설명하고자 한다. 하나의 주식에 얼마를 투자했을 때 기대수익금이 얼마인지에 해당하는 위 버핏의 발언은, 여러 주식 종목들 간에 투자매력도를 판단하는 포트폴리오 수준에서 설명할 때, 종목간 순기대수익률을 비교해서 순기대수익률이 높은 종목일수록 더 많은 비중을 투자한다고 볼 수 있기 때문이다.

순기대수익률은 버핏의 발언 방향을 살짝 틀어서 필자가 재정의한 개념으로, 철저히 분석한 특정 종목의 '현실적인 기대수익률과 기대되는 확률을 곱한 값'에서 만에 하나 '다소 비관적으로 발생할 수 있는 마이너스의 기대수익률과 기대되는 확률을 곱한 값'을 더한 것을 말한다. 다소 비관적인 경우에도 현 주가 대비 여전히 플러스 기대수익률이 나올 수 있는데, 그런 경우라도 전혀 상관없다.

시나리오가 복잡하면 그만큼 가정도 많아지고 결과값의 오차범위도 커진다. 맥킨지나 보스턴컨설팅에서 시나리오별 예상수익 혹은 컨설팅을 실시할 때, 시나리오가 많아질수록 실제로 컨설팅 결과에 따라서 실행해야 할 전략과 과제들이 복잡하고 효과성이 떨어지는 경향을 보이는데 소수 시나리오일수록 그 반대, 이는 상황파악과 향후 전망에 확신과 자신감이 결여될수록 다양한 시나리오를 가정하는 것을 고려하면 당연한 결과이다.

게다가 컨설팅이 아니라 투자의 세계에서는 그렇게 하면 곤란하다. 애초에 돈을 어디에 투자한다는 것은 거의 확실하다는 최고의 확신을 가지고 투자해야 하는 것이다.

그러므로 필자의 견해로는 다소 낙관적인 시나리오는 완전히 배제하고, 현실적인 시나리오와 다소 비관적인 시나리오만을 기준으로 순기대수익률을 계산하는 편이 현명하다고 본다. 매우 낙관적, 낙관적, 보통, 비관적, 매우 비관적 등의 다양한 시나리오는 분석량이 부족하기에 시나리오가 많은 것임 투자 세계에 있어서, 태생적으로 불필요하기 때문이다. 투자는 꽤나 확실한 경우에 실행하는 것이며, 이 경우를 제외하면 모두 투기이기 때문이다.

즉, 과거 중장기간에 걸쳐 그 기업을 둘러싼 환경과 그 기업의 실적을 바탕으로, 향후 중장기간에 걸친 환경변화 및 그에 따른 실적을 추정할 때를 생각해 보자.

이때 가장 현실적인 시나리오에 따라 계산한 기업가치를 기준으로 기대수익률과 해당 시나리오가 발생할 확률을 곱하고, 다소 비관적인 시나리오에 따라 계산한 기업가치를 기준으로 마이너스 기대수익률과 비관적 시나리오보다도 여전히 현재의 주가가 더 낮다면 이 경우는 기대수익률이 플러스로 나올 것임 해당 시나리오가 발생할 확률을 곱하여, 두 결과값을 더하면 순기대수익률이 나오는 것이다.

예를 들어 특정 종목의 현실적인 시나리오의 확률은 90%이며 이 시나리오에 기반한 주식가치를 기준으로 현 주가는 기대수익률이 50%이고, 다소 비관적인 시나리오의 확률은 10%이며 이 시나리오에 기반한 주식가치를 기준으로 현 주가는 기대수익률이 -20%일 경우, 90%와 50%를 곱한 45%와, 10%와 -20%를 곱한 -2%를 더한 43%가, 이 종목의 순기대수익률이 된다.

한편 매수 후 보유기간 중에, 업종환경의 근본적인 변화나, 업종 내 경쟁사들 간 경쟁력 순위의 불가역적인 변동 등 종목의 펀더멘털을 흔드는 사건이 생기면, 현실적인 시나리오의 확률과 기대수익률을 각각 재계산하고, 다소 비관적인 시나리오의 확률과 그 경우 마이너스 기대수익률을 각각 재계산하여, 순기대수익률을 새로 구해야 한다.

위 방법론은 버핏이 평소에 말했던 기업분석의 두 가지 핵심 인자, 즉 장기간의 통계적 규칙성과 매출, 비용, 이익, 각종 회전율과 이익률 등 장기적인 각종 재무, 실적 내용 철저한 시나리오 분석을 시나리오 분석이 안 되는 산업에는 투자하지 말자 고려한 것이다.

시나리오 분석의 개념 자체는 과거 실적 통계 분석보다 객관적이지는 않지만, 실제로 해당 기업의 환경과 실적에 작용하고 있는 여러 현실적인 요소들을 감안하고, 비논리적이고 불합리한 요소들을 제거하면서 분석한 시나리오는, 충분히 통계에 따른 분석 못지않게 현실적이라고 말할 수 있다.

PART 3

워렌 버핏의
발언과 조언

> **Buffet's advice**
> - 주식시장은 자주 움직이는 사람에게서 인내하는 사람으로 돈이 옮겨지도록 만들어져 있다.
> - 투자에 있어서, 무지와 빌린 돈이 합쳐지면 재미있는 결과가 나온다.

회전율과 부채에 대한 버핏의 의견들이다. 단순해 보이지만 필자가 보기에는 각각 중요한 전제 혹은 요소를 깔고 있다.

'주식시장은 자주 움직이는 사람에게서 인내하는 사람으로 돈이 옮겨지도록 만들어져 있다.'

우선, 매매를 상대적으로 자주 하는 사람들은 장기적으로 손실을 보고, 매매를 상대적으로 뜸하게 하는 사람들은 장기적으로 수익을 낸다는 이야기이다.

이는 가치투자자라면 다 아는 당연한 이야기 엉덩이가 무거운 투자자가 돈을 번다 이지만, 조금 더 깊이 있게 생각해 보자.

첫째, 매매회전율이 가장 높은 투자자가 수익률이 낮은 가장 이유 중 생각하기 가장 쉬운 것은 수수료, 그리고 경우에 따라 세금 등이다.

하지만 혹시라도 싸게 사서 단기간에 비싸게 팔면 되지 않는가, 올랐다가도 내려가고 내렸다가도 올라가는 등 어떻게 될지 모르는 게 주식인데

무식하게 오래 보유하는 것보다는 수수료 좀 떼이더라도 단기차익을 계속 내는 게 어때서, 라며 반론을 하는 분들이 있을지 모르겠다.

그런데 그 반론은 틀렸다.
그리고 왜 그 반론이 틀렸는지 대답은 아래와 같이 간단하다.

둘째, 매매가 잦은 투자자가 수익률이 낮은 것은 주식을 매수할 때 단기적으로 상승을 예상하고 매수하고, 주식을 매도할 때 단기적으로 하락을 예상하고 매도하기 때문이다.

쉽게 말해서, 반복적으로 또 오랜 기간 지속적으로 발생하는 단기차익이 존재하려면, 주가의 단기적인 상승과 하락을 예측하고 맞추어야 한다. 하지만 그것은 불가능하기 때문에 단기적인 매매를 반복하면 할수록 결국 수수료와 일부 세금을 제외하고도 매매수익률 자체가 손실구간에 빠질 확률이 점점 100%에 가까워진다.

평생토록 끊임없이 단기매매를 할 경우 손실은 100%이다.

가치투자 전문가라면 특정 종목의 장기 목표주가는 맞출 수 있지만 현재의 적정주가와 기업의 복리수익률에 기반한 미래의 적정주가 등을 계산하여, 특정 종목의 단기 목표주가는 가치투자 전문가는 물론이고 그 누구도 맞출 수 없다. 발생가능한 모든 우연적인 뉴스와 루머, 단기적으로 유입되는 큰 자금의 매수매도 흐름 등에 따라서, 단기 주가는 예측할 수 없기 때문이다.

결론적으로, 주식시장에서 어떤 종목의 단기 주가변동을 예측하는 것은 불가능한데, 이를 가능한 것으로 전제한 후 싼 주가에 사고 단기적으로 비싼 주가에 팔려고 하는 것이 단기매매자이기 때문에, 단기매매자들은 필히 시간이 지날수록 손실을 보는 것이다.

반면에 기업가치에 기반하여 저평가된 주가에 매수하는 엉덩이가 무거운 투자자는, 보유기간 동안의 단기등락을 무시하면서 중장기적으로 해당 종목이 적정주가까지 상승할 때 상당한 수익률을 가져간다.

그러므로 자신이 주식의 단기 미래 주가 방향을 알 수 있다고 확신하는 것은 아이러니컬하게도 어리석음을 스스로 인정하는 꼴이 된다.

그런데 주식의 단기 미래 주가 방향을 누구도 예측할 수 없음에도 불구하고 투자자금마저 단기에 상환해야 할 부채 대출금이나 대여금 등 일 경우에 그 투자자의 미래는 어떻게 될까?

생각했던 방향으로 주가가 움직이지 않을 경우 자기의 자본으로 투자한 투자자는, 만약 매수한 주가가 적정주가보다 낮다면 버티고 기다릴 수 있지만, 단기 대출금으로 투자한 투자자는 상환시일이 오기 전에 수익을 내야만 하는 것이다.

'투자에 있어서, 무지와 빌린 돈이 합쳐지면 재미있는 결과가 나온다.'

단기적으로 주가의 방향을 알 수 없다는 기본적인 리스크 외에도, 단기 대출금의 상환기간 내에 수익을 내야 하는 리스크마저 더하게 된다면, 투자자의 어려움은 극에 달한다.

좋은 기업, 낮은 주가, 기한 내 상승 등이 모두 충족되어야 확실히 수익을 내게 되지만, 실제로 그런 일이 반복적으로 일어나는 것은 불가능하다.

무지와 빌린 돈이 합쳐지면 그 돈의 수익률은 확실히 손실 구간에 접어들며 원금은 쪼그라든다.

투자는 잘 아는 대상에, 그 대상의 가치보다 낮은 가격으로 투자하고, 상환의 부담이 없는 자신의 자기자본으로 투자해야 한다. 그래야 커다란 가격변동이 누적적으로 생길 때마다 역발상 전략으로 대응하여 초과수익률을 올릴 수 있다.

Buffet's advice

- 다른 사람들이 탐욕스러워질 때 두려워 하고, 다른 사람들이 두려워 할 때 탐욕스러워져라.
- 주가의 출렁임을 당신의 적이 아니라 친구로 만들어라. 주가의 출렁임에 참여하는 대신에 주가의 출렁임으로 발생하는 어리석은 일들에서 수익을 얻어라.

'다른 사람들이 탐욕스러워질 때 두려워하고, 다른 사람들이 두려워할 때 탐욕스러워져라.'

버핏의 위 조언에서 배울 수 있는 점은, 다른 사람들과 자신을 진정으로 분리하여 생각할 수 있는가 하는 것이 가치투자자의 기본이다. 매일매일 뉴스에 나오는 사람들의 행동, 이웃집 사람들이나 직장 동료들의 행동과 상시적으로 단순히 정반대로 하는 것이 아니다.

오직 다른 사람들이 사실에 기반하지 않고 어리석은 군중심리에 휘둘리고 있을 경우에, 사실에 기반하여 역대응하라는 말이다.

군중은 어리석은 사람들만 모아놓은 특수한 집단이 아니다. 오히려 정말 멀쩡한 사람들의 집합이다. 하지만 어떤 사회든 태반 이상은 항상 합리적일 수 없고, 정말 평범하고 이성적이라고 생각했던 일반 직장인과 대졸자들마저 사실상 태반 이상이 군중에 가깝다.

나치가 되었든 공산주의가 되었든 선동에 넘어가는 것은 하위 10%만이 아니다. 몇 단계를 거쳐서 놀랍게도 태반 50% 이상이 선동된다. 또한 주식시장의 거품이 최고조에 있음에도 오를 것이라는 선동에 넘어가고, 주식시장이 거의 바닥권에 있음에도 추가하락 할 것이라는 루머에 넘어가는 것은 역시 금융지식 하위 10%가 아니다. 놀랍게도 태반 이상이 군중심리에 휩쓸린다.

왜 그럴까? 왜 경제, 금융, 정치, 외교 등 여러 면에서 보통 사람들은 선동되는 것일까?

사실 매우 간단하다. 선동의 가장 근본적인 조건은 필자가 보기에 세 가지이다.

첫째, 판단의 주체인 개개인이 아주 잘 알지는 못한다.

둘째, 그 결과 대부분의 개인들이 타 기관, 타인, 타 매체 등의 의견과 주장을 참조한다.

셋째, 그 과정에서 가장 큰 판단근거를 제공하는 주체가 기관, 타인, 매체들 중 일부 핵심 세력 개인들의 차가운 이성보다는 두려움이나 불확실성, 기타 신념이나 평등의식, 안심과 친근감 등 각종 본능적인 감성을 자극하여, 생각을 하기 보다는 감정적으로 동조하게 만든다.

평균적인 개인은, 무언가 잘 알지 못하는 것에 대해서 남의 의견에 의존하고, 그 중에서 가장 그럴 듯한 의견 주체에 의해 교묘하게 감성적으로 선동을 당하게 된다.

본론으로 돌아와서 주식시장에서 거품을 과도하게 즐기려는 욕심, 혹은 거품 자체를 애써 부인하고자 하는 탐욕으로부터 벗어나서 주식자산의 비중을 줄이고, 반면에 주식시장의 하락세가 과도함에도 두려움과 공포로 투매를 하는 시장에서 한 걸음 벗어나서 주식 비중을 늘려가라는 것이, 버핏의 조언이다.

그렇게 할 수 있기 위해서는 잘 알아야 하고, 타인의 의견이 아니라 자신의 의견에 따라야 하며, 감정적으로 영향 받지 않고 오직 이성으로 판단해야 한다.
즉, 주식시장의 고평가 저평가를 판단할 수 있어야 하고, 스스로의 판단에 의존해야 하며, 때때로 단기적으로 감정이 흔들릴 지라도 중장기적인 관점에서 차분하게 이성만으로 결정을 내린다면, 주식시장에서 수익을 볼 일만 남았다고 할 수 있다.

'주가의 출렁임을 당신의 적이 아니라 친구로 만들어라. 주가의 출렁임에 참여하는 대신에 주가의 출렁임으로 발생하는 어리석은 일들에서 수익을 얻어라.'

한 종목의 적정한 주가 범위를 대략 스스로 알고 있지 못하면, 오르는 주가에 기분이 좋아지지만 혹시 떨어질까 봐 불안하고, 내리는 주가에 두려워지지만 혹시 반등할 수 있다는 희망을 품게 된다. 하지만 한 종목의 적정 주가를 대략 알고 있으면, 적정 주가보다 훨씬 오른 종목은 자연스럽게 팔게 되고, 적정 주가보다 주가가 낮았지만 더 주가가 하락한 종목은 자연스럽게 조금 더 투자하게 비중 확대 된다.

즉, 주가의 변동은 가치투자자에게는 두려움이 아니다. 추가수익률의 적극적인 기회이다. 장기적으로 연평균 기업가치 성장률이 15%인 기업들로 주식을 보유한 투자자라면, 시장등락이 전혀 없을 경우 장기적으로 연평균 15% 수익률밖에 내지 못한다. 하지만 시장이 활발하고 역동적으로 등락하게 되면 그 과정에서 주기적으로 커다란 추가수익률을 얻을 수 있다.

주가의 출렁임을 친구로 삼고 적극 활용하자. 다만, 그 전제는 기업의 적정주가를 대략 판단할 수 있어야 한다.

> **Buffet's advice**
>
> - 대중이 당신의 의견에 동의하지 않기 때문에 당신이 틀리거나 옳은 것이 아니다. 당신의 자료와 논리가 옳기 때문에 당신이 옳은 것이다.
> - 내가 생각하는 집단적 결정에 대한 개념은 거울을 들여다보면서 거울 속의 나와 함께 결정하는 것이다.

투자에 대한 버핏의 위 조언을 설명하려면, 대중들의 의견이나 대중들의 판단 집단적 의견과 판단에 대해서 설명을 해야 한다. 그러자면 어쩔 수 없이 투자에 있어서 집단정신의 한계를 짚고 넘어가야 하는데, 사실 집단정신의 한계는 금융세계뿐 아니라 정치나 문화적인 세계에서도 마찬가지이다.

하지만 논란의 여지가 있는 부분이 있어, 여기서는 오직 투자에 있어서 집단정신의 한계를 말하기 위해서, 부문을 막론하고 가장 적당한 비유들을 차용하고자 한다.

우선 집단의 의견이나 결정은 옳고 그름에 있어서 최선은 아니다. 집단의 의견이나 결정은 집단 내 과반수 이상의 포지션과 이해관계에 따른다. 즉, 집단적 의결이나 결정은 집단의 이해관계에 맞아 떨어지고 집단에 유리한 방향으로 나온다. 그리고 그것은 또다시 말하지만 옳고 그름에 있어서 최선은 아니다.

예를 들면 완전히 민주적이지만, 인구의 70% 이상이 범죄자로만 이루어진 국가 혹은 독립된 법률적 지역을 가정하면, 이 국가의 법 혹은 지역법, 시행령과 정책 등은 범죄에 관대하고 범죄자를 차별하지 않는 쪽으로 지나치게 기울어질 것이다. 또 완전히 민주적이지만, 인구의 70%가 아무런 교육 초등학교 교육조차을 받지 못했고 그로 인한 여러 불합리하고 열악한 사회문화적 문제를 전혀 느끼지 못하는 국가나 지역을 가정하면, 법과 각종 시행령 그리고 정책은, 구성원들이 교육을 잘 받도록 경제적으로 유도하고, 교육받은 자들에게 더 많은 기회와 과실을 주기보다는, 반대로 투표권자들인 저학력자들의 혜택과 처우 개선에 철저히 기울어질 것이다.

하지만 상식적으로 어떤 국가나 지역에 옳고 그름 면에서 좋은 방향은, 매우 높은 범죄율이 유지되거나 매우 낮은 교육수준이 유지되는 것이 아니라, 범죄를 줄여나가는 것과 교육을 장려하는 것이다.

위와 같이 좀 극단적이기는 하지만 집단적인 의견이나 주장, 혹은 태도에 대한 기본적인 전제 그 자체로는 옳지도 그르지도 않지만, 집단 이익에 따른다를 대략 이해했다면, 바로 투자의 세계로 넘어가자.

당신의 옳고 그름은 대중의 의견과 상관없다. 대중이 당신의 의견에 환호와 갈채를 보낸다고 옳은 것이 아니며, 당신의 의견을 비난하고 야유한다고 해서 틀린 것이 아니다. 또한 대중이 현재의 주식시장이 거품이라고 생각하는가 이제 대호황의 시작이라고 생각하는가에 따라서, 당신의 의견이 영향을 받으면 안 된다. 대중은 현명한 개인보다 이성적이지 않고, 때때로 서로 광범위한 영향을 주고받으면서 그 집단의견을 강화하는 군중심리에 휘말리기 때문이다.

주식시장에 거품이 잔뜩 끼었는지, 아니면 아직 평범한 수준이기에 더 오를 여지가 있는지는, 결코 수많은 사람들의 의견으로는 알 수 없다. 그것은 철저히 주식시장 자체의 계산결과에 따른다

투자의 세계에서 수많은 사람들의 의견은 철저하게 자신에게 유리한, 자신이 보고 싶은 것만 본 결과 생긴 편향적인 의견들의 집합이기 때문이다. 쉽게 말해서 너무 많은 사람들이 빚을 지고 주식시장에 뛰어든 거품의 고조기에는, 그 누구도 시장의 하락을 원하지 않고 과도한 낙관론으로 자기세뇌를 하기 때문에, 거품이 있어도 그것을 보지 못한다는 말이다.

주식시장의 고평가 저평가는 오직 당신의 판단으로만 알 수 있다. 그것도 주식시장의 밸류에이션 정도를 판단할 수 있는 분석체계를 당신이 익힌 후에, 사실에 기반한 이성적인 결론만이 중요할 뿐이다. 당신의 희망과 믿음, 그리고 두려움이 주식시장과 아무런 상관이 없는 것처럼, 희망과 두려움 가득한 대중들의 의견 역시 당신의 판단과 실제 주식시장에 아무런 의미가 없다.

집단 개개인의 현재 이익을 위해서는 집단이 다수결로 결정하면 된다.

그것은 사실이며 진리이다. 하지만 집단이 더욱 발전하고 잘 되기 위해서 내려야 하는 결정은 단순히 다수결로 내릴 수가 없다. 사람은 미래보다 현재, 전체보다 나 중심으로 생각하기 때문이다.

금융시장에서는 철저하게 이성으로만 접근하고 자신의 판단으로만 결정하는 가치투자자가, 다수에 묻어가면서 다수의 의견을 따르는 대중적인 투자자를, 항상 이긴다. 그것도 철저하게 수익률 차이를 내면서.

가치투자자라면, 주식시장에 대한 혹은 한 종목에 대한 대중과 집단의 의견은 현재 주식시장 혹은 그 종목의 일시적인 주가를 설명해줄 뿐이며, 주식시장 및 종목의 중장기적 주가 방향 고평가일 경우 내려갈 것, 저평가일 경우 올라갈 것 은 자신의 분석과 계산, 판단에만 의존해야 한다는 것이, '거울을 보고 투자의사결정을 하라'는 버핏의 조언이다.

> **Buffet's advice**
> - 시간은 뛰어난 기업의 친구이자 평범한 기업의 적이다.
> - 기업의 연간 실적을 진지하게 받아들이지 말라. 기업의 4~5년 평균 실적에 관심을 가져라.

위 버핏의 조언은 크게 두 가지로 해석할 수 있다. 좋은 기업에 투자해라. 좋은 기업 여부는 오랜 실적으로 판단하라.

'시간은 뛰어난 기업의 친구이자 평범한 기업의 적이다.'

종목 단위의 가치투자를 크게 두 가지로 나누자면, 제 가치보다 싸게 사고 비싸게 팔아서 수익을 내거나, 제 가치보다 싸게 사고 지속적인 수익을 내면서 보유하는 것을 말한다.

초기의 버핏은 기업이 훌륭한 경쟁력을 갖추지 않았더라도 싸게 사서 비싸게 파는 투자전략을 썼다. 하지만 버핏이 빠른 속도로 탁월한 가치투자자가 되어가는 과정에서 훌륭한 기업을 비교적 싼 가격에 투자하는 투자전략으로 바뀌어 갔다.

주가는 싸지만 형편없거나 그저 그런 비즈니스 모델을 가진 기업을 매수할 경우, 단기간에 주가가 제 가격으로 올라주면 좋지만, 그렇지 않고 오래도록 주가가 회복하지 않을 경우 시간이 길게 흐를수록 기업가치가 떨어지기 때문에, 결국 기대수익률은 점차 줄어들고 마이너스가 될 수도 있다. 즉 형편없거나 그저 그런 비즈니스를 영위하는 기업에 투자하면 시간이 적이 된다.

반대로 탁월한 비즈니스를 영위하는 기업은 시간이 지날수록 기업가치가 상승하기 때문에, 상승하는 적정주가만큼 기대수익률이 오르고, 시간차를 두고 결국 수익률 자체가 계속 올라가게 된다. 그렇기 때문에 탁월한 기업을 매수하면 주가가 빨리 제자리로 올라가건 천천히 제자리로 올라가건 상관이 없는 것이다. 매수시점보다 다소 늦게 주가가 회복한다 할지라도 그 동안 기업가치가 상승한 만큼 한꺼번에 주가가 상승하기 때문에, 탁월한 기업에게 시간은 친구가 된다.

'기업의 연간 실적을 진지하게 받아들이지 말라. 기업의 4~5년 평균 실적에 관심을 가져라.'

위 버핏의 조언은 필자도 강의를 할 때마다 항상 강조했던 내용이다. 한두 분기의 실적이 좋다고 고가에 매수했다가 주가가 이내 하락하여 그 종목에 자금이 묶어버리는 안타까운 투자자들의 실수와 손실은 너무 자주, 그리고 반복적으로 일어난다.

좋은 기업은 반짝 실적으로 만들어지는 것이 아니다. 단기적인 무리한 다이어트로 일시적인 날씬함을 보여줄 수도 있고, 약물 복용을 통해 스포츠 성적을 일시적으로 개선할 수도 있다. 하지만 꾸준한 운동을 통하지 않은 몸매는 거의 요요현상을 불러오고, 근본적인 훈련을 통해 이루어내지 못한 스포츠 성적 역시 유지할 수 없다.

주식시장에 상장한 종목들의 실적으로 말하면, 단기적인 실적 개선은 얼마든지 외부환경의 호조에 따라 가능하고, 거의 1회성에 그치는 사업상 운도 작용할 수 있으며, 비윤리적이지만 회계적으로 일종의 마사지 분식를 할 수도 있다. 하지만 장기간에 걸친 실적을 그렇게 달성할 수는 없다.

인간사회에서의 진리가 기업세계에서도 진리이다. 대부분의 우등생은 하루아침에 만들어지지 않는다. 마찬가지로 대부분의 우량기업들은 꾸준히 우량한 실적을 보여준 기업이며, 또 앞으로도 꾸준히 우량한 실적을 보여줄 기업이다.

다만 '꾸준히'라는 표현은, 매년 일정하게가 아니라, 평균적으로 일정하게 라는 뜻이다. 즉, 직전 기말의 1년간 이익은 아무런 의미가 없으며, 업력이 짧은 기업이라도 최소한 4~5년, 업력이 충분한 기업의 경우 7~10년 정도 이익 추이를 보아야 한다.

그러면 그런 기업을 언제 매수해야 하는가?

훌륭한 기업도 매년 순이익 증가율을 일정하면서도 높게 유지하지는 못한다. 산업사이클, 경기사이클 등을 따라서 실적이 순환하는 것이다. 장기적으로는 매출과 이익이 증가하지만, 중기적으로는 순환하기 때문에 일시적으로 실적이 좋지 않을 때가 있다. 바로 제한적이지만 반복적으로 찾아오는 이때가 매수 적기이다.

> **Buffet's advice**
> - 주당 순이익이 아니라 자기자본이익률에 관심을 가져라.
> - 5%의 이익률을 주는 1억 달러짜리 사업보다 15%의 이익률을 주는 천만 달러짜리 사업이 더 낫다.

투자자들 중에서 의외로 절대 금액과 규모 자체를 판단 기준으로 삼는 경우가 많다. 하지만 이는 투자의 속성을 알지 못하는 데서 기인한다. 투자의 속성은 이익금액이 아니라 이익률이다. 위 버핏의 두 조언은 모두 규모보다 이익률이 중요하다는 것을 이야기하고 있다.

'주당 순이익이 아니라 자기자본이익률에 관심을 가져라.'

당기순이익, 주당순이익 자체는 수치의 크기만 알 수 있을 뿐, 이익증가율 혹은 기업가치 상승률 등 투자자의 수익률과 연관된 중요 비율을 알 수가 없다.

어떤 종목에 오래도록 투자한 가치투자자의 누적수익률 전체는, 정확히 그 기업의 자본수익률과 ROE 그 기업을 매매하면서 올린 추가수익률의 1회성 수익률의 반복 합이다.

다시 말해서, 몇 년간에 걸쳐서 주기적으로 싸게 사서 비싸게 파는 별도의 추가수익률을 더하지 않을 경우, 투자자가 해당 종목에서 올릴 수 있는 모든 수익률은 그 기업의 누적적인 자본수익률이다.

한 종목의 중장기 평균 자본수익률이 그 종목에 투자했을 때 제 가격으로 매수하여 보유를 가정 매년 평균적으로 투자자가 얻을 수 있는 수익률이라는 말이다.

그러므로 투자자가 좋은 기업을 판단할 때 ROE가 높은 기업이 매우 중요하고, 또한 그 평균 ROE를 오래도록 유지할 수 있는 비즈니스 모델인지가 매우 중요하다.

'5%의 이익률을 주는 1억 달러짜리 사업보다 15%의 이익률을 주는 천만 달러짜리 사업이 더 낫다.'

앞서 버핏의 조언과 연관된, 높은 이익률의 중요성을 강조한 또 다른 조언이다.

더 큰 사업으로 더 큰 이익을 얻는 것보다, 더 높은 수익률의 사업을 발굴하는 것이 더 가치가 크다는 것이다. 발견 혹은 발굴의 어려움이 존재하기는 하지만, 이익률이 낮은 큰 사업 하나보다는 이익률이 높은 여러 개의 사업이 최종 이익 금액을 늘리기 때문이다.

예를 들면 ROE 5%인 1조 원짜리 거대 사업 하나에 투자하기 보다는, ROE 15%인 2천억 원짜리 사업 다섯 개에 투자하는 편이 훨씬 낫다는 뜻이다.

결론은 아래와 같다.

주당순이익 천 원인 기업보다 주당순이익 만 원인 기업이 훌륭하다고 할 수 없다. 하지만 평균 ROE 5%인 기업보다 평균 ROE 15%인 기업이 훨씬 훌륭하다.

> **Buffet's advice**
> - 가격은 당신이 지불하는 것이며, 가치는 당신이 얻는 것이다.
> - 시장은 때때로 오랜 기간 동안 가치와 상관없이 움직인다. 하지만 결국은 가치의 영향을 받는다.

사실 버핏의 수많은 어록들 중에서 위 조언이야말로, 기업가치평가 전문가인 필자의 관점에서 가장 탁월한 조언이자 독자들께도 가장 먼저 소개하고 싶은 조언이다.

하지만 가치투자의 백미는 바로 가치평가에 있기 때문에, 마지막 조언으로 장식하는 것도 좋겠다 싶어 마지막으로 소개하게 되었다.

현재 주가에 의미를 두지 말고 적정가치를 계산해서 그 이하의 주가에 투자하면, 결국 수익을 낸다는 이야기이다.

단순하고도 자명하지만, 대중적인 주식투자자들은 첫째 적정주가 산정을 못해서, 둘째 주가가 가치에 수렴할 때까지 기다리지 못하기 때문에 실행하기는 어렵지만, 일단 실행하면 반드시 수익을 낸다는 진리와 같은 조언이다.

'가격은 당신이 지불하는 것이며, 가치는 당신이 얻는 것이다.'

일정한 가치의 물건을 가치보다 더 비싼 가격을 주고 사려는 어리석은 소비자는 없다. 마찬가지로 어리석은 투자자가 되지 않으려면 일정한 가치를 가진 종목을 그보다 낮은 주가(가격)에 사야 한다.

가격은 당신이 얻는 것이 아니라 지불하는 것이다. 그러므로 반드시 그 종목의 가치보다 낮은 가격에 사야 한다.

반면, 가치는 당신이 얻는 것이다. 그러므로 당신이 얻을 가치를 잘 계산해서, 역시나 그 계산된 주가보다 낮은 주가에 종목을 매수해야 한다.

'시장은 때때로 오랜 기간 동안 가치와 상관없이 움직인다. 하지만 결국은 가치의 영향을 받는다.'

단기적으로 주식시장이나 특정 산업 종목군, 혹은 특정 종목 등의 주가는 경기, 금리, 업황 등 다양한 순환적 원인들에 의해서 오르거나 내리는 흐름을 탈 수 있다. 그러므로 주식시장이 저평가되었을 때 인덱스펀드에 가입했든, 특정 종목이 저평가되었을 때 해당 종목을 매수했든 상관없이, 추가적으로 시장이나 종목이 하락할 수 있다. 하지만 결국 주가는 제 가치(적정주가)에 수렴한다.

이 '결국'이 말하는 시간지평은 투자전문가마다 조금씩 다르지만 크게 보면 대동소이하다. 필립 피셔는 3년 정도는 기다리라고 했고, 그레이엄은 대략 2년 정도를 기다리라고 했다.

필자 역시 저평가된 종목을 매수할 경우, 빠르면 몇 개월 만에 주가가 상승할 수도 있지만, 평균적으로 최소한 1.5~2.5년 정도는 기다려보라고 설명하고, 강의했다. 경기사이클 주기 중 가장 짧은 키친사이클의 길이를 3~5년 정도로 보고, 매수 당시 저평가된 종목의 하락사이클이 아직 남아 있을지라도 키친사이클 절반 정도면 평균적으로 대개 반등기에 접어들고 주가를 회복하기 때문이다.

'가격표는 가치가 아니다. 가치를 계산해서 가격표가 가치보다 세일 중일 때 매수하고, 1~3년 가량 기다리면 반드시 가치에 맞는 수준으로 가격이 회복될 것이다.'

위와 같은 마지막 조언으로 버핏의 간단 어록들을 마무리한다.

PART 4

대한민국
스노우볼 30선

스노우볼 30선에 대하여

중장기적으로 여러 가지 계량적인 측면에서, 또한 가능하면 제한된 사업 변동성 측면에서 워렌 버핏의 기준을 충족시키는 대한민국 스노우볼 30선을 지금부터 소개한다. 워렌 버핏이 중요시한 수익성, 안정성을 바탕으로 최소한의 성장성을 기본적으로 갖춘 기업들 중에 사업구조의 연속성과 기술적 변동성 등을 고려하여 필자가 선정했으며, 언론이나 기타 미디어를 통해 별도로 공개하지 않은, 오직 독자들만을 위한 '비공개 리스트'이다.

※ 유의사항 : 본서의 스노우볼 30선 리스트 및 각각의 개별 종목명에 대해서, 오프라인/온라인/SNS 등 어떤 형태로든지 무단복제, 전재, 회람, 공개, 유포 등을 지적재산권 법적으로 금지합니다. 독자들만을 위한 30선 리스트인 만큼 독자 개인의 투자 목적으로만 활용하시기 바랍니다.

본서의 스노우볼 기업들은, 가치가 지속적으로 상승하기에 가치를 따라서 주가도 지속적으로 장기 상승할 종목을 말하며, 또한 오래도록 관심을 갖고 지켜보면서 투자를 확대해야 할 종목들이지만, 그것 자체로는 지금 당장 주가가 싼지 비싼지를 말하지는 않는다. 이 책을 읽는 시점이 언제이든지 간에 항상 일부는 고평가되어 있고 일부는 저평가되어 있을 것이다. 주기적으로 본서의 스노우볼 종목들을 가치평가하여 저평가된 종목들에 투자할 경우 기대수익률을 극대화할 수 있다. 본서의 모든 스노우볼 종목들에 대해서 별도로 가치평가를 하는 과업은 책 한 권의 범위를 훌쩍 넘어, 각각 별도 보고서가 필요할 정도이기 때문이다.

    스노우볼 기업들이 가치 있는 이유는, 가치가 지속적으로 상승하지 않는 다른 기업들은 주가가 저평가되어 있어도 장기적으로 큰 수익을 줄 수가 없기 때문이다. 왜냐하면 스노우볼이 아닌 평범한 기업들과 그 이하 열위한 기업들은 가치상승률이 낮기 때문에 시간이 지날수록 누적수익률이 점점 더 낮아지는 역효과가 발생하기 때문이다.

    본서의 스노우볼 30선은 그 중 한 기업에 집중 투자할 정도로 절대적인 기업이라기보다는, 비교적 안정적이면서도 탁월한 수익성과 기본적인 성장성을 갖춘 기업들로 국내 최고 수준의 스크리닝을 거친 유니버스 투자후보 기업들의 집합라고 할 수 있다.

    개인투자자, 기관투자자 등 투자주체가 해당 종목들에 대해서 주식가치평가 고급상대평가 및 절대평가를 통해 적정한 가격 혹은 낮은 가격에 분산투자할 경우 최소한 향후 몇 년간은 특별한 유니버스 교체의 필요성이 없을 것이다.

    이하 본서에 기재된 각종 수치나 비율은 해당 종목에 대해서 개략 익히는 수준에서 활용하고, 더욱 구체적이고 세부적인 투자 정보는 전자공시나 포털, 증권 사이트 등에서 확인할 것을 권유한다.

다시 한 번 강조하지만, 저가 매수는 물론이고 제값을 주고 매수해도 중장기적으로 높은 수익을 올릴 수 있는 스노우볼 종목들이지만, 기업의 사업구조 분석, 재무손익 분석, 주식의 가치평가 등의 절차를 거친 후, 적정한 분산투자 전략에 따라서 현명하게 투자하시기 바란다.

참고로, 각 스노우볼 종목마다 표로 정리된 '핵심 가치지표 및 재무비율 7년 정리'에서 주당순이익, 주당순자산 자본총계 및 그에 기반한 PER, PBR, ROE 등은 모두 연결재무제표 지배지분 기준이며, 기타 부채비율, 유동비율, ROA, 영업이익률 등 모든 비율은 개별 재무제표 기준이다.

기본적으로, 모든 자회사의 재무손익 수치를 100% 그대로 연결하는 연결재무제표 수치는 분석하고자 하는 기업의 순수한 재무손익 수치와는 너무도 다르기 때문에, 거의 대부분의 항목은 본래 개별 재무제표 수치를 기준으로 한다.

한편, 당기순이익 및 주당순이익 과 순자산 및 주당순자산 의 경우에는 주주에게 직접 귀속되는 두 가지 재무손익 항목으로 그 중요도가 너무 크기 때문에, 모기업이 보유한 자회사의 지분율만큼만 더해준 100% 연결이 아니라 '지배지분' 수치를 공시하게 되어 있으며, 이에 더욱 실질에 가까운 연결재무제표의 지배지분 수치를 기준으로 한다.

더불어 모든 재무손익 수치와 사업내용 등은 본서의 초판 출간 시점에서 가장 최근 분기, 최근 기말 기준으로 최신 내용으로 작성되었다.

한편, 4부의 각 스노우볼 기업의 사업내용, 각종 지표 등은 기업별 사업보고서, 네이버 포털 증권의 종목내용, 에프앤가이드의 기업정보 등을 참조하였다.

※ 핵심 가치지표 및 재무비율 7년 정리의 구분 항목 단위 참조

  * 주당순이익/주당순자산 : 원

  * PER/PBR/총자산회전율/재무레버리지 : 배수

  * 부채비율/유동비율/ROE/매출액순이익률/총자산이익률/매출액 영업이익률

    : 퍼센트(%)

01
스노우볼 ❶

HDC 현대EP

기업개요 및 사업현황

1. 주요 주주

항목	주권의 수	지분율(%)
현대산업개발㈜(외 2인)	15,406,000	48.29
국민연금공단	2,257,831	7.08
디비자산운용	1,931,080	6.05
현대EP 자사주	1,000,000	3.13

2. 기업개요 및 사업 현황

동사는 2000년 설립되어 PO사업부문(PP와 PE 등 합성수지), PS사업부문, 건자재사업부문 등을 영위하고 있다.

구체적으로 자동차 부품 및 산업재, 소비재 용도로 사용되는 플라스틱 소재를 공급하는 PO사업부문과 전기전자 산업, 단열재 용도로 사용되는 PS 및 EPS 소재를 공급하는 PS사업부문, 그리고 배관 및 바닥난방용 난방관을 공급하는 건자재사업부문 등 3개 사업부문으로 구분할 수 있다.

동사는 복합프로필렌 시장점유율 1위를 달리고 있는 엔지니어링 플라스틱 분야의 선도 기업으로, 세계 1위 PP업체인 LyondellBasell과 복합PP 라이선스 판매 계약을 맺어 세계 시장에서의 영향력을 키워가고 있다.

또한 기능성 폴리머 산업을 선도한다는 목표를 가지고 도광판용 PS를 지속적으로 개발하고 있으며, 전자재료 등 첨단소재로까지 PS 사용 영역을 확대하고 있다.

사업환경 및 변수, 제품

1. 사업환경 및 변수

PP사업은 자동차, 전기전자 제품 등 각종 분야의 기초소재로, PE사업은 자동차 경량화 추세로 복합 플라스틱 성장세가 기대된다.

현대기아차 완성차 판매가 늘면 수혜를 입지만 의존도가 높은 단점이 있다.

경기변동형 산업에 속해 있으며 유가 하락 시 매출원가가 하락하며 유가 상승시 매출원가가 상승한다.

2. 주요 제품 매출구성

제품명	구성비(%)
PS 사업부문	44.2
PP 사업부문	43.6
PE 사업부문	6.5
건자재 사업부문	5.7

핵심 가치지표 및 재무비율 7년 정리

구분	2017. 12월	2016. 12월	2015. 12월	2014. 12월	2013. 12월	2012. 12월	2011. 12월
핵심 가치지표							
주당순이익 (지배지분)	973	1,603	1,406	875	694	596	436
PER	6.99	5.84	7.82	8.16	9.15	8.03	12.24
주당순자산 (지배지분)	8,772	8,309	6,855	5,609	4,697	4,044	3,558
PBR	0.78	1.13	1.6	1.27	1.35	1.18	1.5
안정성 지표							
부채비율(%)	97	95	123	178	225	228	182
유동비율(%)	123	122	118	95	117	116	123
핵심 수익성 지표							
ROE= ROS*S/A*A/E	11.09	19.29	20.51	15.61	14.77	14.73	12.24
매출액순이익률 (ROS)	4.01	7.38	6.4	3.51	2.79	2.76	2.21
총자산회전율 (S/A)	1.5	1.5	1.5	1.7	1.7	1.6	2
재무레버리지 (A/E)	1.79	1.75	2.08	2.68	3.2	3.24	2.79
기타 수익성 지표							
총자산 이익률 (ROA)	6.2	10.99	9.87	5.82	4.62	4.54	4.38
매출액 영업이익률	3.6	5.9	5.8	4.2	3.4	2.6	3.1

02

스노우볼 ❷

LG
생활건강

기업개요 및 사업현황

1. 주요 주주

항목	주권의 수	지분율(%)
㈜엘지(외 2인)	5,315,645	34.03
국민연금공단	960,619	6.15
LG생활건강 자사주	958,411	6.14

2. 기업개요 및 사업 현황

동사는 2001년 LG화학에서 분할 신설된 LG 계열사로 화장품 및 생활용품 제조, 판매업을 주요 사업으로 영위하고 있다.

또한 코카콜라음료, 더페이스샵, 해태에이치티비, 씨앤피코스메틱스, 락금생활건강무역 상해 유한공사 등을 연결대상 자회사로 보유하고 있다.

생활용품의 대표 브랜드는 엘라스틴, 페리오, 자연퐁 등으로 국내 생활용품 시장에서는 1위를 차지하고 있으며, 화장품 대표 브랜드는 후, 숨, 오휘, 더페이스샵 등으로, 화장품 시장에서는 2위 지위에 있고, 음료 브랜드는 코카콜라, 파워에이드 등으로, 국내 음료 시장에서 2위의 지위를 유지하고 있다.

사업환경 및 변수, 제품

1. 사업환경 및 변수

화장품 시장은 기능성화장품과 한방 및 자연주의 화장품이 꾸준히 성장하고 있다. 또한 생활용품시장은 물량 기준 포화상태이지만, 샴푸, 헤어케어, 바디케어 등 프리미엄 제품의 질적 성장이 이뤄지고 있다.

하지만 진입장벽이 낮은 음료시장은 경쟁강도가 높기 때문에 저가 기획제품 수요가 늘고 있다.

2. 주요 제품 매출구성

제품명	구성비(%)
Beautiful(화장품)	52.81
Healthy(생활용품)	25.20
Refreshing(음료)	21.99

핵심 가치지표 및 재무비율 7년 정리

구분	2017. 12월	2016. 12월	2015. 12월	2014. 12월	2013. 12월	2012. 12월	2011. 12월
핵심 가치지표							
주당순이익 (지배지분)	34,240	32,070	25,982	19,722	20,166	17,154	14,941
PER	30.61	23.56	35.62	27.85	23.95	33.76	28.76
주당순자산 (지배지분)	169,155	142,927	114,985	92,417	79,516	67,816	56,295
PBR	6.2	5.29	8.05	5.94	6.07	8.54	7.63
안정성 지표							
부채비율(%)	38	48	73	89	90	86	87
유동비율(%)	112	115	103	135	110	62	94
핵심 수익성 지표							
ROE= ROS*S/A*A/E	20.24	22.44	22.6	21.34	25.36	25.3	26.54
매출액순이익률 (ROS)	16.03	15.52	15.19	13.9	15.96	14.17	13.24
총자산회전율 (S/A)	1.1	1.2	1	0.9	1	1.1	1.2
재무레버리지 (A/E)	1.16	1.22	1.45	1.64	1.65	1.64	1.67
기타 수익성 지표							
총자산 이익률 (ROA)	17.41	18.39	15.59	12.98	15.36	15.38	15.9
매출액 영업이익률	18.4	17.9	15.3	12.3	10.6	12.1	12.4

03
스노우볼 ❸

NAVER

기업개요 및 사업현황

1. 주요 주주

항목	주권의 수	지분율(%)
NAVER 자사주	3,726,061	11.30
국민연금공단	3,569,621	10.83
OppenheimerFunds, Inc.(OFI)(외 18인)	1,668,430	5.06
BlackRock Fund Advisors(외 13인)	1,656,639	5.03

2. 기업개요 및 사업 현황

동사는 국내 최대 인터넷 포털 서비스업체로, 국내 1위 인터넷 검색 포털 '네이버NAVER'와 글로벌 모바일 플랫폼 '라인LINE' 등을 서비스하고 있다.

네이버를 통해서 디스플레이 광고, 동영상 광고 등 광고 사업과, 검색/쇼핑 검색 등 비즈니스플랫폼 사업, 네이버페이/IT서비스/클라우드, 웍스 등 IT플랫폼 사업, 네이버 뮤직, 웹툰, 브이라이브 등 다양한 콘텐츠서비스 사업을 하고 있으며, 기타 라인 및 플랫폼 사업을 통해 매출을 창출하고 있다.

한편, '네이버'는 매일 평균 약 3,000만 명이 모바일을 통해 방문하는 대한민국 최대 인터넷 검색 포털로, AI 기반 기술 및 서비스 선점을 위해 다양한 파트너들과 협업하여 클로바 플랫폼을 확장해 나가고 있으며, '라인'은 일본, 대만, 태국, 인도네시아 등 주요 4개국을 중심으로 글로벌 메신저를 넘어 사람과 기업, 서비스를 연결하는 '스마트 포털'로 자리매김하고 있다.

사업환경 및 변수, 제품

1. 사업환경 및 변수

온라인 광고 시장은 성장률이 둔화되는 추세인 반면, 모바일 관련 사업은 여전히 성장하고 있다.

온라인광고는 행사가 많은 2·4분기에, 온라인게임은 동계 방학시즌인 1·4분기에 수요가 증가한다.

한편, 국내 온라인 시장 성장이 둔화된 데 이어서, 향후 구글·페이스북 등 글로벌 업체의 시장 침투 리스크도 존재한다.

2. 주요 제품 매출구성

제품명	구성비(%)
비즈니스 플랫폼	46.02
라인 및 기타플랫폼	37.29
광고	9.86
IT 플랫폼	4.66
기타	2.17

핵심 가치지표 및 재무비율 7년 정리

구분	2017. 12월	2016. 12월	2015. 12월	2014. 12월	2013. 12월	2012. 12월	2011. 12월
핵심 가치지표							
주당순이익 (지배지분)	23,447	22,732	15,737	13,787	45,425	11,346	9,350
PER	37.1	34.09	41.81	51.64	12.58	20.01	22.57
주당순자산 (지배지분)	144,477	109,055	64,452	54,486	44,636	39,403	32,778
PBR	6.02	7.11	10.21	13.07	16.22	5.76	6.44
안정성 지표							
부채비율(%)	30	32	47	45	44	35	25
유동비율(%)	208	241	244	324	201	319	419
핵심 수익성 지표							
ROE= ROS*S/A*A/E	16.23	20.84	24.42	25.3	128.96	28.8	28.52
매출액순이익률 (ROS)	26.37	30.01	24.23	27.76	155.08	48.27	31.35
총자산회전율 (S/A)	0.5	0.6	0.6	0.6	0.5	0.4	0.7
재무레버리지 (A/E)	1.12	1.07	1.59	1.52	1.54	1.39	1.26
기타 수익성 지표							
총자산 이익률 (ROA)	14.47	19.43	15.33	16.66	83.95	20.67	22.67
매출액 영업이익률	40.2	38.8	38.6	43.5	48.3	45.9	45.6

04
스노우볼 ❹

**NICE
평가정보**

기업개요 및 사업현황

1. 주요 주주

항목	주권의 수	지분율(%)
NICE홀딩스	26,102,906	42.99
Mawer Investment Management Ltd.(외 3인)	3,038,198	5.00
NICE평가정보 자사주 펀드	918,827	1.51

2. 기업개요 및 사업 현황

동사는 신용정보의 이용 및 보호에 관한 법률에 근거하여 신용평가, 신용조회, 신용조사, 채권추심 사업 등을 영위할 목적으로 1985년 2월 28일에 설립되었다.

현재 종합적인 기업관련 정보의 제공 및 금융기관을 대상 신용리스크 관리시스템을 컨설팅·구축해 주는 기업정보사업, 개인신용정보 및 개인신용평점시스템을 제공하는 개인신용정보사업, 연체채권 관리 업무를 제공하는 자산관리사업 등을 영위하고 있다.

CB사업은 신용조회 신용정보 데이터의 보유량, 데이터 가공에 대한 노하우 및 안정적인 IT 인프라 확보 등이 주요 경쟁요소로 작용하고, 솔루션사업은 안정적인 솔루션의 확보여부, 개발경험 및 컨설팅 역량 등이 시장에서 주요 경쟁요소로 작용한다.

더불어 동사가 보유한 기업DB를 기반으로 KISLINE 등 온라인 정보 서비스 및 데이터 판매, 자본시장솔루션 KIS Value, 상장온라인분석 등, 기업기술평가, 금융기관을 중심으로 한 신용평가모형 컨설팅 사업을 수행 중이다.

사업환경 및 변수, 제품

1. 사업환경 및 변수

기업정보 사업은 금융기관들의 기업 리스크관리 강화방침에 따라 매출 성장 기대되며, 개인신용정보 사업은 금융기관들의 위험관리 강화 및 고객관리의 관심증대로 성장하고 있다.

금융권의 리스크 관리 시스템 강화, 기업·가계여신 증가시 실적이 개선되지만, 개인신용정보 유출 사태 등이 발생할 경우 영업규제 리스크가 있다.

2. 주요 제품 매출구성

제품명	구성비(%)
CB	63.96
기업정보	19.11
자산관리	17.16
내부거래	-1.79
기타	1.56

핵심 가치지표 및 재무비율 7년 정리

구분	2017.12월	2016.12월	2015.12월	2014.12월	2013.12월	2012.12월	2011.12월
핵심 가치지표							
주당순이익 (지배지분)	505	466	366	294	256	187	252
PER	17.2	14.86	28	16.11	11.97	14.58	9.26
주당순자산 (지배지분)	2,825	2,558	2,201	1,939	1,772	1,618	1,512
PBR	3.08	2.71	4.66	2.44	1.73	1.69	1.54
안정성 지표							
부채비율(%)	32	35	36	36	31	35	28
유동비율(%)	186	181	178	203	195	236	138
핵심 수익성 지표							
ROE= ROS*S/A*A/E	17.88	18.23	16.63	15.15	14.43	11.57	16.68
매출액순이익률 (ROS)	10.18	9.81	7.96	8.09	9.1	8.57	13.05
총자산회전율 (S/A)	1.3	1.4	1.5	1.4	1.2	1	1
재무레버리지 (A/E)	1.36	1.35	1.35	1.35	1.31	1.34	1.26
기타 수익성 지표							
총자산 이익률 (ROA)	13.16	13.55	12.28	11.22	11.04	8.62	13.24
매출액 영업이익률	14.3	13.7	10.2	10.1	12	13.2	17.2

05
스노우볼 ❺

고영

기업개요 및 사업현황

1. 주요 주주

항목	주권의 수	지분율(%)
고영홀딩스(외 12인)	2,888,891	21.11
고영 자사주	95,698	0.70

2. 기업개요 및 사업 현황

동사는 전자제품과 반도체를 생산하는데 쓰이는 3D 납도포검사기, 3D 부품 장착 및 납땜 검사기, 반도체 Substrate Bump 검사기 등을 제조한다.

쉽게 구분하자면, 전자제품 생산용 3D 검사기 산업과 반도체 생산용 3D 검사기 산업으로 구분할 수 있다.

수요시장으로는 전자 제조 전문 서비스EMS 업체, 휴대폰, 자동차 부품 제조업체 등이 있으며, 동사의 연결대상 종속회사자회사로 일본, 독일, 미국 등에 3D SPI와 3D AOI, 반도체검사장비 판매업을 영위하는 기업 5개사를 보유하고 있다.

현재 주력 제품은 모바일, 자동차 전장, 의료, 군수, 항공, 컴퓨터, 서버 등 다양한 전자제품 생산 현장에서 세계 시장 점유율 1위로 사용되고 있으며, 향후 로보틱스, 3차원 의료영상, 실시간 의료영상 등 요소 기술 및 신사업 분야 진출을 계획하고 있다.

사업환경 및 변수, 제품

1. 사업환경 및 변수

3차원 납도포 검사기는 전자제품 품질관리를 위한 필수 항목으로 전자제품, 자동차 전장부품, 휴대폰 업체 등으로부터 꾸준한 수요성장이 기대된다.

국내 IT업체들의 설비투자 증가시 수혜를 입으며, 원/달러 환율 상승시 이익 증가, 환율 하락시 이익 감소가 기대된다.

2. 주요 제품 매출구성

제품명	구성비(%)
3차원 검사장비	100.00

핵심 가치지표 및 재무비율 7년 정리

구분	2017. 12월	2016. 12월	2015. 12월	2014. 12월	2013. 12월	2012. 12월	2011. 12월
핵심 가치지표							
주당순이익 (지배지분)	1,950	2,173	1,728	1,645	1,036	1,155	1,218
PER	42.35	20.81	22.5	26.02	17.99	16.57	16.9
주당순자산 (지배지분)	11,787	11,477	9,616	8,605	7,303	6,191	5,362
PBR	7	3.94	4.02	4.97	2.55	3.03	3.8
안정성 지표							
부채비율(%)	25	23	20	20	22	23	24
유동비율(%)	537	591	614	572	568	519	435
핵심 수익성 지표							
ROE= ROS*S/A*A/E	16.53	18.92	17.86	19.11	14.18	18.26	22.46
매출액순이익률 (ROS)	14.11	19.37	16.91	16.3	13.39	15.06	19.43
총자산회전율 (S/A)	0.9	0.8	0.9	1	0.9	1	0.9
재무레버리지 (A/E)	1.28	1.24	1.22	1.23	1.24	1.24	1.25
기타 수익성 지표							
총자산 이익률 (ROA)	12.96	15.28	14.63	15.58	11.47	14.74	17.9
매출액 영업이익률	24.1	20.3	18.9	20.5	17.1	20.2	24.1

06
스노우볼 ❻

나이스
정보통신

기업개요 및 사업현황

1. 주요 주주

항목	주권의 수	지분율(%)
한국신용정보㈜	4,270,000	42.70
FIDELITY MANAGEMENT & RESEARCH COMPANY(외 8인)	1,503,141	15.03
NTAsian Discovery Master Fund	1,100,000	11.00
나이스정보통신 자사주 펀드	498,628	4.99

2. 기업개요 및 사업 현황

동사는 신용/직불카드 거래승인/매입/청구 서비스 및 현금영수증 발급서비스 등의 부가통신사업VAN사업과 온라인지불결제서비스PG사업, 그에 따른 단말기 임대 및 판매를 주요사업으로 영위하고 있다.

VAN사업은 신용카드 가맹점 가입 확대, 소득공제혜택, 현금영수증 발급제도 시행 등의 정부정책에 힘입어 신용카드 사용량이 증가하면서 지속적으로 성장해 왔으며, 현재 13개 VAN사가 영업 중으로 동사는 2014년 이래 시장 1위 사업자를 유지하고 있다.

온라인결제가 지속적으로 성장할 것으로 예상되어, 2016년 7월 PG부문을 물적분할해 독립적인 PG전문기업을 설립함으로써 온라인 지급결제 시장 대응력을 확보했다.

향후 오프라인 지급결제와의 시너지를 창출해 O2O 지급결제 시장을 선도해 나갈 계획이다.

사업환경 및 변수, 제품

1. 사업환경 및 변수

나이스정보통신은 국내 VAN 시장에서 약 5분의 1을 점유 중이며, 지금까지 수요시장은 꾸준히 성장해 왔으나 최근 수수료 수입 감소, 경쟁 심화 등으로 수익성이 악화되고 있다.

카드 발급량, 결제 횟수가 증가할 시 실적이 개선되며, 장기적으로 수수료 인하에 따른 수익성 저하 리스크가 있다.

2. 주요 제품 매출구성

제품명	구성비(%)
조회 수수료	59.87
중개 수수료	33.54
카드조회 단말기	6.59

핵심 가치지표 및 재무비율 7년 정리

구분	2017.12월	2016.12월	2015.12월	2014.12월	2013.12월	2012.12월	2011.12월
핵심 가치지표							
주당순이익 (지배지분)	3,669	3,031	3,053	2,998	1,929	1,049	1,153
PER	6.23	10.9	10.45	8.21	6.89	4.86	4.21
주당순자산 (지배지분)	17,971	15,175	12,396	9,576	7,672	5,502	4,554
PBR	1.27	2.18	2.57	2.57	1.73	0.93	1.06
안정성 지표							
부채비율(%)	50	59	135	157	146	174	147
유동비율(%)	181	153	123	135	122	104	94
핵심 수익성 지표							
ROE= ROS*S/A*A/E	20.42	19.98	24.62	31.3	25.15	19.07	25.32
매출액순이익률 (ROS)	15.08	10.96	11.57	13.29	9.62	5.89	7.68
총자산회전율 (S/A)	0.9	1.1	0.9	0.9	1.1	1.2	1.3
재무레버리지 (A/E)	1.5	1.6	2.35	2.57	2.46	2.74	2.47
기타 수익성 지표							
총자산 이익률 (ROA)	13.62	12.48	10.48	12.18	10.23	6.95	10.23
매출액 영업이익률	17.9	17.3	12.9	9.4	10.1	8.2	10

07
스노우볼 ❼

대한약품

기업개요 및 사업현황

1. 주요 주주

항목	주권의 수	지분율(%)
이윤우(외 7인)	2,100,780	35.01
㈜브이아이피투자자문	461,985	7.70

2. 기업개요 및 사업 현황

동사는 1994년 코스닥 시장에 상장했으며, 주로 병원 및 의원에서 필요로 하는 기초의약품인 수액제 및 앰플제를 생산 판매하는 업체이다.

주로 기초의약품인 수액제와 앰플제, 환자들의 비경구 영양보충을 위한 영양수액제 등을 주로 생산 판매하고 있으며, 기타 OTC부문 렌즈세척액, 다용도 세척을 위한 멸균생리식염수 등을 통해 약국 시장에서 영역을 확대 중이다.

최근까지 일괄 약가 인하, 리베이트 쌍벌제 시행에도 불구하고 병원, 의원 급에 80% 이상을 공급하고 있는 안정적인 제품 포트폴리오와 유통망에 힘입어 매출을 안정적으로 유지하고 있다.

하지만 향후에도 정부의 보험재정 건실화를 위한 약가 재평가 제도 변화, 지속적인 약가 사후관리, 한미 FTA협정에 따른 제네릭 제제 발매의 제한, 리베이트 투아웃제 등에 따른 외부환경 변화에 영향을 받을 수 있다.

사업환경 및 변수, 제품

1. 사업환경 및 변수

제약산업은 고부가가치의 기술집약형 사업으로 신약개발시 높은 수익성을 보인다.

    인구의 고령화로 향후 의료수요 증가가 기대되며, 정부에서 가격 인상 승인시 수익성도 개선된다.

    하지만 장기적으로는 건강보험 재정 악화에 따른 의약품 가격인하 가능성이 존재한다.

2. 주요 제품 매출구성

제품명	구성비(%)
수액제	79.91
앰플제	16.06
위탁시험 외	0.38
기타	3.65

핵심 가치지표 및 재무비율 7년 정리

구분	2017.12월	2016.12월	2015.12월	2014.12월	2013.12월	2012.12월	2011.12월
핵심 가치지표							
주당순이익 (지배지분)	4,139	2,943	2,296	1,737	1,295	1,213	755
PER	9.89	9.46	9.58	11.46	15.13	11.05	13.57
주당순자산 (지배지분)	19,313	15,491	12,806	10,683	9,277	7,960	7,099
PBR	2.12	1.8	1.72	1.86	2.11	1.68	1.44
안정성 지표							
부채비율(%)	59	72	81	105	113	112	113
유동비율(%)	192	153	175	145	134	123	122
핵심 수익성 지표							
ROE= ROS*S/A*A/E	21.43	19	17.93	16.26	13.96	15.23	10.64
매출액순이익률 (ROS)	17.19	12.66	11.09	9.33	7.28	7.53	5.32
총자산회전율 (S/A)	0.8	0.9	0.9	0.8	0.9	1	0.9
재무레버리지 (A/E)	1.59	1.72	1.81	2.05	2.13	2.12	2.13
기타 수익성 지표							
총자산 이익률 (ROA)	13.47	11.01	9.92	7.92	6.55	7.2	5
매출액 영업이익률	22.3	15.6	15	12.5	11.8	10.8	8.5

08
스노우볼 ❽

더존비즈온

기업개요 및 사업현황

1. 주요 주주

항목	주권의 수	지분율(%)
김용우(외 15인)	11,104,397	37.42
The Capital Group Companies, Inc.(외 1인)	1,787,335	6.02
Wasatch Advisors, Inc.	1,511,282	5.09
국민연금공단	1,486,086	5.01
더존비즈온 자사주	620,120	2.09

2. 기업개요 및 사업 현황

동사는 1977년 8월에 설립되어 기업용 소프트웨어를 개발 및 판매하는 사업을 영위하며 '전사적자원관리ERP' 시스템, D-클라우드 서비스, 전자금융서비스 전자세금계산서 발행 및 결제, 모바일 솔루션, 보안, 그룹웨어 등 기업정보화 분야에서 독보적인 시장지배력을 보유하고 있다.

2011년 더존ICT그룹 강촌캠퍼스로 본사를 이전하며 클라우드 사업을 위한 핵심거점 'D-클라우드 센터'를 구축, 클라우드와 연계된 클라우드 플랫폼, 모바일오피스, 전자금융, IDC 등 다양한 서비스모델을 선보였으며, 2017년 말 기준으로 중소기업 11만곳, 중견 및 대기업 1만 9,000곳을 고객사로 확보했다.

사업환경 및 변수, 제품

1. 사업환경 및 변수

기업들의 IT분야의 비용절감 문제로 클라우드 컴퓨팅, 가상화 등의 이슈가 부각되고 있으며, 자통법 자본시장통합법과 IFRS 시행 등 각종 환경변화에 따른 IT시스템 구축 수요가 발생하고 있다.

정부 및 공공기관의 클라우드 컴퓨팅 도입 의무화 시행시 실적이 개선되며, 신규 사업인 클라우드 서비스는 성장 동력이 되고 있다. 반면, 지식집약적인 소프트웨어 산업의 기술 격차가 줄어들면서 진입장벽이 낮아지고 있고, 해외 IT업체들도 국내 클라우드 서비스 시장에 진출하는 등 리스크도 있다.

2. 주요 제품 매출구성

제품명	구성비(%)
제품	53.92
유지 보수 서비스	28.63
용역 및 기타매출	12.14
상품	5.21
기타	0.10

핵심 가치지표 및 재무비율 7년 정리

구분	2017. 12월	2016. 12월	2015. 12월	2014. 12월	2013. 12월	2012. 12월	2011. 12월
핵심 가치지표							
주당순이익 (지배지분)	1,350	949	720	363	454	567	166
PER	24.67	22.6	28.46	25.6	24.68	20.29	40.4
주당순자산 (지배지분)	6,203	5,135	4,445	3,947	3,038	2,757	2,174
PBR	5.37	4.18	4.61	2.36	3.69	4.17	3.08
안정성 지표							
부채비율(%)	48	55	60	77	110	129	148
유동비율(%)	145	206	106	128	104	171	118
핵심 수익성 지표							
ROE= ROS*S/A*A/E	21.77	18.49	16.21	9.2	14.94	20.56	7.63
매출액순이익률 (ROS)	19.86	16.28	13.93	8.24	10.51	13.68	4.38
총자산회전율 (S/A)	0.7	0.7	0.7	0.6	0.7	0.6	0.7
재무레버리지 (A/E)	1.48	1.55	1.61	1.79	2.17	2.36	2.56
기타 수익성 지표							
총자산 이익률 (ROA)	14.68	11.89	10.06	5.15	6.9	8.71	2.98
매출액 영업이익률	25	22.3	18.4	16.9	14.3	19.2	15.4

09
스노우볼 ❾

리노공업

기업개요 및 사업현황

1. 주요 주주

항목	주권의 수	지분율(%)
이채윤	5,283,669	34.66
국민연금공단	1,583,442	10.39
베어링자산운용(외 2인)	1,240,739	8.14
알리안츠글로벌인베스터스자산운용	1,108,400	7.27
FIDELITY MANAGEMENT & RESEARCH COMPANY(외 9인)	897,194	5.89

2. 기업개요 및 사업 현황

동사는 1978년 11월에 리노공업사로 창업한 후, 1996년 12월에 법인전환 하였으며, 2001년 12월 코스닥시장에 상장했다.

반도체 산업에서 반도체를 생산하기 위해서는 칩디자인, 웨이퍼가공, 패키징, 테스트의 공정을 거치게 되는데, 동사의 제품 LEENO PIN과 IC TEST SOCKET은 테스트장비가 다양한 반도체 칩과 호환될 수 있도록 어댑터 역할을 수행하는 소모성부품으로 다품종, 주문 생산하는 제품이다.

이전에는 전량 수입에 의존하던 검사용 PROBE SPRING CONTACT

PROBE: LEENO PIN 와 반도체 검사용 소켓IC TEST SOCKET 을 자체브랜드로 개발하여 제조 판매사업을 영위해 왔으며, 현재 따로 계열회사는 없다.

주요 납품 업체로는 삼성전자, 삼성전기, 삼성SDI, 하이닉스, 한국소니전자, LG전자, 엠코, ASE코리아, 스태츠칩팩, 세크론, 디아이, 티에스이 등이 있으며, 지금도 고객사를 위해 재료, 제작 기술 등 끊임없이 연구개발에 임하고 있다.

사업환경 및 변수, 제품

1. 사업환경 및 변수

PCB 검사용 핀 수요는 반도체 패키징, 디스플레이, LCD, LED, 2차 전지로 확대되는 상황이며, 반도체 테스트 소켓 시장 역시 모바일 D램 수요증가로 인해 안정적인 성장이 기대된다.

반도체 생산량이 증가하면 영업 부문, 환율이 상승하면 영업외 부문의 수익성이 개선된다. 반도체 생산량 증감과 환율변화에 실적이 연동된다.

2. 주요 제품 매출구성

제품명	구성비(%)
LEENO PIN 류	50.44
IC TEST SOCKET 류	43.97
상품 외	5.59

핵심 가치지표 및 재무비율 7년 정리

구분	2017. 12월	2016. 12월	2015. 12월	2014. 12월	2013. 12월	2012. 12월	2011. 12월
핵심 가치지표							
주당순이익 (지배지분)	2,648	2,322	2,141	2,025	1,718	1,631	1,264
PER	21.71	18.67	21.91	18.91	13.57	11.42	8.91
주당순자산 (지배지분)	14,955	13,182	11,688	10,252	9,148	7,978	6,850
PBR	3.84	3.29	4.01	3.74	2.55	2.34	1.64
안정성 지표							
부채비율(%)	8	8	6	7	6	7	8
유동비율(%)	943	990	1,124	1,051	1,111	979	1,011
핵심 수익성 지표							
ROE= ROS*S/A*A/E	17.71	17.62	18.32	19.75	18.78	20.45	18.45
매출액순이익률 (ROS)	28.52	31.38	32.8	33.04	32.47	33.05	29.17
총자산회전율 (S/A)	0.6	0.5	0.5	0.6	0.5	0.6	0.6
재무레버리지 (A/E)	1.08	1.08	1.06	1.07	1.06	1.07	1.08
기타 수익성 지표							
총자산 이익률 (ROA)	16.38	16.33	17.33	18.53	17.7	19.08	17.16
매출액 영업이익률	34.7	34.9	36.2	35	35.8	36.9	35.5

10
스노우볼 ❿

메디톡스

기업개요 및 사업현황

1. 주요 주주

항목	주권의 수	지분율(%)
정현호(외 9인)	1,212,497	21.44
메디톡스 자사주	377,096	6.67

2. 기업개요 및 사업 현황

동사는 의약품 관련 기술 및 제품의 제조업, 클로스트리디움 보툴리눔 A형 독소 Clostridium Botulinum Toxin Type A 및 보툴리눔 독소를 이용한 바이오 의약품의 연구개발 및 제조, 판매 등을 영위할 목적으로 2000년 5월 설립하여, 2009년 1월 코스닥시장에 상장했다.

주력 제품인 보툴리눔 A형 독소 의약품 메디톡신주® Neuronox®는 동사가 세계 4번째 독자적인 원천기술로 개발한 제품이며, 기존의 메디톡신과 함께 미용시장에서 경쟁력을 가질 수 있는 HA 필러까지 개발하여 국내외 매출을 확대하고 있다.

국내 바이오 벤처회사 최초로 생물학적 제제인 단백질 의약품의 연구개발·제조·임상시험·품목허가의 전 상업화 개발과정에서 성공경험을 보유하고 있다.

사업환경 및 변수, 제품

1. 사업환경 및 변수

보툴리눔 독소는 독성이 강하고 전문가가 소수여서 진입장벽이 있으며, 미용에서 치료 분야로 그 쓰임새가 확대되고 있다.

전 세계적으로 8개 회사만이 자체적인 원천기술을 보유하고 있다.

향후 미국, 유럽 판매 승인 시 신시장에 진출하게 되며, 높은 해외 수출 비중으로 수익성이 환율의 영향을 받는다.

2. 주요 제품 매출구성

제품명	구성비(%)
메디톡신등	93.31
기타	6.69

핵심 가치지표 및 재무비율 7년 정리

구분	2017. 12월	2016. 12월	2015. 12월	2014. 12월	2013. 12월	2012. 12월	2011. 12월
핵심 가치지표							
주당순이익 (지배지분)	12,955	10,471	7,477	7,713	2,529	2,729	1,303
PER	37.43	34.06	68.59	41.49	67.15	31.33	18.95
주당순자산 (지배지분)	35,329	26,108	20,062	14,424	10,728	9,757	7,263
PBR	13.73	13.66	25.56	22.19	15.83	8.76	3.4
안정성 지표							
부채비율(%)	91	119	77	105	29	28	29
유동비율(%)	61	79	206	286	204	354	293
핵심 수익성 지표							
ROE= ROS*S/A*A/E	36.67	40.11	37.27	53.47	23.57	27.97	17.94
매출액순이익률 (ROS)	43.65	48.65	52.77	62.78	41.85	42.57	33.97
총자산회전율 (S/A)	0.5	0.4	0.4	0.4	0.4	0.5	0.4
재무레버리지 (A/E)	1.86	2.14	1.73	2.01	1.26	1.28	1.29
기타 수익성 지표							
총자산 이익률 (ROA)	19.67	18.73	21.57	26.57	18.71	21.89	13.94
매출액 영업이익률	51.3	59.9	60.9	69.5	40.8	47	39.6

11
스노우볼 ⑪

모두투어

기업개요 및 사업현황

1. 주요 주주

항목	주권의 수	지분율(%)
우종웅(외 13인)	2,911,795	15.41
국민연금공단	1,394,652	7.38
Columbia Management Investment Advisers, LLC(외 1인)	949,108	5.02
모두투어 자사주	603,800	3.19

2. 기업개요 및 사업 현황

동사는 1989년 해외여행 자유화가 시작된 직후 해외여행상품을 기획해 전국의 여행 대리점에 유통시키는 국내 최초의 여행 도매업체로 출범했으며, 사업 부문은 종속회사를 포함하여 여행알선 서비스 부문, 호텔위탁 운영 및 대행 부문, 교육 서비스 부문, 부동산투자 등 4개 분야를 영위하고 있다.

동사는 충성도가 높고 거래실적이나 영업능력이 우수한 소매 여행사들을 대상으로 모두투어 전문판매 베스트 파트너 대리점 자격을 주어 모두 CRS, 모두 플래너 등의 프로그램을 동사의 ERP와 연동된 여행소매업체에게 예약관리 프로그램 제공하며 우량 고객을 확보하고 있다.

전국의 830여개의 BP대리점 전문판매점이 운영 중이고 향후 더욱 추가할 계획이며, 저가 항공사들이 좌석 공급을 확대하고 있어 사업환경도 우호적이다.

사업환경 및 변수, 제품

1. 사업환경 및 변수

세계여행자 수의 증가에 따라 관광산업 및 항공산업은 꾸준히 성장할 것으로 전망되며, 항공권 발권대행수수료 자율화 정책으로 대형 도매여행사에게 유리해졌다.

유가 하락 시 항공권 가격이 하락하여 수요가 촉진되고, 유가 상승 시 항공권 가격이 상승하여 수요가 위축된다.
여행 접수 후 여행 출발시점 사이 환율이 상승하면 손실이 발생하며, 일시적으로 자연재해와 테러 등의 영향을 받을 수 있다.

2. 주요 제품 매출구성

제품명	구성비(%)
여행알선서비스	93.6
호텔위탁운영및대행업	3.8
호텔숙박서비스	1.4

핵심 가치지표 및 재무비율 7년 정리

구분	2017. 12월	2016. 12월	2015. 12월	2014. 12월	2013. 12월	2012. 12월	2011. 12월
핵심 가치지표							
주당순이익 (지배지분)	1,279	887	701	812	852	930	717
PER	23.84	21.76	32.07	19.87	17.96	21.58	14.94
주당순자산 (지배지분)	7,134	5,471	5,271	5,223	4,729	4,390	3,802
PBR	4.28	3.53	4.26	3.09	3.24	4.57	2.82
안정성 지표							
부채비율(%)	85	88	67	75	64	74	81
유동비율(%)	158	155	146	172	212	209	216
핵심 수익성 지표							
ROE= ROS*S/A*A/E	17.94	16.21	13.29	15.54	18.01	21.18	18.86
매출액순이익률 (ROS)	9.7	8.14	7.27	9.88	11.26	13.24	11.2
총자산회전율 (S/A)	1	1	1.1	0.9	1	0.9	0.9
재무레버리지 (A/E)	1.89	1.92	1.69	1.77	1.65	1.73	1.8
기타 수익성 지표							
총자산 이익률 (ROA)	9.48	8.43	7.86	8.78	10.91	12.26	10.5
매출액 영업이익률	13.2	12.4	12.2	13.6	13.8	15.9	13.7

12
스노우볼 ⑫

바텍

기업개요 및 사업현황

1. 주요 주주

항목	주권의 수	지분율(%)
바텍이우홀딩스(외 3인)	7,919,390	53.31
바텍 자사주	200,000	1.35

2. 기업개요 및 사업 현황

동사는 1992년 설립되어 Digital X-ray System과 Solution을 개발 및 제조하여 판매하는 전문기업이며 연결기준에서 보면 덴탈 이미징 사업부문과 디텍터 사업부문을 영위하고 있었으나, 17년 1분기 중 ㈜레이언스의 보유지분을 매각함으로써 현재는 덴탈 이미징 사업부문만 영위하고 있다.

덴탈 이미징 사업부문은 치과용 Digital X-ray 및 CT, Generator 를 개발·제조하여 해외의 현지법인과 현지대리점에 판매하고 있으며, 특히 국내 치과 병원, 의원에 직접 또는 대리점을 통해 국내 덴탈 이미징 시장의 78% 점유율을 차지하고 있어 사실상 독점적인 지위에 있다.

한편, 글로벌 시장은 북미, 유럽, 일본 등 선진국 수요 시장이 전체 시장의 80%를 차지하고 있으나, 소득 증대에 따라 중국, 브라질, 러시아 등 이머징 마켓의 규모가 점차 커지고 있으며, 동사는 글로벌 시장에서 약 10%

의 점유율을 차지하고 있다.

사업환경 및 변수, 제품

1. 사업환경 및 변수

치과용임플란트의 시장 규모가 증가하는 것은 물론, 점차 저 연령층의 치과진료 수요까지 증가하고 있다.

고가 진료대상자 확보를 위한 치과 병원 및 의원의 경쟁이 가속화될 시 실적이 좋아지며, 수출 비중이 높아 수익성이 환율에 영향을 받는다.

2. 주요 제품 매출구성

제품명	구성비(%)
덴탈 이미징사업부문	100.00

핵심 가치지표 및 재무비율 7년 정리

구분	2017.12월	2016.12월	2015.12월	2014.12월	2013.12월	2012.12월	2011.12월
핵심 가치지표							
주당순이익 (지배지분)	5,324	1,667	1,433	653	382	405	138
PER	6.4	21.68	27.59	40.03	29.15	27.19	52.59
주당순자산 (지배지분)	13,196	9,884	6,831	5,895	5,582	5,100	5,084
PBR	2.58	3.66	5.79	4.44	2	2.16	1.43
안정성 지표							
부채비율(%)	56	70	85	85	90	105	99
유동비율(%)	182	154	151	151	153	137	158
핵심 수익성 지표							
ROE= ROS*S/A*A/E	40.35	16.87	20.98	11.08	6.85	7.93	2.71
매출액순이익률 (ROS)	51.59	22.04	19.55	10.02	6.55	6.5	2.08
총자산회전율 (S/A)	0.5	0.5	0.6	0.6	0.6	0.6	0.6
재무레버리지 (A/E)	1.64	1.51	1.84	1.89	1.88	2.11	2.05
기타 수익성 지표							
총자산 이익률 (ROA)	24.67	11.18	11.38	5.85	3.64	3.76	1.32
매출액 영업이익률	19	13.4	12.9	11.9	10.6	5.7	7

13
스노우볼 ⑬

뷰웍스

기업개요 및 사업현황

1. 주요 주주

항목	주권의 수	지분율(%)
김후식(외 6인)	3,341,791	33.41
Templeton Asset Management Ltd. (외 3인)	1,099,910	11.00
뷰웍스 자사주 펀드	74,417	0.74

2. 기업개요 및 사업 현황

동사는 삼성테크윈에서 디지털 카메라분야에 종사하던 핵심 인력들이 1999년에 설립했으며, 현재 디지털 방사선 촬영기, 디지털 투시기 및 조영 촬영장치를 위한 디지털 영상 솔루션을 설계, 개발, 생산하여 공급하는 이미징 솔루션 사업을 영위하고 있다.

동사의 주력 제품군인 DR 시스템용 디텍터는 CCD Type과 FP Type으로 구분되며 대표 브랜드로 Maxxray, QXR, Vivix가 있으며 이중에서도 FP-DR 용 디텍터인 Vivix가 주력 제품이다.

동영상 제품군에 속하는 R/F Table과 Angiography 장비용 디텍터는 현재 글로벌 의료기기 업체인 일본의 T사뿐만 아니라 국내 및 미국, 유럽,

중국 등지의 완성품 업체에 납품되고 있다.

사업환경 및 변수, 제품

1. 사업환경 및 변수

병원 정보화가 급속히 진행됨에 따라 디지털화된 X선 장비 시장은 성장할 것으로 예상되며, 정부 승인을 받아야 하는 진입장벽이 존재한다.

원재료 중 수입재료가 많아 환율 하락 시 수익이 개선된다.

2. 주요 제품 매출구성

제품명	구성비(%)
의료용 이미징 솔루션 (FP-DR, R/F Table 등 디텍터)	57.50
산업용 이미징 솔루션	42.50

핵심 가치지표 및 재무비율 7년 정리

구분	2017.12월	2016.12월	2015.12월	2014.12월	2013.12월	2012.12월	2011.12월
핵심 가치지표							
주당순이익 (지배지분)	1,963	2,697	1,589	1,048	946	566	675
PER	20.84	22.17	28.03	32.74	26.15	35.67	13.6
주당순자산 (지배지분)	12,614	11,032	8,458	7,068	6,184	5,332	4,880
PBR	3.24	5.42	5.27	4.85	4	3.79	1.87
안정성 지표							
부채비율(%)	9	18	14	19	23	8	8
유동비율(%)	881	548	779	520	832	1,173	957
핵심 수익성 지표							
ROE= ROS*S/A*A/E	15.56	24.45	18.79	14.82	15.3	10.62	13.74
매출액순이익률 (ROS)	16.01	23.17	17.14	14.92	14.38	12.11	19.01
총자산회전율 (S/A)	0.9	0.9	0.9	0.8	0.8	0.8	0.7
재무레버리지 (A/E)	1.12	1.21	1.19	1.23	1.27	1.11	1.09
기타 수익성 지표							
총자산 이익률 (ROA)	13.95	20.21	15.84	12.06	12.08	9.54	12.62
매출액 영업이익률	23.6	26.1	20.4	19.2	20.2	19.1	23.4

14
스노우볼 ⑭

빅솔론

기업개요 및 사업현황

1. 주요 주주

항목	주권의 수	지분율(%)
아이디스홀딩스	7,821,698	40.66
빅솔론 자사주	1,161,095	6.04

2. 기업개요 및 사업 현황

동사는 POS Point of Sales 용 영수증 프린터 POS 프린터 및 CAT 용 등 프린팅 메커니즘, 라벨 프린터 및 모바일 프린터 등을 생산하는 미니 프린터 전문 회사이다.

공장 자동화, 배달 서비스 사업 등의 발전으로 수익성이 높은 라벨프린팅 및 모바일 프린팅 수요의 지속적인 증대가 기대되는 가운데, 국내 POS 프린터 시장 점유율 40%, 프린팅 메카니즘 시장점유율 60%로 국내 1위 업체이다.

수출 비중은 약 70%로, 해외시장은 POS프린터 분야에서 약 7%의 시장점유율로 추정되며 일본의 Epson에 이어 Star Micronics와 함께 2위권을 형성하며, 모바일프린터 분야는 미국의 Zebra에 이어 점유율 2위 업체이다.

한편, 2017년 10월 주식매매를 통해 최대주주가 아이디스홀딩스로 변경되었으며, 솔론인베스트 지분 역시 223억 원에 완전 양도했다.

사업환경 및 변수, 제품

1. 사업환경 및 변수

중국, 인도, 브라질 등 신흥국을 중심으로 POS프린터 사용이 증가하는 있으며, 라벨프린팅 및 모바일 프린팅 수요는 공장 자동화, 배달 서비스 발전으로 안정적인 성장이 기대된다.

개발도상국 등의 POS시스템 보급 확대 시 실적이 상승하며, 수출 비중이 높아 환율이 수익성에 영향을 준다.

2. 주요 제품 매출구성

제품명	구성비(%)
POS프린터	44.87
Mobile프린터	24.78
Label프린터	12.23
프린팅Mechanism	7.43
기타	10.69

핵심 가치지표 및 재무비율 7년 정리

구분	2017. 12월	2016. 12월	2015. 12월	2014. 12월	2013. 12월	2012. 12월	2011. 12월
핵심 가치지표							
주당순이익 (지배지분)	1,085	741	1,010	672	884	624	624
PER	6.11	9.26	7.87	8.36	8.46	5.65	4.78
주당순자산 (지배지분)	7,166	6,199	5,817	5,004	4,460	3,679	3,166
PBR	0.93	1.11	1.37	1.12	1.68	0.96	0.94
안정성 지표							
부채비율(%)	10	12	12	13	12	13	20
유동비율(%)	833	538	570	707	747	657	472
핵심 수익성 지표							
ROE= ROS*S/A*A/E	15.14	11.96	17.36	13.43	19.82	16.95	19.71
매출액순이익률 (ROS)	25.79	17.66	24.79	17.29	21.47	16.84	15.82
총자산회전율 (S/A)	0.5	0.6	0.6	0.7	0.8	0.9	1.1
재무레버리지 (A/E)	1.09	1.11	1.12	1.13	1.12	1.13	1.18
기타 수익성 지표							
총자산 이익률 (ROA)	13.89	10.77	15.49	11.84	17.68	14.95	16.66
매출액 영업이익률	16.7	15.2	18.8	17.4	18.8	14.8	14.4

15
스노우볼 ⑮

삼성전자

기업개요 및 사업현황

1. 주요 주주

항목	주권의 수	지분율(%)
이건희(외 11인)	1,270,241,058	19.79
국민연금공단	635,298,950	9.90
삼성전자 자사주	484,892,050	7.55

2. 기업개요 및 사업 현황

동사는 1969년 1월에 설립되어 본사를 거점으로 한국 및 CE, IM 부문 산하 해외 9개 지역총괄과 DS 부문 산하 해외 5개 지역총괄의 생산/판매법인, Harman 산하 종속회사 등 270개의 동종업종을 영위하는 종속기업으로 구성된 글로벌 전자 기업이다.

주요사업은 CE부문 TV, 냉장고 등 과 IM부문 컴퓨터, HHP 등, DS부문 DRAM, 모바일AP, LCD, OLED 등, Harman 인포테인먼트 등 으로 구성되어 독립 경영을 하고 있다.

특히 IM부문은 프리미엄 브랜드 갤럭시를 필두로 글로벌 스마트폰 시장을 선도하고 있으며, Samsung Pay와 같은 Mobile Payment, Cloud 등 미래 성장 투자를 지속하고 있다.

DS부문 역시 8나노·7나노 공정 또한 적기 개발하여 시장을 주도하기 위해 역량을 집중하고 있으며, 2018년 세계최초 EUV공정을 도입하여 선단공정 기술을 선도 중이다.

사업환경 및 변수, 제품

1. 사업환경 및 변수

스마트TV시장, 모바일 결제서비스를 비롯한 사물인터넷 분야의 성장이 이어지고 있으며, 10인치 이하 중소형 디스플레이 시장에서 OLED 채용이 증가하는 등 시장은 꾸준히 성장하고 있다.

점차 스마트폰 시장의 성장률이 저하되고 있으며, 태블릿 시장은 역성장 중인 가운데, 보급형 스마트폰 시장에 적극적으로 대응하려는 계획이다.
다만 서버 등 정보 저장 기기의 고용량화로 메모리 시장은 계속 성장하고 있다.

수출비중이 높아 환율에 영향을 받는다.

2. 주요 제품 매출구성

제품명	구성비(%)
IM	47
반도체	34.3
CE	16.1
DP	12.4
기타	13.1

핵심 가치지표 및 재무비율 7년 정리

구분	2017. 12월	2016. 12월	2015. 12월	2014. 12월	2013. 12월	2012. 12월	2011. 12월
핵심 가치지표							
주당순이익 (지배지분)	5,421	2,735	2,198	2,713	3,506	2,726	1,573
PER	7.96	11.31	9.93	8.47	6.78	9.67	11.65
주당순자산 (지배지분)	28,126	23,131	20,323	19,065	16,980	13,765	11,413
PBR	1.59	1.36	1.07	1.21	1.4	1.91	1.61
안정성 지표							
부채비율(%)	23	20	19	19	22	23	30
유동비율(%)	158	205	226	220	220	177	146
핵심 수익성 지표							
ROE= ROS*S/A*A/E	19.95	12.02	10.81	14.23	20.65	19.8	13.78
매출액순이익률 (ROS)	25.53	16.73	13.83	16.75	18.83	16.42	11.08
총자산회전율 (S/A)	0.8	0.8	0.8	0.8	1	1.1	1
재무레버리지 (A/E)	0.96	0.94	0.98	1.01	1.07	1.14	1.21
기타 수익성 지표							
총자산 이익률 (ROA)	20.86	12.82	11.06	14.07	19.26	17.4	11.38
매출액 영업이익률	21.5	10.2	9.9	10.1	13.8	13.1	8.1

16
스노우볼 16

상신브레이크

기업개요 및 사업현황

1. 주요 주주

항목	주권의 수	지분율(%)
정성한(외 11인)	10,060,673	46.86
신영자산운용(외 1인)	3,592,977	16.73
상신브레이크 자사주	2,111,140	9.83
국민연금공단	1,956,059	9.11

2. 기업개요 및 사업 현황

동사는 승용 및 상용차량용 브레이크 PAD, LINING, SHOE 및 BRAKE ASSEMLY 등을 주력제품으로 하는 브레이크 마찰재업체로서, 새론오토모티브, KB오토시스와 경쟁하고 있으며, 국내 시장점유율 44%의 1위 업체이다.

매출구성은 OEM 신차 장착용, OES A/S 순정부품용, 시중판매 대리점을 통한 직거래, 수출시장으로 구성되며, 주요 매출처는 현대자동차, 다이모스, 현대모비스, 만도, 이래오토모티브, 한국GM, 중국 OEM 로컬 업체 등으로, 자동차 제조사 및 SUB-ASSEMBLY업체의 매출은 OEM 및 OES형태로 이루어진다.

종속회사인 상신이엔지㈜는 국내 본사 및 계열사에 마찰재 전용 설비를 판매하고 있으며, 해외시장으로 중국 및 일본, 태국, 중동(이란)까지 판매망을 구축하고 있다.

사업환경 및 변수, 제품

1. 사업환경 및 변수

마찰재 시장은 신차용 제품과 A/S용(교체용) 시장으로 나누어지는데, 국내 A/S용 시장 1위는 상신브레이크이다.

    동사의 중국 진출로 중국 자동차 시장 성장에 수혜가 기대된다.

    매출 대부분은 내수에서 발생하기에 환율하락 시 수익이 개선되고, 완성차 판매량 증가할 시 실적 개선되지만, 경기등락의 영향을 많이 받고 현대기아차 의존도가 높다.

2. 주요 제품 매출구성

제품명	구성비(%)
PAD	67.26
SHOE ASSY	12.78
BRAKE ASSY	10.41
설비	8.05
기타	1.50

핵심 가치지표 및 재무비율 7년 정리

구분	2017. 12월	2016. 12월	2015. 12월	2014. 12월	2013. 12월	2012. 12월	2011. 12월
핵심 가치지표							
주당순이익 (지배지분)	1,073	906	1,220	926	789	437	343
PER	7.08	7.49	6.04	6.95	7.18	8.42	14.14
주당순자산 (지배지분)	7,743	7,053	6,305	5,153	4,475	3,772	3,710
PBR	0.98	0.96	1.17	1.25	1.26	0.98	1.31
안정성 지표							
부채비율(%)	84	77	85	109	116	121	115
유동비율(%)	150	150	130	119	121	114	108
핵심 수익성 지표							
ROE= ROS*S/A*A/E	13.86	12.85	19.36	17.98	17.63	11.59	9.23
매출액순이익률 (ROS)	7.65	6.46	8.9	7.01	6.72	3.99	3.36
총자산회전율 (S/A)	1	1.1	1.2	1.3	1.2	1.3	1.3
재무레버리지 (A/E)	1.85	1.77	1.79	2.04	2.13	2.18	2.09
기타 수익성 지표							
총자산 이익률 (ROA)	7.48	7.26	10.81	8.81	8.28	5.32	4.42
매출액 영업이익률	9.4	8.8	9.1	7.1	7	5.8	3.9

# 17

스노우볼 ⑰

선진

기업개요 및 사업현황

1. 주요 주주

항목	주권의 수	지분율(%)
제일홀딩스(외 3인)	11,897,240	50.03
한국투자밸류자산운용	3,997,608	16.81
FIDELITY MANAGEMENT & RESEARCH COMPANY(외 1인)	1,627,219	6.84

2. 기업개요 및 사업 현황

동사는 1979년 8월 17일에 배합사료 제조 및 판매업, 축산물 가공 및 판매업 등을 영위할 목적으로 설립되었으며 2011년 1월 1일에 동사와 ㈜선진 지주로 인적분할 되었다.

배합사료 사업부문이 총 매출액의 37%를 차지하고 있고, 식육제품이 35%, 양돈제품이 18%, 육가공 부문이 약 10% 정도를 차지한다.

배합사료 판매의 특징은 광고보다는 철저한 대인판매체계로 사양프로그램 제공 등 서비스와 배합사료의 품질 등에 의해 좌우되는데, 동사의 배합사료부문은 전국 5개소에 물류센터를 운용하여 효과적인 판매체계 구축에 힘쓰고 있으며, MS 시장점유율 3~4% 내외로 추정된다. 농협이 약30%의 기타 중국과 필리핀, 베트남, 미얀마 등에서 배합사료 사업을 펼치고 있다.

한편, 동사는 1992년 식육사업에 진출하며 선진포크라는 브랜드를 탄생시켰으며, 현재 선진기술연구소 산하의 사료기술연구센터, 양돈기술연구센터, 축우기술연구센터, 식육연구센터를 조직하여 양돈R&D, 배합비, 사료품질관리에 대한 연구 등 과제를 수행 중이다.

사업환경 및 변수, 제품

1. 사업환경 및 변수

배합사료 시장은 정체 상태이나, 국가식량산업으로 급격한 감소는 없다.

　식육 부문은 다수 회사들이 난립하여 경쟁이 심화되었지만, 동사는 시설현대화와 수직계열화로 경쟁력을 확보하고 돈육브랜드 '선진포크'를 보유하고 있다.

　옥수수·소맥·대두박·비육돈 등의 원재료 가격이 오르고 환율이 상승하면 실적이 저하되고, 반대로 원대로 가격과 환율이 내리면 실적이 상승한다.

2. 주요 제품 매출구성

제품명	구성비(%)
식육사업	37
사료사업	35
양돈사업	18
육가공사업	10

핵심 가치지표 및 재무비율 7년 정리

구분	2017. 12월	2016. 12월	2015. 12월	2014. 12월	2013. 12월	2012. 12월	2011. 12월
핵심 가치지표							
주당순이익 (지배지분)	2,879	1,766	1,076	1,316	1,641	1,691	882
PER	6.86	7.2	11.82	10.56	6.87	3.55	3.75
주당순자산 (지배지분)	13,568	10,426	10,604	9,354	8,128	6,507	4,802
PBR	1.13	1.22	1.2	1.49	1.39	0.92	0.68
안정성 지표							
부채비율(%)	74	147	130	129	95	132	180
유동비율(%)	82	73	104	124	148	135	113
핵심 수익성 지표							
ROE= ROS*S/A*A/E	16.54	16.94	10.15	14.07	20.19	25.98	18.22
매출액순이익률 (ROS)	7.69	5.13	3.23	3.95	5.61	6.93	4.41
총자산회전율 (S/A)	1.2	1.3	1.4	1.5	1.8	1.6	1.5
재무레버리지 (A/E)	1.79	2.62	2.32	2.3	1.95	2.32	2.8
기타 수익성 지표							
총자산 이익률 (ROA)	9.24	6.46	4.38	6.12	10.36	11.2	6.51
매출액 영업이익률	3.7	5.1	4.7	4.6	5.5	6	4.3

18

스노우볼 ⑱

쎌바이오텍

기업개요 및 사업현황

1. 주요 주주

항목	주권의 수	지분율(%)
정명준(외 2인)	2,352,373	25.03
쎌바이오텍 자사주	1,680,000	17.87
쎌바이오텍 자사주 펀드	216,000	2.30

2. 기업개요 및 사업 현황

동사는 1995년 설립된 프로바이오틱스 유산균을 전문적으로 생산하는 바이오 기업으로 2002년 코스닥시장에 상장되었다. 세포공학 및 미생물 발효기술을 바탕으로 한 유산균 종균 개발 및 원말 제조, 이에 따른 의약품, 기능성식품 개발, 생산을 영위하고 있다.

동사의 경우 유산균 제재의 제형 및 코팅기술이중 코팅 프로바이오틱스, 다양한 형질의 유산균 균주의 보유, 유산균 유전체 분석을 통한 기능 분석 및 제조기술 등을 보유하고 있는데, 향후 프로바이오틱스 관련 의약품 시장은 기능성식품 시장 규모를 뛰어 넘을 것으로 예상되고 있다.

특히 자체 브랜드 듀오락B2C 이 채널 확대에 따라 성장세를 이어가고 있다. 프로바이오틱스의 시장 선점 효과로 국내 약국 침투율이 25% 수준

5,940개에서 향후 8000개까지 확대될 것으로 기대된다.

한편, 국내, 아시아 및 미주 등을 담당하는 법인으로 듀오락 매출 확대를 위한 온라인 쇼핑몰duolac.co.kr 을 운영 중이며, 국내 건강기능식품기업 및 개인/종합 병원, 약국, 한의원 등을 중심으로 마케팅도 진행하고 있다.

현재 단순한 건강기능식품 판매에서 그치지 않고, 프로바이오틱스를 이용한 과민성 대장 증후군IBS , 장누수 증후군LGS , 염증성 장질환IBD , 아토피, 여드름, 골다공증 등 치료제 목적 프로바이오틱스를 연구 중이다.

사업환경 및 변수, 제품

1. 사업환경 및 변수

인구 고령화로 기능성 건강식품 매출이 꾸준히 증가될 것으로 예상되며, 그 중 유산균 제품은 기능성 식품에서 의약품 분야로 활용 범위가 확대 중이다.

동사의 건강식품 산업은 의료비용이 상승하고 해외 수출이 확대될수록 성장할 수 있는 한편, 식품 및 의약품 산업 특성상 향후 더욱 엄격한 제품 생산공정 관리가 필요할 수 있다.

2. 주요 제품 매출구성

제품명	구성비(%)
완제품	88.40
원말	11.60

핵심 가치지표 및 재무비율 7년 정리

구분	2017. 12월	2016. 12월	2015. 12월	2014. 12월	2013. 12월	2012. 12월	2011. 12월
핵심 가치지표							
주당순이익 (지배지분)	1,936	1,968	1,862	1,107	830	653	553
PER	20.66	24.72	30.66	47.08	23.26	26.87	10.43
주당순자산 (지배지분)	9,595	8,952	7,315	5,570	4,580	3,875	3,371
PBR	4.17	5.43	7.81	9.35	4.21	4.53	1.71
안정성 지표							
부채비율(%)	7	7	8	8	8	9	9
유동비율(%)	1,127	1,096	995	899	863	732	917
핵심 수익성 지표							
ROE= ROS*S/A*A/E	20.18	21.98	25.46	19.87	18.12	16.86	16.42
매출액순이익률 (ROS)	30.91	32.74	35.71	25.71	24.83	24.42	24.25
총자산회전율 (S/A)	0.6	0.6	0.6	0.7	0.7	0.6	0.6
재무레버리지 (A/E)	1.1	1.09	1.11	1.12	1.09	1.08	1.06
기타 수익성 지표							
총자산 이익률 (ROA)	18.35	20.14	23	17.69	16.64	15.65	15.42
매출액 영업이익률	40.3	37.4	39.2	36.1	33.4	26	26.2

19
스노우볼 ⑲

엔씨소프트

기업개요 및 사업현황

1. 주요 주주

항목	주권의 수	지분율(%)
김택진(외 8인)	2,635,435	12.01
국민연금공단	2,602,297	11.86
넷마블게임즈	1,950,000	8.89
Schroder Investment Management Limited(외 3인)	1,557,171	7.10
엔씨소프트 자사주	688,583	3.14

2. 기업개요 및 사업 현황

동사는 1997년 설립된 온라인게임 업체로 리니지, 아이온, 길드워, 블레이드앤소울 등의 게임을 서비스하는 국내 최대 업체이다. 국내를 거점으로 북미, 유럽 등 현지에서 게임을 서비스하는 업체들과 오라이언소프트 등의 게임개발업체와 엔씨다이노스프로야구단 등 총15개의 계열회사를 두고 있다.

동사의 핵심 경쟁력은 MMORPG에 특화된 세계적 수준의 게임 개발 능력이며, 동사는 합병이나 외부 게임의 퍼블리싱을 통해 성장해온 기타 국내 온라인 게임회사와는 다르게 자체 게임 개발 역량 강화를 통해 성장해 왔다.

특히 리니지의 IP를 기반으로 본사에서 직접 개발한 모바일 RPG인 '리니지 레드나이츠'는 2016년 12월 국내시장 포함 12개국에서 동시 출시한 이래 국내 구글플레이와 앱스토어에서 매출 및 다운로드 1위를 기록했으며, 2017년 상반기 리니지M, 파이널블레이드 등 모바일게임을 연이어 출시하며 모바일 게임사로 체질 변화 중이다.

사업환경 및 변수, 제품

1. 사업환경 및 변수

광대역 인터넷 보급과 이용자 증가로 온라인 게임 시장의 성장세, 특히 중국 등 개발도상국의 게임시장 성장은 꾸준할 전망이다.

다만 고성장세를 보이고 있는 모바일 게임 시장은 경쟁이 심화되어 영업환경이 악화 중이다.

국내 및 해외에서 개발 게임 흥행 시 실적이 개선되지만, 온라인 게임 시장은 성장이 둔화되고 모바일 게임이 경쟁자로 부각되고 있다.

경쟁에서 이기기 위해 지속적인 신작 출시가 요구되며, 주기적으로 정부 규제 강화 시 실적 악화 가능성이 있다.

2. 주요 제품 매출구성

제품명	구성비(%)
모바일게임	56.59
로열티	11.53
블레이드앤소울	9.16
리니지	8.78
기타	13.94

핵심 가치지표 및 재무비율 7년 정리

구분	2017.12월	2016.12월	2015.12월	2014.12월	2013.12월	2012.12월	2011.12월
핵심 가치지표							
주당순이익 (지배지분)	20,104	12,416	7,542	10,487	7,245	7,120	5,529
PER	22.26	19.93	28.24	17.36	34.3	21.15	55.67
주당순자산 (지배지분)	124,037	85,985	80,693	62,045	52,076	45,691	39,157
PBR	3.61	2.88	2.64	2.93	4.77	3.29	7.85
안정성 지표							
부채비율(%)	26	19	17	17	19	16	21
유동비율(%)	448	554	411	552	393	419	429
핵심 수익성 지표							
ROE= ROS*S/A*A/E	16.2	14.44	9.35	16.9	13.91	15.57	14.11
매출액순이익률 (ROS)	28.51	36.59	26.82	37.53	29.93	32.78	24.13
총자산회전율 (S/A)	0.4	0.3	0.3	0.4	0.4	0.4	0.4
재무레버리지 (A/E)	1.27	1.2	1.19	1.17	1.22	1.2	1.34
기타 수익성 지표							
총자산 이익률 (ROA)	12.74	12.08	7.87	14.44	11.42	12.98	10.54
매출액 영업이익률	40	42.9	41.7	44	34.7	21.3	39

20
스노우볼 20

와이솔

기업개요 및 사업현황

1. 주요 주주

항목	주권의 수	지분율(%)
대덕지디에스㈜(외 5인)	5,615,810	23.31
와이솔 자사주	508,490	2.11

2. 기업개요 및 사업 현황

동사는 자체 기술을 바탕으로 개발한 SAW Filter 및 Duplexer, 블루투스 모듈 등 휴대폰에서 사용되는 RF Radio Frequency: 무선 주파수 솔루션 제품을 국내외 휴대폰 제조업체에게 공급하는 것을 주사업으로 2008년 6월에 설립되어 2010년 9월 코스닥시장에 상장되었다.

동사의 휴대폰용 SAW Filter Surface Acoustic Wave Filter: 표면 탄성파 여과기는 고주파 기술을 기반으로 휴대폰 통신 시 특정 주파수만을 통과시키도록 하는 핵심RF 부품으로, 국내에서는 동사가 유일하게 생산 판매하고 있기 때문에 경쟁관계가 없으며, 세계적으로도 Murata, TDK-EPC, 태양유전 등 몇몇 일본계 업체와만 경쟁하고 있다.

그 밖에 무선통신을 목적으로 하는 제품에서 무선 기능의 독자적 수행 영역을 모듈화하는 RF 모듈사업도 영위하고 있다.

사업환경 및 변수, 제품

1. 사업환경 및 변수

ASM Module과 Duplexer+PA Module은 UMTS시스템 보급 확대로 수요가 증가하고 있으며, SAW Filter 시장도 휴대폰이 3G/4G로 발전함에 따라 수요가 증가 중이다.

주요 고객사의 휴대폰 판매 실적이 단기적인 실적에 중요하고, 모바일 기기의 고급화로 대당 SAW Filter 필요량 증가와 매출처 다각화 여부에 따라 장기적인 실적이 달려 있다.
한편, 빠른 기술 변화가 수반되므로, 기술력과 기술경쟁 대응이 상시 요구된다.

2. 주요 제품 매출구성

제품명	구성비(%)
SAW제품군	78.08
RF Module군	21.09
로열티	0.83

핵심 가치지표 및 재무비율 7년 정리

구분	2017. 12월	2016. 12월	2015. 12월	2014. 12월	2013. 12월	2012. 12월	2011. 12월
핵심 가치지표							
주당순이익 (지배지분)	1,928	1,443	1,389	587	651	453	526
PER	7.64	10.21	10.32	11.2	12.73	17.02	19.16
주당순자산 (지배지분)	9,114	7,100	5,927	4,293	3,877	2,962	2,519
PBR	1.55	2.07	2.25	1.53	2	2.59	3.95
안정성 지표							
부채비율(%)	38	73	92	128	92	107	111
유동비율(%)	188	184	131	118	127	107	120
핵심 수익성 지표							
ROE= ROS*S/A*A/E	20.33	20.31	21.75	13.65	15.68	15.25	20.64
매출액순이익률 (ROS)	14.71	11.14	10.14	6.32	8.79	9.38	11.01
총자산회전율 (S/A)	1	1.1	1.1	0.9	0.9	0.8	0.9
재무레버리지 (A/E)	1.32	1.69	1.95	2.33	1.94	2.11	2.07
기타 수익성 지표							
총자산 이익률 (ROA)	15.44	11.99	11.16	5.86	8.06	7.24	9.99
매출액 영업이익률	13	7.8	9.2	5	10.3	17.2	13.5

21

스노우볼 ㉑

원익QnC

기업개요 및 사업현황

1. 주요 주주

항목	주권의 수	지분율(%)
원익홀딩스(외 2인)	10,657,200	40.54
아이디스홀딩스	5,520,480	21.00
삼성자산운용	1,357,472	5.16
국민연금공단	1,340,740	5.10

2. 기업개요 및 사업 현황

동사는 반도체 제조용 석영제품 및 반도체·DISPLAY 등의 세라믹제품을 전문 생산하는업체로 성장하기 위해 주식회사 원익으로부터 2003년 11월 기업분할로 설립되었다.

동사는 원익홀딩스 등 7개 상장사와 27개 비상장사를 계열회사로 두고 있고, 석영제품을 쿼츠 제조판매하는 미국, 대만, 독일 등 해외법인 3개를 종속회사로 두고 있다. 사업군별로 보면 반도체용 석영유리를 제조하는 쿼츠사업부, 세라믹스사업부, 램프사업부와 세정사업부로 구성된다.

반도체용 석영유리 QUARTZ WARE 는 반도체 제조공정 중 산화, 식각, 이온주입, 화학증착공정에서 Wafer를 불순물로 부터 보호하거나 이송하는 용기로 사용되어 반복적 구매가 일어나는 소모성 부품이다. 시장규모는 반도체 산업의 성장률, 구체적으로 Wafer의 생산량 및 신규 생산라인 증설에 달려 있다.

세정사업부문은 2011년 하반기 세정 SAMPLE LINE 구축 후 삼성전자로부터 품질 승인을 완료하였다.

사업환경 및 변수, 제품

1. 사업환경 및 변수

스마트기기 보급 확대로 메모리 수요가 증가하고 있지만, 동사를 포함한 반도체 부품사들은 주요 매출처인 삼성전자와 하이닉스에 대한 의존도가 높다는 제약이 있다.

경기변화에 따라 실적변동이 있으며 특히 고객사 반도체 생산량 증감에 직접적인 영향을 받는다.

2. 주요 제품 매출구성

제품명	구성비(%)
반도체용 석영유리	74.6
LCD 등 세라믹제품	14.5
반도체소재 부품 등 세정	10.9

핵심 가치지표 및 재무비율 7년 정리

구분	2017.12월	2016.12월	2015.12월	2014.12월	2013.12월	2012.12월	2011.12월
핵심 가치지표							
주당순이익 (지배지분)	1,100	1,659	585	314	262	178	534
PER	15	5.38	14.81	18.65	15.94	17.13	6.57
주당순자산 (지배지분)	6,503	5,648	3,945	3,389	3,135	2,895	2,741
PBR	2.54	1.58	2.19	1.72	1.31	1.05	1.28
안정성 지표							
부채비율(%)	36	35	50	66	84	84	93
유동비율(%)	132	98	66	46	48	55	53
핵심 수익성 지표							
ROE= ROS*S/A*A/E	16.92	29.36	14.81	9.22	8.24	6.13	19.49
매출액순이익률 (ROS)	18.63	41.24	14.43	9.2	7.75	5.59	17.5
총자산회전율 (S/A)	0.7	0.5	0.7	0.6	0.6	0.6	0.6
재무레버리지 (A/E)	1.28	1.3	1.44	1.61	1.77	1.78	1.81
기타 수익성 지표							
총자산 이익률 (ROA)	13.19	22.59	10.26	5.71	4.65	3.44	10.78
매출액 영업이익률	17.4	15.1	18.4	16.1	17.1	17.7	19.9

22

스노우볼 22

인바디

기업개요 및 사업현황

1. 주요 주주

항목	주권의 수	지분율(%)
차기철(외 7인)	3,933,200	28.74
인바디 자사주	201,142	1.47

2. 기업개요 및 사업 현황

동사는 체성분 분석기를 포함한 전자 의료기기 및 생체 신호 측정장치 등을 제조, 판매하는 업체이다.

동사의 제품은 치료 및 운동효과, 예방의학 측면에서 양방병원, 한방병원, 스포츠센터, 건강검진센터 등에서 폭 넓게 사용되고 있으며, 원활한 유통망 확보를 위해 직판 및 국내외 대리점망을 구축하고, 미국 FDA, 일본 JPAL, 유럽 CE 등 각국 규격인증과 정부의 규제에 준하는 자격들을 획득하여 미국, 일본 등 해외법인을 설립 및 운영 중에 있다.

'체성분검사 = 인바디검사'로 통용되며 세계 1위이자 체성분분석의 표준으로 신뢰를 받고 있는 글로벌 헬스케어 기업으로 해외 6곳의 현지 법인과 83개국 6,000여 사용처에 제품을 제공하며 매년 20%가량 성장을 거듭해 왔다.

혈압계 및 신장계, 가정용, 웨어러블, 솔루션 등의 사업 영역에서도 특허를 보유하며 기술적 우위를 점하고 있는 동사는 향후 체성분분석기의 제품 라인업을 다양화할 계획이다.

사업환경 및 변수, 제품

1. 사업환경 및 변수

의료기기는 품질 안정성이 중요하며 국내 의료기기 시장은 수입의존도가 높아 국산화 여지가 아직 많다.

특히 최근 모바일 웨어러블 기기를 통한 의료기기 시장의 성장 기대감이 커졌다.

비만자 비율 증가 시 실적이 좋아지며, 수출비중이 50%를 웃돌아 환율에 실적 영향을 받는다.

2. 주요 제품 매출구성

제품명	구성비(%)
체성분분석기 등	93.74
상품	3.97
용역 등	2.28
기타	0.01

핵심 가치지표 및 재무비율 7년 정리

구분	2017. 12월	2016. 12월	2015. 12월	2014. 12월	2013. 12월	2012. 12월	2011. 12월
핵심 가치지표							
주당순이익 (지배지분)	1,412	1,241	1,265	649	453	412	404
PER	28.4	21.75	45.85	48.54	19.22	14.07	30.16
주당순자산 (지배지분)	7,781	6,745	5,577	4,354	3,768	3,371	3,057
PBR	5.15	4	10.4	7.23	2.31	1.72	3.99
안정성 지표							
부채비율(%)	2	3	6	3	2	1	1
유동비율(%)	2,906	1,989	1,151	2,085	2,944	5,734	8,553
핵심 수익성 지표							
ROE= ROS*S/A*A/E	18.15	18.4	22.68	14.9	12.01	12.23	13.23
매출액순이익률 (ROS)	28.65	28.85	33.25	24	22.75	24.28	23.22
총자산회전율 (S/A)	0.6	0.6	0.7	0.6	0.5	0.5	0.6
재무레버리지 (A/E)	0.98	0.98	1.01	1.01	0.99	0.99	0.99
기타 수익성 지표							
총자산 이익률 (ROA)	18.61	18.73	22.46	14.82	12.17	12.41	13.34
매출액 영업이익률	33	33.8	34	25.8	20.8	16.2	15

23
스노우볼 23

인터로조

기업개요 및 사업현황

1. 주요 주주

항목	주권의 수	지분율(%)
노시철(외 5인)	3,848,663	35.03

2. 기업개요 및 사업 현황

동사는 콘택트렌즈의 제조 및 판매를 목적으로 2000년 설립된 후 2010년 7월 코스닥 시장에 상장되었다.

설립 이후 디자인과 금형 제작 및 사출, 그리고 생산설비 기술측면 등 끊임없는 기술 개발을 통해 콘택트렌즈 제조 기술에서 세계적인 수준에 도달했다.

일반 소프트렌즈뿐만 아니라 치료용 렌즈, 노안용 렌즈, 난시용 렌즈 등 기능성 렌즈 제조기술도 보유하고 있으며, 국내 콘택트렌즈 시장에서는 아큐브에 이어 점유율 2위를 유지하고 있다.

선진국과 같이 단기착용렌즈 시장과 함께 미용렌즈 시장이 상당히 증가함에 따라 매출의 성장이 계속될 것이며, 특히 2018년 중국과 내수시장에서는 브랜드 강화전략을 유지하고, 국내 주요 콘택트렌즈 전문유통채널과의 협력으로 PB 제품라인업을 확장하는 투톱체제를 구축할 예정이다.

사업환경 및 변수, 제품

1. 사업환경 및 변수

생활 양식 변화, 미용 목적 등에 의한 콘택트렌즈 수요, 난시환자, 노안환자, 안구건조증에 따른 질병 관련 렌즈 수요 등은 지속적으로 증가하고 있다.

중국을 포함한 신흥국 산업발전에 따라 시력악화 인구가 증가하면 매출이 증가한다. 환율 상승 시 이익 확대, 환율 하락 시 이익 축소를 겪는다.

2. 주요 제품 매출구성

제품명	구성비(%)
1-Day disposable	56.02
FRP	40.12
Conventional	3.74
기타	0.12

핵심 가치지표 및 재무비율 7년 정리

구분	2017. 12월	2016. 12월	2015. 12월	2014. 12월	2013. 12월	2012. 12월	2011. 12월
핵심 가치지표							
주당순이익 (지배지분)	1,754	1,761	1,148	675	828	794	627
PER	22.15	21.16	32.52	27.54	21.2	17.79	9.9
주당순자산 (지배지분)	9,318	8,250	6,743	5,614	5,056	4,282	3,550
PBR	4.17	4.52	5.53	3.31	3.47	3.3	1.75
안정성 지표							
부채비율(%)	16	18	25	24	22	27	21
유동비율(%)	456	387	336	410	351	298	423
핵심 수익성 지표							
ROE= ROS*S/A*A/E	18.83	21.34	17	12.02	16.38	18.54	17.65
매출액순이익률 (ROS)	24.02	26.08	21.14	16.21	22.51	28.79	27.92
총자산회전율 (S/A)	0.7	0.7	0.6	0.6	0.6	0.5	0.5
재무레버리지 (A/E)	1.16	1.18	1.25	1.24	1.22	1.27	1.21
기타 수익성 지표							
총자산 이익률 (ROA)	16.21	18.04	13.59	9.71	13.4	14.54	14.63
매출액 영업이익률	30.6	32	27.3	19.3	26.2	31.8	34.9

24

스노우볼 24

카카오M

기업개요 및 사업현황

1. 주요 주주

항목	주권의 수	지분율(%)
카카오(외 2인)	17,134,961	67.75

2. 기업개요 및 사업 현황

동사는 음반의 기획, 제작 및 판매와 온라인 음원 서비스를 주요 사업으로 영위하고 있으며, 2013년 9월 최대주주 변경으로 SK그룹 계열에서 제외되고 2013년 12월 스타쉽엔터테인먼트에 인수, 다시 2016년 1월에 카카오에 인수되었다. 2018년 3월 이후 사명을 '㈜카카오M'으로 변경했다.

멜론은 PC 주요 브라우저, 스마트폰/태블릿PC OS등 음악 플랫폼 사업자 중 가장 많은 기기와 운영체제를 지원하고 있으며, 최근 오프라인 음반시장의 규모는 축소되고 온라인 음원시장의 성장이 전체 음악시장 규모를 견인하고 있는 가운데, 국내 최대 가입자, 시장 점유 50% 이상 등 1위 자리를 유지하고 있다.

최근 음성인식 등 AI 인공지능 연계 서비스가 화두로 등장한 가운데 멜론은 이미 2016년 국내 최초로 음성인식 스피커 서비스 상용화를 이루었고,

카카오페이, 카카오톡프로필뮤직 연동 등 카카오와의 시너지도 강화하고 있다.

한편, 5개의 독립적 Label '페이브엔터테인먼트', '크래커엔터테인먼트', '스타쉽엔터테인먼트', '플랜에이엔터테인먼트', '문화인'을 보유하고 있다.

사업환경 및 변수, 제품

1. 사업환경 및 변수

디지털 기술의 발전으로 음원 단위의 유통이 활발해지면서 현재는 음원 중심으로 시장이 변하고 있으며, 다운로드 방식에서 스트리밍 방식으로 전환 중에 있다.

가입회원 증가, 확보 음원량 증가, 음원 가격 및 판매량 증가 시 실적이 상승한다.

음원 가격 및 판매량 하락, 불법유통 저작권 침해 등은 실적 저하의 원인이다.

2. 주요 제품 매출구성

제품명	구성비(%)
콘텐츠	80.93
상품(CD외)	9.00
제품(CD외)	3.91
기타	6.16

핵심 가치지표 및 재무비율 7년 정리

구분	2017.12월	2016.12월	2015.12월	2014.12월	2013.12월	2012.12월	2011.12월
핵심 가치지표							
주당순이익 (지배지분)	2,710	2,477	1,983	1,801	1,349	943	846
PER	41.51	30.64	42.37	24.38	12.53	14.69	15.72
주당순자산 (지배지분)	13,421	11,579	9,386	7,993	6,206	5,064	4,299
PBR	8.38	6.56	8.95	5.49	2.72	2.73	3.09
안정성 지표							
부채비율(%)	53	49	45	47	47	35	45
유동비율(%)	229	227	241	250	227	286	240
핵심 수익성 지표							
ROE= ROS*S/A*A/E	20.19	21.39	21.12	22.53	21.74	18.61	19.68
매출액순이익률 (ROS)	12.46	14.79	14.8	14.45	13.51	12.88	12.8
총자산회전율 (S/A)	1.1	1	1	1.1	1.1	1.1	1.1
재무레버리지 (A/E)	1.53	1.49	1.45	1.47	1.47	1.35	1.45
기타 수익성 지표							
총자산 이익률 (ROA)	13.17	14.37	14.6	15.34	14.77	13.77	13.62
매출액 영업이익률	19.4	19.2	18.7	18.2	14.8	16.3	17.6

25
스노우볼 ㉕

컴투스

기업개요 및 사업현황

1. 주요 주주

항목	주권의 수	지분율(%)
게임빌(외 5인)	3,157,260	24.54
KB자산운용	1,509,528	11.73
국민연금공단	644,163	5.01
컴투스 자사주	344,259	2.68

2. 기업개요 및 사업 현황

동사는 1998년 설립되어 동사를 포함한 11개의 계열회사가 존재하며 모바일게임 개발 및 공급을 주요 영업으로 하고 있다.

2007년 코스닥 시장에 등록된 이래 대표게임으로 홈런배틀, 타이니팜, 컴투스프로야구, 슬라이스잇, 낚시의 신, 이노티아 연대기 시리즈, 골프스타 등이 있으며 2013년 동종업계인 게임빌이 최대주주가 되었고, 이어서 게임빌이 15년 7월 추가주식매수로 24%이상 지분을 보유하게 되었다.

동사는 북미/유럽 등 해외 지역에서 지속되고 있는 서머너즈워의 인기를 통해 견고한 매출을 유지하면서, M&A를 통한 수익처 다각화를 추진하며 내부 게임 개발 및 외부 라인 확대에 집중하고 있다.

또한 영국 '포켓게이머'가 선정한 '2016년 세계 50대 모바일 게임 개발사' 중 5위로 선정되었고, 게임빌과 독자적인 글로벌 모바일게임 서비스 플랫폼인 '하이브'를 개발해 글로벌 역량을 인정받고 있다.

사업환경 및 변수, 제품

1. 사업환경 및 변수

스마트폰의 판매량 증가와 스마트폰 콘텐츠 수요의 급증으로 시장이 성장하고 있으며, 더불어 스마트폰의 고성능화, 4G 보급 등으로 성장세는 이어질 전망이다.

게임 흥행하거나 중국, 미국, 일본 등 해외 주요시장 진출 성공 시 실적이 상승한다.

온라인게임 업체, 포털업체들의 모바일 게임시장 진출에 따른 경쟁 심화와 정부의 규제 정책 등은 리스크이다. 게임의 흥행주기가 다소 짧은 약점도 있다.

2. 주요 제품 매출구성

제품명	구성비(%)
모바일게임	99.57
온라인게임, 기타	0.43

핵심 가치지표 및 재무비율 7년 정리

구분	2017. 12월	2016. 12월	2015. 12월	2014. 12월	2013. 12월	2012. 12월	2011. 12월
핵심 가치지표							
주당순이익 (지배지분)	11,066	11,796	10,540	6,981	1,721	1,802	365
PER	12.3	7.39	12.12	17.24	13.01	23.91	53.52
주당순자산 (지배지분)	59,141	49,352	39,561	18,547	9,499	8,028	6,166
PBR	2.3	1.77	3	6.49	2.36	5.37	3.17
안정성 지표							
부채비율(%)	10	12	14	18	9	9	8
유동비율(%)	1,018	873	744	555	777	615	904
핵심 수익성 지표							
ROE= ROS*S/A*A/E	18.71	23.9	24.72	37.64	18.12	22.45	5.92
매출액순이익률 (ROS)	28.94	30.66	30.34	38.63	34.83	34.45	13.29
총자산회전율 (S/A)	0.6	0.7	0.7	0.8	0.5	0.6	0.4
재무레버리지 (A/E)	1.09	1.11	1.14	1.18	1.11	1.11	1.1
기타 수익성 지표							
총자산 이익률 (ROA)	17.15	21.48	21.72	31.83	16.35	20.23	5.38
매출액 영업이익률	39.1	37.9	39.3	48.7	14.6	27.1	13.2

26

스노우볼 26

코웨이

기업개요 및 사업현황

1. 주요 주주

항목	주권의 수	지분율(%)
코웨이홀딩스(외 7인)	20,179,433	27.34
Goverment of Singapore Investment Corporation Pte Ltd	5,423,797	7.35
Lazard Asset Management LLC(외 42인)	5,127,584	6.95
국민연금공단	4,659,952	6.31
㈜우리은행	4,500,000	6.10

2. 기업개요 및 사업 현황

1989년 설립되어 2001년 상장된 동사의 주요 사업분야는 정수기, 비데, 공기청정기, 연수기를 주력으로 하는 등 환경가전 기업이며, 국내뿐 아니라 해외로도 판매를 확대하고 있다. 사모펀드인 엠비케이파트너스의 경영권인수로 웅진그룹으로 부터 분리된 상태이며, 향후 매각 가능성이 있다.

2010년에 국내 화장품 사업에 진출하여 방문판매 중심의 고기능성 프리미엄 화장품을 판매하고 있으며, 2011년에는 매트리스 사업도 렌탈판매 방식으로 시작했다. 최근에는 기존 회원들에게 판매제품을 확대 할 수 있는 아웃소싱 부문 커피메이커 등과 테팔, 필립스, 삼성전자 등의 브랜드 제품 제조사의 방문판매 대행사업도 시작했다.

업계 최대의 생산시설과 R&D센터를 보유하고 있는 등 여전히 환경가전 업계의 강자이다.

사업환경 및 변수, 제품

1. 사업환경 및 변수

이제는 필수적이 된 환경가전 시장은 웰빙 트렌드 및 환경이슈와 함께 성장하고 있으며, 이에 LG전자, 교원 등 신규사업자들의 시장진입이 이어지고 있다.

가입자당 월 평균 매출액 ARPU 이 상승할수록 좋지만, LG전자, 쿠쿠홈시스 등 신규 진입 업체들과의 경쟁이 심화되어 렌탈비 상승 등이 쉽지는 않다.

2. 주요 제품 매출구성

제품명	구성비(%)
렌탈	79.51
일시불	17.67
기타	2.82

핵심 가치지표 및 재무비율 7년 정리

구분	2017. 12월	2016. 12월	2015. 12월	2014. 12월	2013. 12월	2012. 12월	2011. 12월
핵심 가치지표							
주당순이익 (지배지분)	4,328	3,167	4,449	3,237	3,178	1,219	2,166
PER	22.42	27.68	18.9	26.01	20.9	35.72	16.9
주당순자산 (지배지분)	13,128	15,486	16,044	13,466	12,200	10,179	9,568
PBR	7.44	5.7	5.24	6.25	5.44	4.28	3.83
안정성 지표							
부채비율(%)	113	61	38	50	72	114	112
유동비율(%)	73	114	156	122	101	96	96
핵심 수익성 지표							
ROE= ROS*S/A*A/E	33.2	20.6	27.73	24.04	26.05	11.98	22.64
매출액순이익률 (ROS)	14.05	11.05	15.88	12.4	12.67	5.2	9.77
총자산회전율 (S/A)	1.1	1.1	1.2	1.3	1.2	1.1	1.1
재무레버리지 (A/E)	2.19	1.67	1.41	1.52	1.74	2.17	2.14
기타 수익성 지표							
총자산 이익률 (ROA)	15.16	12.35	19.69	15.84	14.93	5.53	10.6
매출액 영업이익률	20.6	16.7	21.4	18.7	17.2	12.6	14.2

27
스노우볼 27

한국기업평가

기업개요 및 사업현황

1. 주요 주주

항목	주권의 수	지분율(%)
Fitch Ratings., Ltd	3,339,391	73.55
한국기업평가우리사주조합	235,117	5.18
한국기업평가 자사주 펀드	79,643	1.75

2. 기업개요 및 사업 현황

1983년 설립된 동사는 신용평가, 특수평가, 정보사업을 주력으로 하는 신용평가업체로 2007년 세계 3대 신용평가기관인 피치가 최대주주가 되었고, 이후 대외신인도 제고 및 글로벌 스탠더드화를 추진해오고 있다.

주요 제품/서비스로는 기업어음, 회사채, ABS 자산유동화증권, 보험료지급능력, 보증기관 등에 대한 신용평가, 사업성평가, 밸류에이션, 프로젝트파이낸스 및 부동산 등에 대한 사업가치평가 서비스, 보고서 판매 등이 있다.

특히 SOC 시설 등 대형 사업에 대한 프로젝트 파이낸스 분야에서 많은 업무수행경험을 가지고 있으며, 금융투자협회 KOFIA 에서 실시한 신용평가기관 평가에서 정량평가 및 정성평가 양 부문 모두 1위를 차지한 바 있다. 다만, 신용평가 사업 특성상 금융시장에 의존적일 수밖에 없다.

향후 지방정부의 특정 사업수익연계 채권, 신용파생상품 및 금리연계 채권, 채권형 펀드의 펀드신용도 평가 등 신규 상품 도입이 빠르게 추진될 것으로 보인다.

사업환경 및 변수, 제품

1. 사업환경 및 변수

신용평가 시장은 1998년 IMF이전 100억 원대에서 2009년 700억 원대 후반으로 급격하게 성장했으며, 이후 완만한 시장성장과 더불어 신용평가 업체의 허가요건 완화로 경쟁은 심화되었다.

저금리와 여신전문금융의 채권발행 증가, 인수합병 자금 수요 발생 등이 사업상 호재들이며, 고금리와 경기위축으로 인한 채권발행 감소, 인수합병 수요 감소 등이 사업상 악재들이다.

2. 주요 제품 매출구성

제품명	구성비(%)
신용평가	65.28
기업가치평가	32.95
정보사업 외	1.77

핵심 가치지표 및 재무비율 7년 정리

구분	2017. 12월	2016. 12월	2015. 12월	2014. 12월	2013. 12월	2012. 12월	2011. 12월
핵심 가치지표							
주당순이익 (지배지분)	3,401	2,943	2,324	2,544	2,688	3,322	2,609
PER	15.91	14.1	21.69	14.94	14.12	N/A	N/A
주당순자산 (지배지분)	19,356	19,141	17,859	17,033	16,507	15,615	15,560
PBR	2.79	2.17	2.82	2.23	2.3	1.99	1.22
안정성 지표							
부채비율(%)	19	18	22	21	21	28	21
유동비율(%)	430	481	380	361	381	305	431
핵심 수익성 지표							
ROE= ROS*S/A*A/E	17.57	15.38	13.01	14.93	16.29	21.27	16.77
매출액순이익률 (ROS)	34.67	31.19	25.72	27.85	29.33	30.73	27.61
총자산회전율 (S/A)	0.5	0.4	0.4	0.4	0.5	0.5	0.5
재무레버리지 (A/E)	1.11	1.13	1.21	1.2	1.22	1.33	1.21
기타 수익성 지표							
총자산 이익률 (ROA)	15.76	13.63	10.78	12.46	13.33	16	13.83
매출액 영업이익률	23.6	20.3	15.5	20.6	22.6	24.3	24.1

28
스노우볼 ㉘

한국콜마

기업개요 및 사업현황

1. 주요 주주

항목	주권의 수	지분율(%)
한국콜마홀딩스(외 23인)	5,164,901	24.47
국민연금공단	2,218,173	10.51
Schroder Investment Management Limited(외 2인)	1,791,776	8.49

2. 기업개요 및 사업 현황

동사는 2012년 10월에 한국콜마홀딩스주식회사의 화장품 사업부문과 제약사업부문이 인적분할하여 설립한 분할신설회사로서 화장품 및 제약품의 주문자 표시 제조 및 판매 등을 사업으로 영위하고 있다. 주요 사업부문은 화장품 사업부문과 제약 사업부문으로, 매출 비중은 7.5:2.5 수준이다.

주요주주는 한국콜마홀딩스와 일본콜마이며, 동사 제품은 국내 유명 브랜드 대부분에 납품되고 있다.

동사는 식약처 지정 CGMP와 국제기준 CGMP인 ISO 22716을 국내에서 최초로 인증 받아 업계 선두에 서 있으며, 연결대상 종속회사로는 중국과 미국, 캐나다 소재의 화장품 제조회사 및 미국현지법인 인수를 위한 특수목적회사 등 5개사가 있다.

2017년에는 캐나다 화장품 ODM 업체인 CSR을 인수함으로써 북미에 화장품 생산기지를 확보했다.

사업환경 및 변수, 제품

1. 사업환경 및 변수

남성의 화장품 소비 증가와 다양한 판매 채널, 제조사들의 생산 아웃소싱 확대로 시장이 성장하고 있으며, 100년 노하우의 콜마 글로벌 네트워크 안에서 연구자료를 교류하며 시너지를 내고 있다.

웰빙과 미용 선호, 고령화 현상 등으로 시장이 커지고 있으나, 발행주식 수의 2.5%에 해당하는 미상환 신주인수권은 2019년 7월까지 부담이 될 수 있다.

2. 주요 제품 매출구성

제품명	구성비(%)
화장품(기초)	57
화장품(색조)	19
기타	23.9

핵심 가치지표 및 재무비율 7년 정리

구분	2017. 12월	2016. 12월	2015. 12월	2014. 12월	2013. 12월	2012. 12월	2011. 12월
핵심 가치지표							
주당순이익 (지배지분)	2,240	2,516	2,155	1,641	722	1,237	N/A
PER	36.62	26.16	44.03	28.33	37.83	N/A	N/A
주당순자산 (지배지분)	14,458	12,790	10,459	8,521	5,846	5,020	N/A
PBR	5.67	5.14	9.07	5.17	4.67	6.68	N/A
안정성 지표							
부채비율(%)	80	49	47	80	150	127	92
유동비율(%)	213	153	175	151	166	140	113
핵심 수익성 지표							
ROE= ROS*S/A*A/E	15.49	19.67	20.61	18.25	12.34	12.22	14.23
매출액순이익률 (ROS)	6.93	8.57	8.98	7.47	5.25	6.87	6.18
총자산회전율 (S/A)	1.3	1.6	1.6	1.4	0.9	0.8	1.2
재무레버리지 (A/E)	1.78	1.46	1.44	1.77	2.49	2.29	1.86
기타 수익성 지표							
총자산 이익률 (ROA)	8.71	13.52	14.27	10.28	4.95	5.34	7.64
매출액 영업이익률	9	11.3	10.8	9.7	5.9	7.4	5.3

29
스노우볼 ㉙

한솔케미칼

기업개요 및 사업현황

1. 주요 주주

항목	주권의 수	지분율(%)
조동혁(외 4인)	1,697,211	15.03
국민연금공단	1,512,091	13.39
KB자산운용	1,004,500	8.89
베어링자산운용(외 2인)	684,314	6.06
한솔케미칼우리사주조합	633,790	5.61

2. 기업개요 및 사업 현황

동사는 정밀화학 산업을 영위하는 업체로 1980년 3월 13일 설립되었으며 동사 포함 67개의 계열사가 있다.

제지 및 섬유, 반도체 등에 사용되는 과산화수소를 시작으로 라텍스, 요소수지, 고분자응집제 PAM, 차아황산소다 및 기타 화공 약품을 개발 및 제조하고 있는 동사의 주요 매출처로는 삼영순화, 한솔제지, INNOS Taiwan, 글로텍, 미래나노텍 등이 있다.

수요의 가격탄력성이 비교적 작은 시장특성을 가진 산업재시장 위주의 영업환경 속에서, 한정된 공급자의 생산에 의존하고 있는 공급자 중심의 시장을 형성하고 있다.

동사의 점유율을 살펴보면, 라텍스 부문에서 43%, 차아황산소다 부문에서 64%, BPO 부문에서 64%, PAM 부문에서 19%의 점유율을 보이고 있다.

반도체 및 디스플레이 등의 전자재료와 합성기술을 바탕으로 한 정밀화학 분야, IT소재분야 진출 등 신규사업 진출을 검토 중이다.

사업환경 및 변수, 제품

1. 사업환경 및 변수

과산화수소는 주요 수요처였던 제지, 섬유 등 전방산업의 침체로 인해 관련 수요가 정체되어 있지만, IT관련 수요는 삼성전자와 SK하이닉스의 증설과 글로벌 점유율 확대로 여전히 성장하고 있다.

반도체 제조사, LCD 제조사 등의 생산량이 증가하고 유가 및 환율 하락 시 수익이 증가한다.

반면, 고객사 시장 불황 및 유가 및 환율 상승 시 수익 감소가 예상된다.

2. 주요 제품 매출구성

제품명	구성비(%)
정밀화학	49
제지/환경	24
전자소재	20
상품/기타 제품	5 / 2

핵심 가치지표 및 재무비율 7년 정리

구분	2017. 12월	2016. 12월	2015. 12월	2014. 12월	2013. 12월	2012. 12월	2011. 12월
핵심 가치지표							
주당순이익 (지배지분)	4,804	4,942	3,023	1,897	1,797	3,195	1,652
PER	15.09	16.86	20.54	20.54	15.22	7.48	11.35
주당순자산 (지배지분)	28,396	24,998	21,427	18,852	17,545	16,050	13,479
PBR	2.55	3.33	2.9	2.07	1.56	1.49	1.39
안정성 지표							
부채비율(%)	62	67	75	79	79	88	105
유동비율(%)	137	54	114	117	72	126	93
핵심 수익성 지표							
ROE= ROS*S/A*A/E	16.92	19.77	14.11	10.06	10.24	19.9	12.25
매출액순이익률 (ROS)	15.87	17.68	11.77	7.71	7.09	12.28	6.7
총자산회전율 (S/A)	0.7	0.7	0.7	0.7	0.8	0.9	0.9
재무레버리지 (A/E)	1.55	1.62	1.71	1.75	1.74	1.82	2
기타 수익성 지표							
총자산 이익률 (ROA)	10.91	12.23	8.26	5.77	5.89	10.95	6.12
매출액 영업이익률	17.7	19.7	14.5	10.1	9.4	8.8	8.6

30
스노우볼 ③⓪

현대글로비스

기업개요 및 사업현황

1. 주요 주주

항목	주권의 수	지분율(%)
정의선(외 5인)	19,265,930	51.38
국민연금공단	3,702,538	9.87

2. 기업개요 및 사업 현황

동사는 현대자동차 그룹의 물류 통합에 따른 효율성 추구를 위하여 2001년 설립돼 2005년 유가증권시장에 상장되었다.

현재 종합물류업과 유통판매업을 영위하고 있고, 현대자동차 그룹의 물류를 담당하면서, 미국, 캐나다, 독일, 폴란드, 러시아, 중국 등에 연결대상 종속회사 24개를 보유하고 있다.

매출은 물류부문 48.6%, CKD부문 37.9%, 기타부문 13.5%로 구성되어 있다.

종합물류사업부문에서는 국내 내수 시장에서의 물류 매출인 국내물류, 국내의 수출입 매출 및 선사운영인 해외물류를 영위하고 있으며, 2015년 국내 물류기업으로는 처음으로 다우존스지속가능경영지수DJSI 에 편입된 이후 3년 연속 유지하고 있다. 화물의 이동이 꾸준히 증가하므로 물류산업은 다른 산업에 비해 경기변동성의 영향을 적게 받는다.

　유통판매업은 CKD부품 판매 매출인 CKD, 중고차와 기타 상품들의 매출인 상품판매로 구분하며, 자동차 CKD사업은 국내부품에 대한 주문 접수 후 발주, 집하, 포장을 한다.

사업환경 및 변수, 제품

1. 사업환경 및 변수

현대차 그룹의 대규모 화물을 함께 취급함으로써 규모의 경제를 실현하여, 타 물류회사와 차별화된 가격 경쟁력을 보유하고 있다. 타 산업 및 비계열 고객 물류 사업을 적극 확대해오고 있다.

현대제철 조강량 증가 시 운송 수요가 증가하고, 현대·기아차 해외 생산 증가 시 CKD 자동차 조립 이전 상태 운송 수요가 증가한다. 반면, 경기민감형인 현대기아차에 대한 높은 매출 의존도는 제약이다.

2. 주요 제품 매출구성

제품명	구성비(%)
물류부문	48.58
CKD부문	37.89
기타	13.53

핵심 가치지표 및 재무비율 7년 정리

구분	2017. 12월	2016. 12월	2015. 12월	2014. 12월	2013. 12월	2012. 12월	2011. 12월
핵심 가치지표							
주당순이익 (지배지분)	18,147	13,483	10,052	14,300	12,834	13,271	9,568
PER	7.49	11.46	19.2	20.38	18	16.69	20.07
주당순자산 (지배지분)	106,381	92,725	82,577	73,895	62,236	51,180	39,780
PBR	1.28	1.67	2.34	3.94	3.71	4.33	4.83
안정성 지표							
부채비율(%)	88	107	122	108	101	98	118
유동비율(%)	137	134	128	136	133	139	130
핵심 수익성 지표							
ROE= ROS*S/A*A/E	17.06	14.54	12.17	19.35	20.62	25.93	24.05
매출액순이익률 (ROS)	5.24	4.13	3.19	4.8	4.73	5.37	4.75
총자산회전율 (S/A)	1.8	1.8	1.8	2	2.3	2.5	2.4
재무레버리지 (A/E)	1.77	1.95	2.11	2	1.89	1.91	2.14
기타 수익성 지표							
총자산 이익률 (ROA)	9.61	7.45	5.76	9.68	10.88	13.57	11.25
매출액 영업이익률	4.2	4.4	4	3.8	4	4.6	4.5

재무손익, 기타 투자용어 정리

재무상태표 핵심 항목 풀이
손익계산서 핵심 항목 풀이
재무손익비율 핵심 항목 풀이
기타 핵심 투자용어 풀이

재무상태표 핵심 항목 풀이

항 목	내 용
자산	기업이 소유한 재산의 목록 현황
유동자산	1년 내 현금화가 가능한 자산
당좌자산	판매과정 없이 현금화 가능한 자산
현금, 현금성 자산	현금 및 보통 예금
단기금융자산	단기로 운용하는 자금
매출채권, 기타채권	제품·상품 외상 채권, 기타 미수 매각대금, 미수수익, 선 지급한 비용 등
재고자산	판매과정을 거치면 현금화가 가능한 자산(상품, 제품, 재공품, 원재료 등)
비유동자산	현금화하는 데 1년 이상 소요될 자산
투자자산	본업과 무관한 투자자산(장기투자증권, 관계기업/조인트벤처 투자 등)
관계기업/조인트벤처투자	경영권 행사를 목적으로 보유한 피투자기업
유형자산	영업활동을 위한 유형자산(토지, 건물, 기계장치, 차량, 건설 중 자산 등)
무형자산	무형적 권리에 해당하는 자산(개발소용 비용 및 인수합병 시 공정가치 초과 매입액)
부채	기업이 지불해야 할 비용 또는 자금조달 현황
유동부채	1년 이내에 지불해야 할 부채
매입채무, 기타채무	원재료, 상품 구입, 기타 외상매입금, 미리 받은 돈, 각종 미지급금
단기금융부채	금융기관에서 차입한 단기부채
비유동부채	지불기한이 1년 이상인 부채(장기금융부채 및 기타 영업관련 부채)
장기금융부채	사채(채권지 귀속)외 장기차입금(금융기관 귀속)
자본	기업의 총자산에서 지불해야 할 부채를 차감한 주주 귀속 자본
자본금	액면가 기준으로 주주가 출자한 금액
자본잉여금	자본거래의 결과로 발생한 차익(액면가를 초과한 만큼의 주식발행초과금 등)
자본조정	계정 불분명으로 자본에 가감한 내용, 자사주(자기주식) 매입 시 자본조정
이익잉여금	영업활동으로 발생한 이익 중 배당을 제외한 사내 유보금

손익계산서 핵심 항목 풀이

항 목	내 용
매출액	제품 및 상품의 판매액
매출원가	제품 및 상품에 소요된 원가비용(재료비, 노무비, 경비, 외주가공비 등)
매출총이익	원가(원재료 등)를 차감한 이익
판매비와 관리비	판매 및 관리 비용(인건비, 감가상각비, 연구개발비, 광고판촉비 등)
영업이익	영업관련 실제 이익(=수익−비용)
영업외수익	부대수익
이자수익	예금 등에 의한 이자수익
배당금수익	타 기업의 주식을 보유하여 수령한 배당금
지분법이익	피투자회사의 이익에 대해 지분율 만큼 반영된 이익
영업외비용	부대 비용
이자비용	차입금 등에 의한 이자
지분법손실	피투자회사의 손실에 대한 지분율 만큼의 손실반영
당기순이익	영업이익에서 영업외손익을 가감하고 법인세까지 차감한 주주의 이익

재무손익비율 핵심 항목 풀이

항 목	내 용
안정성	부채비율, 유동비율 등 기업의 재무유동성과 안정성을 나타내는 비율
부채비율	공식 : 부채총액/자기자본(%) 일반적으로 100% 이하가 안전하나 현금유입이 빠르고 연속적인 기업의 경우 다소 높아도 무방
유동비율	공식 : 유동자산/유동부채(%) 일반적으로 200% 이상이 안전하나, 현금유입이 빠르고 연속적인 기업의 경우 다소 낮아도 무방
순차입금비율	공식 : (금융부채-현금·현금성자산-단기금융자산)/자본총계(%) 일반적으로 30% 이하가 안전하나 현금유입이 빠르고 연속적인 기업의 경우 다소 높아도 무방
수익성	매출액에 대한 백분율로 기업의 수익 창출능력을 나타내는 비율
매출액총이익률	공식 : 매출총이익/매출액(%) 매출원가를 차감한 기업의 수익능력 비율. 높으면 좋으나 기업강점(원가우위, 차별화)이 다를 시 단순비교 불가
매출액영업이익률 (영업이익률)	공식 : 영업이익/매출액(%) 판관비까지 차감한 기업의 수익능력 비율. 주요비용을 모두 차감한 이익률로 기본적으로 높으면 양호
매출액순이익률 (순이익률)	공식 : 순이익/매출액(%) 영외손익 및 법인세까지 고려한 수익능력비율. 주주에게 귀속되는 최종이익률로 기본적으로 높으면 양호
ROE (자기자본이익률, 자기자본수익률)	공식 : 순이익/자본총계(%) 주주귀속 자본총계의 수익 창출능력 비율. 부채비율이 과다하지 않다는 전제 하에서 ROE가 높을수록 양호
ROA (총자산이익률, 총 자산수익률)	공식 : 순이익/총자산(%) 총자산(부채, 자본 포함) 수익 창출비율. 재무레버리지효과를 제거한 수익률로 ROA가 높을수록 양호

항 목	내 용
활동성 비율	주요 자산의 매출액에 대한 회전율로 자산활용도를 나타내는 비율
총자산회전율	공식 : 매출액/총자산(횟수) 총자산의 효과적 이용도를 나타내는 비율. 크면 좋으나 기업특성 (박리다매, 후리소매)이 다를 시 단순비교 불가
유형자산회전율	공식 : 매출액/유형자산(횟수) 영업관련 유형자산의 이용효율 측정비율. 크면 좋으나 기업특성 (제조업, 서비스업 등)이 다를 시 단순비교 불가
재고자산 회전율	공식 : 매출액/재고자산(횟수) 재고자산이 팔리는 속도의 회전율. 크면 좋으며 대개 과거로부터 현재까지의 수치를 비교
매출채권 회전율	공식 : 매출액/매출채권(횟수) 매출채권을 회수하는 속도의 회전율. 크면 좋으며 대개 과거로부터 현재까지의 수치를 비교
매입채무 회전율	공식 : 매출액/매입채무(횟수) 매입채무를 상환하는 속도의 회전율. 작으면 좋으며 대개 과거로부터 현재까지의 수치 비교
성장성 비율	주요 재무손익항목의 전년(주로) 대비 증가율로 경영성과측정 비율
영업이익 증가율	공식 : (당해년 영업이익/전년 영업이익)−1(%) 기업의 본질이익 성장비율. 높으면 좋으며 매출액 증가 혹은 비용절감 등 원인파악이 중요
순이익 증가율	공식 : (당해년 순이익/전년 순이익)−1(%) 기업의 주주귀속이익 성장비율. 높으면 좋으며 영업이익 증가 혹 영업외수익 증가 등 원인파악이 중요
매출원가율	공식 : 매출원가/매출액(%) 한 단위의 수익을 위한 비용(원가)의 비율. 낮으면 좋으나 기업강점(원가우위, 차별화)이 다를 시 단순비교 불가
판매관리비율 (판관비율)	공식 : 판매관리비/매출액(%) 판관비의(경영효율성) 매출액 대비 비율. 낮으면 좋으며 판매관리비 중 미래이익을 위한 비용 외 축소는 긍정적

기타 핵심 투자용어 풀이

항 목	내 용
GAAP (일반적으로 인정된 회계원칙)	기업의 재무손익에 대한 재무제표 작성시 신뢰성과 비교가능성 제고를 위해 따라야할 원칙으로 주주중심 미국식 회계원칙. 연결기준 기업실체를 알 수 없다는 단점에도 모기업 영업과 지분법 실적을 구분하는 장점이 존재
IFRS(국제회계기준)	회계처리 및 재무제표의 국제적인 통일성 제고를 위해 국제회계기준위원회에서 제정하는 회계기준, 경영실체 중심 유럽식 회계기준. 연결기준 기업실체를 파악 가능한 장점과 종속회사의 비소유지분까지 합하는 단점이 존재
연결 재무제표	모기업이 실질적으로 지배하고 있는 종속회사를 모기업과 함께 하나의 기업집단으로 보아 개별 재무제표를 종합하여 작성하는 재무제표
종속기업	모기업이 피투자회사의 지분을 50% 초과하여 소유하거나 그렇지 않더라도 실질적으로 지배하는 경우 피투자회사는 종속기업. 연결재무제표에서 재무손익항목을 모기업에 합하여 연결함
관계기업	모기업이 피투자회사의 지분을 20% 이상 50% 미만 소유하거나 그렇지 않더라도 실질영향력을 발휘하는 경우 피투자회사는 관계기업. 연결재무제표에서 재무손익항목을 모기업에 연결하지 않고 지분법 만큼 인식함
감가상각비	토지 등 특수자산을 제외한 공장, 기계장치 등 대부분의 유형자산에서 해마다 감소하는 가치분으로 매출원가와 판관비의 비용으로 처리
자본적 지출	기업이 미래의 이윤창출을 위해 유형자산 등에 투자하는 비용으로 지출액은 일시 현금 유출되어 자본화되었다가 효익의 발생기간 동안 비용처리

항 목	내 용
PER (주가수익비율)	공식 : 주가 / 주당순이익(배) 현재의 주가를 주당순이익으로 나누는 수익가치 배수법. 평가원은 절대할인율에 근거한 절대PER 추가교육
PSR (주가매출액비율)	공식 : 주가 / 주당매출액(배) 현 주가를 주당매출액으로 나누는 경기변동형 혹 성장가치 배수법. 평가원은 실적조정에 근거한 절대PSR 추가교육
PBR (주가순자산비율)	공식 : 주가 / 주당순자산(배) 현재의 주가를 주당순자산으로 나누는 청산가치 혹 수익가치 배수법. 평가원은 절대PER에 근거한 절대PBR 추가교육
EPS (주당순이익)	공식 : 당기순이익 / 발행주식수(원) 기업이 벌어들인 순이익을 기업이 발행한 주식수로 나눈 값으로 1주당 창출한 이익을 나타내는 지표
BPS (주당순자산)	공식 : 자본총계 / 발행주식수(원) 기업의 자본총계를 발행주식수로 나눈 값으로 1주당 주주자본을 나타내는 지표. 단, 청산가치를 말할 때는 자본총계에서 무형자산, 이연자산 및 사외 유출분을 차감하여 주식수로 나눔
EV/EBITDA	공식 : (시가총액+순차입금)/이자, 법인세, 유무형자산상각비 차감전 영업이익(배) 인수자 입장의 인수비용과 인수 후 현금흐름을 비교한 수익가치 배수법
PEG	공식 : PER / 예상 EPS 증가율(배) 주당순이익 증가율 대비 주가의 고/저평가를 계산하는 방식으로 주로 성장주 평가법
DCF (현금흐름할인법)	향후 기업이 창출할 순 현금흐름을 적정 할인율로 현재가치화하여 영업가치를 평가하는 기업가치평가법. 평가원은 간결한 연금법 방식 교육
RIM (잔여이익모델, 초과이익모델)	현금흐름할인모형의 하나로 자기자본비용을 초과하는 이익의 현재가치와 자본총계를 합하는 가치평가법. 평가원은 간결한 연금법 RIM까지 교육
OWNER EARNING (주주이익)	워렌 버핏, 맥킨지 등이 언급한 실질 주주이익(순이익에서 투하자본 증가분을 제외)에 근거한 가치평가법. 평가원은 간결, 합리적인 오너어닝법 교육
듀퐁분해	ROE를 매출액순이익률, 총자산회전율 및 재무레버리지율 등 인수로 나누는 기업활동 분석 툴. 평가원은 8대 재무손익비율 및 듀퐁 7분해 등 심층교육

KISVE 가치투자 성공체계

1. 주식투자부문 출간서적 안내
2. 프리미엄 정보서비스 / 계량가치평가 전문보고서 소개
3. 실전가치투자 동영상 교육 소개
4. 무료회원 대상 주요 콘텐츠 소개
5. 전문가 추천

1. 주식투자부문 출간서적 안내

⑫ 보통사람들의 가치투자 성공이야기

보통 사람들 5명 각각의 진술하고 진지한 가치투자 성공과정. 가치투자를 하기 전과 후의 차이점, 투자원칙과 성공전략, 실력대로 성공한 종목들과 일부 실패 종목들, 투자공부 방법, 투자인생의 위기와 기회 등을 진솔하게 담아낸 책

⑪ 개인투자자를 위한 가치투자 입문수업

명쾌하고 깊이 있는 투자지혜와 지식을 알려주고 실전가치투자의 원칙과 전략, 전술 등을 깊이 있게 설명하기 위해서, 류종현 대표가 수년 동안 실전가치투자의 핵심 주제들로 쓰고 정리해왔던 조언/칼럼을 집대성한 책

⑩ 대한민국 주식투자 역발상전략 행동경제학

애초에 돈을 잃게 된 군중심리를 역이용하여 수익을 내고, 행동경제학의 핵심을 알고 손실을 유발하는 '또 다른 나'를 막는 실전가치투자 종합심리전략서

⑨ 대한민국 주식투자 실전MBA핵심

미시/거시경제학, 글로벌경제학, 기업/사업전략, 경쟁분석, 마케팅, 회계와 재무, 게임이론 등 주식투자자들을 위한 경영학입문 MBA 편, 가치투자자를 위한 심층MBA 핵심개념/용어 편으로 구성된 기본체계시

⑧ 대한민국 주식투자 거시경제 가치투자전략

체계적인 거시투자 포트폴리오 원칙과 전략에 따라 주식, 채권 등 자산을 배분하고 전술적으로 최적 비중으로 조절하며 누적수익률을 극대화하기 위한, 가치투자자의 거시경제 부문 필독서

❼ 대한민국 주식투자 계량가치투자 포트폴리오

미스터 마켓과 블랙스완을 극복하고 기대수익률 극대화와 손실위험 최소화를 달성하기 위한, 자신만의 체계적인 주식투자운용(포트폴리오 관리) 필독서

❻ 대한민국 주식투자 글로벌 가치투자거장 분석

상대적으로 더 비중을 두는 요소에 따라 저평가, 수익성, 성장성 중심 가치투자 스타일별로 구분하고, 17인의 가치투자대가들을 나눈 후, 각 투자전략전술, 투자공식 등을 구체적이고 심층적으로 정리

❺ 대한민국 주식투자 재무제표 · 재무비율 · 투자공식

각종 재무제표 및 재무손익비율, 가치평가용어 및 공식, 기타 투자용어, IFRS 핵심정리, 가치투자거장별 주요 재무비율 등 주식투자에 기본적으로 필요한 모든 기업의 언어를 종합적으로 정리

❹ 대한민국 주식투자 저평가우량주(절판)

❸ 대한민국 주식투자 산업 · 업종분석

최초로 전체 업종의 히스토리 및 중장기 특성, 향후 트렌드 등과 주요 업종별로 7~8년의 재무 및 주가추이를 다룬 산업업종분석 종합서

❷ 대한민국 주식투자 다이어리(절판)

❶ 대한민국 주식투자 완벽가이드

성공을 위한 투자철학과 투자태도, 주식시장평가 및 종목분석, 운용 전략전술 등 실전가치투자 체계를 A부터 Z까지 소개하는 종합기본서

껄끄럽고 입에 쓴 진짜 성공이야기 (자기계발/성공학 부문)

성공의 기준, 발가벗긴 성공의 정의, 강점 집중/가치관 확립/최적 독서와 교육/시간의 정복/경력 및 사업 등 다섯 가지 현실적인 성공열쇠를 설명한, 실제 성공한 저자의 "껄끄럽지만 솔직한" 이야기

2. 프리미엄 정보서비스 / 계량가치평가 전문보고서 소개

※ 구체적인 소개, 효용 및 활용법, 비용 등 자세한 내용은 평가원 홈페이지 www.kisve.co.kr 를 참조하시기 바랍니다.

정보서비스 및 전문보고서	소개
프리미엄 월별 정보서비스 – 류종현의 심층계량가치평가 저평가스노우볼	워렌 버핏과 류종현 대표의 투자전략에 따라 상장사 전체로부터 국내 최고의 스노우볼 종목들을(장기 복리수익률 종목) 매월 선정하고, 스노우볼 종목들 중 심층(상대/절대가치평가) 계량가치평가 결과 TOP50 저평가스노우볼에 대해 적정시가총액과 그 최대최소 범위를 제공
반기별 전문보고서 – 류종현의 심층계량가치평가 저평가스노우볼	워렌 버핏과 류종현 대표의 투자전략에 따라 상장사 전체로부터 국내 최고의 스노우볼 종목들을 (장기 복리수익률 종목) 선정하고, 스노우볼 종목들 중 심층(상대/절대) 계량가치평가 결과 top80 저평가스노우볼에 대해서 적정 시가총액과 그 최대최소 범위를 정리하고, 80개 종목별 10년 재무가치지표를 포함
반기별 전문보고서 – 글로벌 투자대가 4인의 저평가우량주	글로벌 가치투자거장 중 재무손익, 가치지표 측면에서 효과/합리적으로 성과를 낼 수 있는 4명의 (데이비드 드레먼/존 네프/로널드 뮬렌캠프/존 템플턴) 투자전략과 종목선정 기준에 따라, 각각 상장사 top30 저평가우량주 리스트를(총 120종목 미만, 평균 기대수익률 50%) 선정하고, 전체 종목별 10년 재무가치지표를 포함
반기별 전문보고서 – 대한민국 상장사 계량가치평가	최소한의 가치평가가 가능한 (5년 이상 실적/가치지표 존재) 대한민국 상장사 종목들 전체에 (대략 1000종목 전후) 대해서, 3가지 합리적인 계량가치평가 (상대/성장/RIM 등) 결과를 통해 적정주가를 계산하고, 가장 저평가된 종목부터 모든(대략 1000종목 전후) 종목들의 적정주가, 할인율 등을 정리

3. 실전가치투자 동영상 교육 소개

주식투자를 통해 지속적이고 안정적이면서도 상대적으로 높은 수익률을 창출하기 위해서는 '주식투자의 체계 격자구조'를 배우고 이에 따라 투자해야만 합니다.

그리고 유망한 관심기업의 사업모델을 이해하고 재무손익비율을 입체적으로 이해하며 적정주가를 스스로 산정할 수 있을 때 비로소 수익률이 극대화되는 것입니다.

왜냐하면 사업구조와 재무손익비율, 가치평가 능력은 주식투자자에게 마치 날개를 달아준 것과 같이 자신감과 안정감, 그리고 탁월한 성과를 약속해주기 때문입니다.

또한, 평가원은 보다 많은 투자자들을 만나고 지방 투자자들에게까지 교육을 제공하기 위해서, 국내 최고로 인정받았던 오프라인 가치투자교육 모두를 정통 재무분석 완성 / 정통 기업분석 완성 / 가치투자운용 전략전술 완성 / 실적조정 고급상대가치평가 및 절대가치평가 완성 2016년부터 동영상 DVD 강의로 전환하여, 보다 쉽고 편하게 평가원의 강의를 수강하실 수 있습니다.

교육과정	소개
정통 재무분석 완성 과정	재무제표 항목 등 입문자 단계부터 이해할 수 있으며, 고급 투자자(기관투자자 수준 이상)도 재무손익 추정법 등 배울 것이 매우 많은 실전재무분석 과정입니다. 재무제표 항목에서부터 각종 내재가치와 관련된 재무손익비율 분석, IFRS 정복과 적정주가 산정에 필수적인 지배지분 분석은 물론이고, 중장기 기업 경쟁력과 성장전략까지 파악하는 시계열적 재무손익분석 및 향후 추정 등을 강의하며, 고급재무분석 FRAME(평가원 지재권)을 수료생들의 개인적인 활용을 위해 제공합니다.
정통 기업분석 완성 과정	사업보고서 읽기 등 주식입문자 단계부터 이해할 수 있으며 고급투자자(기관투자자 수준 이상)도 내부자 경영전략 등 배울 것이 매우 많은 실전 기업분석 과정입니다. 연구개발에서 판매에 이르는 비즈니스 시스템, 사업보고서와 재무제표의 유기적 이해 및 내부자관점 분석과 워렌버핏, 필립피셔 등의 기업분석 툴, KISVE 심층기업분석 프로세스 훈련, 내부자 경영전략(3C 분석, 5 FORCE, PPM 등), 광의적 기업분석 격자구조 등을 강의하며, KISVE 기업분석 FRAME(평가원 지재권 파일)을 수료생들의 개인적인 활용을 위해 제공합니다.
주식가치평가 종합완성 과정	주식투자의 체계를 확립한 투자자들에게 마지막으로 필요한 밸류에이션 중심의 강의입니다. 역사적 배수법 등 복합비교 배수법 적용, 경기사이클 요소를 제거한 실적 조정 등 고급실적분석 및 추정능력, 간단한 시장평가까지 중급수준의 투자자로 거듭나는 종합 상대가치 등을 학습하며, 기업의 내재가치를 절대평가법으로 산정하기 위해서 적정할인율(자본비용)의 체계적인 이해, 고든(DDM)의 연금법, IRR 등의 기본개념을 이해하고, 이어서 KISVE 절대PER/PBR,RIM, 워렌버핏 효율배수법 등의 정교한 절대평가 툴을 배우고 훈련하며, 투자비중 결정을 위해서 시장의 고/저평가를 판단하는 고급시장평가법, 현존하는 계량스크리닝 중 가장 합리적인 KISVE스크리닝 등을 학습합니다. 베테랑 투자자들과 기관투자자들이 사용하는 밸류에이션 툴 이상의 고급상대평가, 절대가치평가 엑셀파일(평가원 지재권, 십 수개의 절대평가산식 자동계산 파일)을 수료생의 개인적인 활용을 위해 제공합니다.
가치투자운용 전략전술 완성 과정	거시경제와 주식시장 등락이해 등 주식입문자 단계부터 이해할 수 있으며, 고급투자자(기관투자자 수준 이상)도 역발상 계량가치투자 운용 등 배울 것이 매우 많은 실전 운용전략전술 과정입니다. 주식시장을 거시경제적으로 해석하고 주식시장의 흐름, 고/저평가를 판단하며, 개별 종목 수준을 벗어나서 주식 종목들 및 기타 자산 포트폴리오(국내외 주식을 중심으로)를 계량적으로 완벽하게 관리하기 위한 교육과정으로, 거시경제 및 주식시장 등락을 역발상 수익확대의 기회로 활용합니다.

4. 무료회원 대상 주요 콘텐츠 소개

㈜한국주식가치평가원 홈페이지 www.kisve.co.kr 에 방문하시면 아래와 같은 홈페이지 메뉴를 통해 다양한 정보를 무료로 확인하실 수 있습니다.

▶ **KISVE투자지혜 > 전문칼럼**
- 실전투자공식과 증권시장 응용, 활용법을 교육을 통해 배우는 것도 중요하지만, 투자실력을 전진하게 하는 기본마인드 자체를 구축하는 것도 부수적으로 필요합니다.
각종 기본적인 가치투자의 태도와 투자철학을 배양시키기 위한 전문칼럼은 지금 당장은 물론 오랜 기간에 걸쳐 지속적으로 투자태도와 철학에 좋은 영향을 줄 수 있는 내용들을 정리했습니다.

▶ **KISVE투자지혜 > 투자의 거장소개**
- 필립 피셔, 피터 린치 등 유명한 투자거장에서부터, 골드만삭스 등 투자기관 출신 애널리스트, 경영대학의 증권투자부문 전문 교수 등 알려지지 않은 작은 거장에 이르기까지, 크고 작은 투자전문가의 조언 중 평가원의 내부적 판단에 따라 회원들이 참고하고 배울 만한 내용을 간단히 소개합니다.

▶ KISVE투자지혜 〉증권시장 평가

- 단기적으로 큰 의미가 없을지라도 중기적 이상을 보면 반드시 큰 의미가 있는 국내 증권시장의 대략적인 고평가/저평가 수준을 한 달이라는 주기를 두고 가장 쉬운 방법에서 가장 합리적인 방법에 이르기까지 세 가지 방법으로 간략하게 정리합니다.

  시장 전체가 싼지 비싼지 파악하는 행위는 주식비중을 늘려야 할지 줄여야 할지 등을 결정할 수 있는 근거가 되는 것입니다.

▶ KISVE투자지혜 〉주식기본용어

- 평가원에서는 홈페이지에서 가장 기본적인 주식용어들의 설명을 통해 입문자들의 주식투자용어 이해를 돕고 있습니다.

5. 전문가 추천

"어느 분야에서 정상에 오른다는 것은 정말 축복받은 것이다.
더욱 축복받는 것은 그 정상에 오른 사람과 함께 한다는 것이다.
여러분들이 류대표의 지식과 경험을 공유한다는 것은 정말 축복받는 것이다."

— 가톨릭대 경영학부 김종일 교수 한국기업평가원 수석자문위원, 한국/미국공인회계사,
McKinsey Valuation 대표역자, 前 굿모닝신한증권 임원 등

"지금까지의 주식투자 및 가치평가 교육 중 수준과 내용, 모든 면에서 최고이다."

— 스틱인베스트먼트 엄상률 상무 前 삼성전자

"KISVE의 투자교육으로 당신의 투자실력은 노도광풍처럼 성장할 것이다."

— 하이투자증권 파생상품운용부문 박형민 이사

"투자실패의 근본적 원인을 알고 싶다면 류대표의 실전투자교육이 반드시 필요할 것이다."

— 저축은행중앙회 최병주 이사

"전문적인 주식 기업 가치평가를 정통으로 배우려면 필히 류대표의 투자교육을 받아라."

— 이스트브릿지 파트너스 김기현 상무

"개인투자자들이 기관투자자 이상의 투자체계를 체계적으로 쉽게 확립할 수 있는 방법은 한국주식가치평가원 류대표의 강의 외에는 없다."

– 유리자산운용 펀드매니저 이은원 과장 前 VIP투자자문

"공인회계사조차 인정하는 가치평가와 IFRS 부문 최고 전문가인 류대표님의 강의에 집중하라."

– 양원모 공인회계사 現 서울기술투자, 前 이상기술투자 투자팀장

"류종현 대표님의 강연은 기업가치 평가와 IFRS의 깊이 있는 실전이론을 배울 수 있는 시간이 될 것이다."

– 현명한투자자들의모임 구도형 대표 가치투자 재야고수 좋은습관

"실전과 이론을 정통으로 섭렵한 류대표님의 강의는 주식투자자들에게 정말 강력한 도구를 제공할 것이다."

– SNU VALUE 서울대 투자동아리 前 회장 황인혁

워렌 버핏의
8가지 투자전략과
대한민국 스노우볼 30

1판 1쇄 발행 2018년 10월 6일
1판 2쇄 발행 2020년 4월 6일

지은이 류종현
펴낸이 류종현
펴낸곳 ㈜한국주식가치평가원

대표전화 070-8225-3495
팩스 0504-981-3495
주소 (135-821) 서울시 강남구 학동로 311
홈페이지 www.kisve.co.kr
이메일 customer@kisve.co.kr
출판등록 2012년 4월 16일 제2012-000143호

ⓒ2018 By KISVE.Co.Ltd. All rights reserved.

정가 21,000원
ISBN 979-11-87648-03-1

이 도서의 국립중앙도서관 출판예정도서목록(CIP)은 서지정보유통지원시스템 홈페이지 (http://seoji.nl.go.kr)와 국가자료공동목록시스템(http://www.nl.go.kr/kolisnet)에서 이용하실 수 있습니다.(CIP제어번호: CIP2018028541)

잘못 만들어진 책은 구입하신 서점에서 교환해 드립니다. 이 책에 실린 모든 내용, 디자인, 편집 구성의 저작권은 ㈜한국주식가치평가원과 저자에게 있습니다.